Wilfried de Jong

Ein Mann und sein Rad

Geschichten vom Radfahren

Aus dem Niederländischen
von Ilja Braun

covadonga

Der erste Teil dieses Buches erschien als Originalausgabe im Jahr 2012
unter dem Titel »Kop in de wind« bei Uitgeverij Podium, Amsterdam.
Die Erzählungen im zweiten Teil dieses Buches sind dem Band
»De man en zijn fiets« entnommen, der im Jahr 2009
ebenfalls bei Uitgeverij Podium, Amsterdam, erschien.

Wilfried de Jong:
Ein Mann und sein Rad
Geschichten vom Radfahren

Aus dem Niederländischen von Ilja Braun

Covadonga Verlag, Spindelstr. 58, D-33604 Bielefeld
ISBN 978-3-936973-91-4

Coverfoto: Stephan Vanfleteren
Umschlaggestaltung und Satz: Covadonga Verlag
Druck und Bindung: Westermann Druck Zwickau GmbH

Covadonga ist der Verlag für Radsportliteratur.
Besuchen Sie uns im Internet: *www.covadonga.de*

Inhalt

Teil I

Teil II

Strawberry Banana Flavour
with extra sodium
the key electrolyte
to compensate sweat loss
fast energy delivery

Suggested usage
one pouch
every 20–45 minutes
during exercise
with 400 ml water

TEIL I

Mona Lisa

Der Soldat hatte einen Karabiner im Anschlag. Er blickte über mich hinweg zum Berggipfel. Die Spitze seines Bajonetts deutete schräg nach vorn, auf die imaginäre Brust eines Deutschen. Um sie zu durchstoßen, bis man die Rippen brechen hörte.

Mort pour la patrie.

Ich radelte in gemächlichem Tempo, so dass ich das steinerne Denkmal lange betrachten konnte. Wie viele Kriegsdenkmäler mochte es in Frankreich geben? Überall sah man diese jungen Männer mit fest entschlossenen Gesichtern unter ihren Helmen. Nie auch nur ein Anflug von Zweifel in den Blicken oder ein dunkler Fleck im Schritt der Kampfhosen.

Es war später Nachmittag. Vor nunmehr anderthalb Stunden hatte ich den erhitzten Kopf am Straßenrand in ein Betonbecken gehalten, unter einen Wasserhahn. Als hätte man eine glühend heiße Pfanne unter einen kalten Strahl gehalten, so groß war der Temperaturunterschied gewesen. Prustend war ich wieder hochgekommen.

Von diesem prickelnden Gefühl war nichts mehr übrig. Die Luft war stickig. Mein schneller Herzschlag pochte mir in den Schläfen.

Erst als ich aus dem Sattel ging, verschwand der Soldat langsam aus meinem Blickfeld. Ich fragte mich, ob vielleicht die Bremsbeläge am Hinterrad schleiften. Unsinn. Es war einfach steil. Ich schaute nach rechts. Die Straße, die ich hochgefahren war, schlängelte sich durchs Tal wie eine schwarze Schlange durchs grüne Unterholz. Ein Schluck aus der Trinkflasche. Es ging heute ziemlich schnell mit der Flüssigkeit.

In der Böschung rieben Grillen ihre Flügel aneinander. Es klang wie ein Notsignal. Der Berg war kurz davor, sich zu überhitzen.

Die Franzosen hier aus der Gegend suchten im Sommer ein paar Wochen Abkühlung an der 150 Kilometer entfernten Côte d'Azur. Selbst die Wachhunde der wenigen an meiner Route gelegenen Häuser lagen benommen auf den Höfen.

Ich fuhr über weiß getünchte Buchstaben hinweg, die teils vom Regenwasser fortgespült waren. Sie standen verkehrt herum auf der Fahrbahn. Der Name war nicht zu entziffern. War die Tour de France hier durchgefahren? Ich konnte mich nicht daran erinnern.

Ein Kilometerstein gab an, welche Höhe ich inzwischen erreicht hatte: 825 Meter. Der Col de l'Homme Mort, ein Berg der ersten Kategorie, war noch ein ganzes Stück weit weg.

Ich schlürfte das letzte Wasser vom Boden meiner Trinkflasche. Leer. Blöd, dass ich keinen zweiten Halter montiert hatte.

Der Asphalt ging immer weiter bergauf. Ich konnte keinen Augenblick verschnaufen. Immer weiterfahren. Nach zwanzig Metern stand ein Holzschild am Straßenrand, in der Form eines Pfeils: MONA LISA 500 M, stand darauf gepinselt.

Mona Lisa. Komischer Name hier mitten in der Landschaft der Provence. Marie, hätte man erwartet. Christine. Oder Jeanne-Marie, wenn man mit dem Vornamen etwas hermachen wollte. Aber Mona Lisa? So ein Schild gehörte doch eher nach Paris, in den Louvre, als Hinweis auf den schnellsten Weg zu dem Gemälde von Leonardo da Vinci.

Ich fuhr daran vorbei. Was konnte ich als Nächstes anvisieren?

Der letzte Schluck aus der Trinkflasche hatte nicht gegen den Durst geholfen. Die Zunge lag mir ausgetrocknet im weit offenen Mund.

Weiter vorn tauchte noch so ein Pfeil auf. Ich redete mir selbst zu: Wenn ich es bis zu diesem Pfeil schaffe, komme ich auch ohne Absteigen bis nach oben.

Genau wie bei dem vorigen Schild war jeder Buchstabe des Namens in einer anderen Farbe gemalt. Der einzige, der zwei Mal vorkam, war das kleine a. Ich musste an die Grundschule zurückdenken, an Wasserfarben. Mehr an Wasser als an Farben.

MONA LISA 100 M.

Der Pfeil wies mir den Weg zu einem Wasserhahn. Mona Lisa, das war vielleicht eine Autowerkstatt, ein Bilderrahmenmacher oder ein Hersteller von Trüffelöl. Es war mir gleichgültig, Hauptsache, es gab dort einen Hahn mit kaltem Wasser. Der Col de l'Homme Mort konnte mir gestohlen bleiben.

Der nächste Pfeil, unübersehbar. MONA LISA stand da wieder, nun doppelt so groß wie auf dem vorigen Schild. Mit dem Zusatz: LAVANDE. Der Pfeil zeigte schräg nach unten. Man sollte die ansteigende Asphaltstraße verlassen.

Ein unbefestigter Pfad führte nach unten. Ich stieg ab. Mit kleinen Schritten, die Hände an den angezogenen Bremshebeln, ging ich neben meinem Rad. Die kleinen Platten unter meinen Fahrradschuhen machten den Abstieg tückisch.

Am Ende des Pfads tauchte ein altes Steinhaus auf. Die Ziegel des schrägen Dachs waren von Efeu überwuchert. Die Tür war halb abgeschliffen und stand einen Spalt offen.

»Bonjour«, sagte ich.

Es blieb still. Nichts als das unablässige, eintönige Zirpen der Grillen.

»Allô?«, rief ich, in zweifelndem Tonfall, um anzudeuten, dass ich nichts Böses im Sinn hatte.

Keine Reaktion.

Vor dem Haus stand ein krumm verzogener Holztisch. Ein paar Lavendelsträuße, dazwischen ein Stück Pappe mit einer handschriftlichen Mitteilung.

Retour dans quinze minutes.

Ich lehnte mein Rad an einen Baum und nahm meine Trinkflasche aus dem Halter. Wie alt mochte diese kurze Notiz sein? Vielleicht kam der Hausbesitzer ja schon in ein paar Minuten zurück.

Ich schaute auf die Uhr. Es war sechs. Wenn ich umkehrte und zu meinem Hotel hinunterfuhr, konnte ich in anderthalb Stunden unter der Dusche stehen und noch vor dem Abendessen mit einem Bier auf der Terrasse sitzen. Aber gut, ich hatte mir für den heutigen Tag schließlich ein Ziel gesetzt: den Gipfel des l'Homme Mort.

Ich ging um das Haus herum und suchte nach einer Wasserstelle. Die azurblauen Fensterläden waren geschlossen. An der Hauswand standen gepflegte Kübel mit blühendem Thymian und Lavendel. Nirgends ein Wasserhahn. Ich nahm den Helm ab und hängte ihn an den Lenker.

Vor der Tür hing ein Fadenvorhang aus Plastik, damit kein Ungeziefer hereinflog.

Vorsichtig steckte ich den Kopf zwischen den Fäden hindurch.

»*Allô ... bonjour?*«

Meine Augen mussten sich erst an die Dunkelheit gewöhnen. Es roch muffelig. Nach feuchtem Bettzeug.

Ich tat ein paar Schritte in den Raum hinein. Das Haus bestand nur aus diesem einen Raum. In der Ecke stand ein schmales Bett mit einem unordentlichen Laken. In der Mitte ein runder Gartentisch aus Metall, mit zwei Plastikstühlen. An der Wand eine Resopal-Küchenzeile.

Mit einem Wasserhahn, zum Glück.

Mir fielen immer mehr Details auf. Zu meiner Linken hing eine alte Schullandkarte von Frankreich. Mit Bleistift waren verschiedene Routen eingezeichnet. Neben der Karte schlichte Gemälde von Berggipfeln, manche schneebedeckt, manche im Sonnenschein.

Die Wand, an der das Bett stand, war bis unter die Decke mit Fotos von Radrennfahrern gepflastert. Ich stützte mich mit den Knien an der Matratze ab und schaute, wer es alles war. Die Fotos waren anscheinend eilig aus Zeitschriften ausgeschnitten oder herausgerissen worden. Ich erkannte das Logo von *Paris Match*. Auf den Rahmen der Räder und den schweißbedeckten Gesichtern spiegelte sich die Sonne. Das Blau des Himmels war das Himmelsblau meiner Jugend: klar, strahlend.

Die Wand war eine einzige Hommage an berühmte Kletterer. Die Gesichter auf den meisten Fotos erkannte ich: Bahamontes, Induráin, Bartali, Pingeon, Hinault, Simpson, Coppi, Zoetemelk, Pantani, Armstrong, Fuente, Herrera. Vereinzelt waren Schlagzeilen aus *L'Équipe* darübergeklebt, einer französischen Sportzeitung.

Der Besitzer dieses Hauses musste ein totaler Radsportfanatiker sein.

Ich ging zur Küchenzeile hinüber. An der Spüle lehnte ein Hinterrad mit plattem Reifen. Davor lag ein Knäuel schwarzer Fahrradschläuche. Wie leblose Aale ineinander verschlungen. Ich beugte mich vor, um nachzusehen, was sie für Ventile hatten.

»*Bonjour, monsieur!*« Die Begrüßung klang schrill. Ich drehte mich um. Im Türrahmen stand eine hochgewachsene Frau. Die Fäden des Plastikvorhangs hingen ihr wie Dreadlocks um den Kopf. Mit wenigen Schritten hatte sie schwungvoll den kleinen Tisch mit den Stühlen umrundet.

Jetzt erst konnte ich ihr Gesicht sehen. Oval, mit vielen kleinen Falten über den Augenbrauen. Lange rote Haare, die ihr von dem grauen Scheitel wie zwei Gardinen über die Schläfen fielen.

»*Je suis Lisa.*«

Sie lachte eine Spur übertrieben.

Ich schüttelte ihr die Hand und wollte mich gerade entschuldigen, dass ich einfach so hineingekommen war, aber sie ergriff sofort selbst wieder das Wort.

»Was gibt's? Platter Reifen, kaputtes Schaltwerk? Oder brauchst du eine Zange, um die Bremsen einzustellen? Nur raus mit der Sprache.«

Ich hielt meine Trinkflasche hoch.

»Die ist leer.«

Sie nahm mir die Trinkflasche aus der Hand, ging damit zum Hahn und füllte sie randvoll mit Wasser. Dann stellte sie sie mitten im Raum auf den Gartentisch.

»*Allez*, setz dich, dann geb' ich dir was Richtiges zu trinken. Wasser ist etwas für Pflanzen.«

Sie zog einen Vorhang vor einem türlosen Schrank zur Seite, holte eine Karaffe mit einer roten Flüssigkeit heraus und stellte sie mit zwei Gläsern dazu auf den Tisch.

»Preiselbeersaft. Gut für den Darmkanal.«

Ich setzte mich an den Tisch. Es kam mir zwangsläufig vor, so als wäre es hier, wo diese Frau das Sagen hatte, gar nicht anders möglich.

Schweigend tranken wir den Saft. Über mein Glas hinweg schaute ich sie an. Rosige Haut, viele Sommersprossen im Gesicht, nackte Schultern und kräftige Arme. Ihre Augen sahen frisch und munter aus. Aber ihren etwas steifen Bewegungen und ihrer faltigen Haut nach zu urteilen, musste sie um die sechzig Jahre alt sein.

»Wo musst du noch hin?«

»Ich habe mich in der Nähe von Sault einquartiert.«

Sie warf den Kopf in den Nacken und kippte die letzten Tropfen aus ihrem Glas hinunter. Der oberste Knopf ihres Blumenkleids stand offen. Was darunter war, konnte man kaum Brüste nennen. Man musste Busen dazu sagen.

»Was für eine Übersetzung fährst du?«

»50/34 vorn und 13-26 hinten.«

Sie schaute auf meine nackten Beine unter dem Tisch, dann auf meinen Oberkörper, dann sah sie mir wieder in die Augen.

»So kann ich dich nicht losfahren lassen. Das schaffst du nie.«

Sie ging zur Küchenzeile, öffnete einen Schrank und holte einen Topf heraus. Füllte ihn mit Wasser und stellte ihn auf den Herd. Mit einem Streichholz zündete sie die Flamme an.

»Schöne Sammlung. Von Ihnen?« Ich zeigte auf die Fotos.

Sie schaute zur Wand, während sie mit dem erloschenen Streichholz hinter ihren Schneidezähnen herumstocherte.

»Ich kenne diese Männer wie meine Westentasche. Ich weiß alles von ihnen: die wichtigen Rennergebnisse, ihre Rahmengröße, ihren Ruhe- und Belastungspuls, ihre Gewohnheiten, ihre Stammbäume, all ihr Freud und Leid.«

Die Frau steckte das hintere Streichholzende in den kleinen Spalt zwischen ihren Schneidezähnen, bewegte ihn schnell hin und her und nahm ihre Beute in Augenschein. Dann warf sie das Streichholz in einen Aschenbecher und setzte sich wieder.

Ich nahm noch einen Schluck Saft, dann stand ich auf und ging zu den Rennfahrerfotos. Ich wollte ihre Kenntnisse auf die Probe stellen. War diese Lisa eine Fantastin, oder kannte sie sich wirklich mit Radrennen aus?

»Miguel Induráin. Oder?«

Sie schaute schräg zu dem Foto hoch, auf das ich zeigte. »Ach ja, Miguel. Der Lange von Pamplona. Hat fünf Mal hintereinander die Tour de France gewonnen. Wie der 1990 beim Schlussanstieg nach Luz Ardiden den Weltmeister LeMond abgehängt hat. Das war schön. Die Hände locker am Lenker, großer Gang. Immer wenn ich diesen geraden Blick bei ihm sah, wusste ich: Das ist ein guter Tag für ihn.«

Sie ging wieder zum Herd. Den Test hatte sie gut bestanden. Ich erinnerte mich auch noch an diese Bergetappe. Induráin in Topform.

Lisa riss eine Packung Spaghetti auf und ließ den Inhalt in einen Topf mit kochendem Wasser gleiten.

»Kohlenhydrate. Die halten deinen Motor am Laufen.«

Ich wagte nicht, das Angebot abzulehnen. Außerdem hatte sie recht: Mein Magen war leer. Sah sie mir das an?

»Ich wollte eigentlich nur meine Trinkflasche auffüllen und dann weiter.«

»Typisch Rennradfahrer«, sagte sie.

Sie hatte mir den Rücken zugewandt. An den leichten Bewegungen ihres Hinterns war zu erkennen, dass sie den Topf umrührte.

Ich ging nach draußen. Die Sonne stand schon ziemlich tief, trotzdem war es noch warm. Mein Fahrrad lehnte noch an dem Baum. Ich drückte eine Taste an meinem Radcomputer. Distance: 41,7 Kilometer. So weit war ich von meinem Hotel entfernt. Wenn ich zum Essen hierbliebe, würde es spät werden. Außerdem wollte ich ja noch zum Gipfel des l'Homme Mort.

»Fertig!«, rief sie auf Deutsch.

Ich ging ins Haus.

Der Dampf frisch abgegossener Pasta hing im Raum. An der Spüle verteilte die Frau die Spaghetti auf zwei Teller und goss aus einem kleineren Topf eine rote Soße darüber. Geschickt verrührte sie das Ganze und stellte die Teller auf den Tisch.

»Essen«, sagte sie, in der Befehlsform.

Sie holte ein paar Gläser und eine offene Flasche Rotwein. Dann schenkte sie ein und hob das Glas.

»Auf alle Rennradfahrer der ganzen Welt«, sagte sie.

Wir aßen und tranken, ohne ein Wort zu sagen. Bei den ersten Bissen knurrte mir noch der Magen.

Als ihr Teller leer war, fing sie an zu erzählen.

»Mein Mann fuhr auch Rennrad. Jean Hochon. Du wirst ihn nicht gekannt haben. Er war ein mittelmäßiger Rennfahrer aus der Region hier. Hat nie irgendwas gewonnen. Tagsüber musste er ganz normal arbeiten, im Schlachthaus. Er konnte immer nur morgens eine kleine Runde trainieren. Dann wird das natürlich nie etwas.«

Sie stellte die Teller bei der Spüle ab. Die Spaghetti lagen mir schwer im Magen, aber ich merkte, dass mein Energielevel wieder zunahm. Ja, ich musste meine Trinkflasche nehmen und wieder aufs Rad steigen. Ich stand auf. Lisa kam einen Schritt näher.

»Leg dich mal aufs Bett.«

Ihre Stimme klang entschlossen.

»Äh, ich würde Ihnen eigentlich gern einen kleinen Obolus anbieten für das leckere Essen und …«

»Jetzt leg dich mal hin. Lisa macht jetzt ihre Arbeit zu Ende.«

Zugegeben, ich hatte frecherweise ihr Haus betreten und mich neugierig umgesehen. Nicht ganz die feine englische Art, aber es erwuchs daraus auch keine Verpflichtung, hier länger zu bleiben.

Lisa zeigte auf das Bett. »Ich weiß, wie schwer der l'Homme Mort ist«, sagte sie.

Es war der entschlossene, gebieterische Blick in ihrem ovalen Gesicht, dem ich mich fügte. Was konnte schon passieren, wenn ich mich aufs Bett legte? Vielleicht würde sie für mich beten. Die Gegend war stark katholisch.

Aus Höflichkeit zog ich meine Radschuhe aus. Ich stellte sie vor dem Bett ab und ließ mich langsam auf den Rücken sinken. Im Fensterrahmen hingen Spinnweben.

Das Bett fühlte sich klamm an. Auf diesen Laken hatten schon viele gelegen. Die Laken rochen nach Männern. Verschwitzten Männern.

»Wo ist denn Ihr Mann, wenn ich fragen darf? Fährt er immer noch?«

Sie ging zur Spüle und holte hinter ein paar Töpfen und Pfannen eine Sprühdose hervor, die sie kräftig schüttelte.

»Jean ist tot. Schon zwanzig Jahre. Er hat sich bei der Schlachterei eine Infektion eingefangen. Durch eine Verletzung beim Entbeinen. Sein Arm wurde ganz dick und blau. Mit hohem Fieber haben sie ihn im Krankenhaus aufgenommen, in Carpentras. Drei Tage später war er tot. Schwere Blutvergiftung, sagten sie.«

Sie setzte sich neben mich aufs Bett und zog mir die weißen Socken aus. Ich schämte mich für meine schmutzigen Fußnägel, aber Lisa schien sie gar nicht zu sehen.

»Mein Mann war vielleicht kein besonders guter Radrennfahrer«, sagte Mona Lisa mit einem verträumten Blick in den Augen, »aber er hatte die schönsten Beine von allen hier in der Gegend. Er selbst war auch stolz darauf. Alle zwei Tage hab' ich sie rasiert. Ganz altmodisch, mit Klinge und warmer Rasierseife. Dieses angenehme, leichte Kratzgeräusch auf seiner Haut. Ich hab' das immer noch im Kopf, als wäre es gestern erst gewesen. Jean hasste es, wenn Stoppeln zu sehen waren. Und ich auch, ehrlich gesagt. Die Frau eines Radrennfahrers kann ihren Mann nachts nicht richtig liebhaben, wenn diese kleinen Stachel in ihre weiche Haut piksen.«

Sie schüttelte die Sprühdose noch ein paar Mal und drückte dann auf den Knopf. Weißer Schaum landete auf meinen braunen Beinen. Geschickt verteilte sie ihn gleichmäßig, bis alle Stellen bedeckt waren.

»Jetzt ein paar Minuten still liegen bleiben.«

Wofür war dieses Zeug? Der Geruch erinnerte an Desinfektionsseife in Krankenhäusern. Oder vielleicht war es so eine Art Tigerbalsam. Dann würden sich meine Beine jetzt bald warm anfühlen.

Über mir erklomm Lucho Herrera in seinem Bergtrikot eine steile Asphaltstrecke. Fans mit nackten Oberkörpern feuerten ihn an. Sie streckten die geballten Fäuste in die Luft und jubelten dem Bergkönig zu, aus vollen Lungen, der dünnen Luft zum Trotz. Herrera. Auf den ebenen Strecken der Tour de France konnte der kleine Kolumbianer kaum Anschluss an das Peloton halten. Erst in den Bergen fühlte er sich zu Hause, fern von dem nervösen Gewimmel im Hauptfeld. Lenker an Lenker zu fahren, war nichts für ihn. Wie viele Kletterer war auch er ein Einzelgänger auf seinem Rad.

Lisa kam mit einem nassen, tropfenden Handtuch zurück. Sie legte es mir auf die Schenkel und fing an, es kräftig hin und her zu reiben.

»Voilà!«, rief sie aus.

Zusammen mit dem Schaum verschwanden die Haare von meinen Beinen. Durch die braune Haut schimmerten Adern hindurch, die ich noch nie so deutlich gesehen hatte.

Wenn das alles war, wovor hatte ich dann Angst gehabt? Lisa leistete gute Arbeit. Sie ging zu einem Schrank. Flaschen klirrten. Ich schaute hinüber. Sie hatte eine Flasche mit einer durchsichtigen grünen Flüssigkeit herausgenommen und öffnete den Schraubverschluss.

»Was ist das?«, fragte ich.

»Mein Geheimnis«, sagte Lisa. Sie goss mir die Flüssigkeit über die nackten Beine. Die fettigen kleinen Rinnsale kitzelten die Haut. Es roch nach Eukalyptus. Ich hob den Kopf aus den Kissen, um sehen zu können, was sie machte. Mit ihren molligen Händen verrieb sie das Zeug auf meinen Ober- und Unterschenkeln.

»Sie haben alle hier auf diesem Bett gelegen. All die großen Fahrer, die da über dir hängen. Herrera. Ich konnte ertasten, wie fest seine Muskeln an den Knochen saßen. Wie kleine Schweinelenden, in der Mitte rund, zu den Enden hin immer härter. Er ist hier jedes Mal eingeschlafen. Unterhalten konnten wir uns nicht, er mit seinem Spanisch, ich mit meinem Argot aus der Gegend hier. Unmöglich. Aber meine Hände verstanden seine Beine.«

Ich ließ den Kopf wieder in das Kissen sinken. Dann spürte ich, wie sie noch einen Schuss von dem hellgrünen Zeug auf meine Beine tat. Geschickt hob sie mein eines Bein hoch. Die Flüssigkeit lief mir über die Haut. Rasch rieb sie auch die Rückseite meiner Schenkel ein, ohne dabei etwas auf die Laken tropfen zu lassen.

»Und bei Bernard Hinault, diesem verrückten Bretonen, musste ich kräftig zupacken. Der hatte so dicke Haut, so zähes Fleisch, dass ich fest mit den Daumen durchdrücken musste, wenn ich an seine Muskeln kommen wollte. *Plus fort, plus fort!*, rief er dann immer. Ein richtiger Wilder, dieser Hinault.«

Aus ihrem Zwerchfell kam ein sonderbares Kichern. Es klang viel höher als ihre normale Stimme.

Mit Daumen und Zeigefinger beider Hände packte sie meine Wadenmuskeln und rieb das Öl zu meinem Knie hin ein. Es fühlte sich an, als würde sie mit dem Blut herumspielen, das sich in dem Muskel gesammelt hatte. Es tat weh, aber zugleich war es angenehm.

»Koblet. Ein totales Weichei. Verweiblicht. Sie nannten ihn ja auch den schönen Hugo. Trug immer einen Kamm in seiner Trikottasche. Wie steifes Ziegenfleisch, so fühlte sich das bei ihm an. Und wenn ich ihn massierte, entstanden immer kleine Dreckwülste unter meine Fingerspitzen. Ein Radrennfahrer, der sich nicht wusch. Du bist schön sauber. Du schwitzt natürlich, aber es ist sauberer Schweiß. Fahrradschweiß. Der Geruch ist unvergleichlich.«

Lisa wischte sich die Hände an ihrem Kleid ab und ging in die Mitte des Raums. Sie zog eine Schachtel Streichhölzer hervor und steckte eine große, halb abgebrannte Kerze an, die in der Mitte des Tisches stand. Der Lichtschein fiel auf ihr Gesicht. Ihre Falten bildeten ein Meer von kleinen Wellen.

Ich unterdrückte ein Gähnen. Es war stickig hier drinnen. Lisa kam zum Bett zurück und setzte sich wieder neben mich. »Fausto Coppi, den mochte ich am liebsten. Zartes Wadenfleisch, bis in die kleinste Faser durchblutet. Für ihn nahm ich mir immer alle Zeit der Welt. Fausto, das war ein Schatz. Wenn er sein Fahrrad den Pfad hier zu unserem Haus hinunterschob, pfiff er immer das Mona-Lisa-Lied vor sich hin.«

Sie fing im Flüsterton an zu singen. In schlechtem Englisch, ich musste mich anstrengen, um die Worte zu verstehen. Die Augen fielen mir zu. Sie fing an, über meine Schenkel zu reiben. Mit beiden Händen umfasste sie den größten Muskel, kniff leicht hinein und glitt dann an den Leisten hinauf. Mal um Mal wiederholte sie diese Bewegung.

Ich ließ sie gewähren. Sie drückte mir die Müdigkeit aus den Beinen heraus, die sich allmählich immer leichter anfühlten. Coppi. Hatte der italienische Weltmeister nicht einen blinden Masseur gehabt? Cavanna. Vorsichtig hatte er sich mit Stock und Sonnenbrille durch die Welt des Radsports hindurchgetastet. Aber wenn ihm der Geruch von Massageöl in die Nase gestiegen war und er die Beine seines Fausto berührt hatte,

hatte er sich im Wirrwarr aus Muskeln und Sehnen zielsicher zurechtgefunden.

Ich konnte das Gähnen nicht mehr unterdrücken. Kämpfte gegen den Schlaf an. Lisa rieb über meine Oberschenkel. Sie glühten. Der ganze Raum roch nach Eukalyptus.

Ich musste das Gespräch am Laufen halten. Hier einzuschlafen, wäre ein bisschen zu weit gegangen. Ich kannte Lisa überhaupt nicht. Außerdem hatte ich bis zu meinem Hotel noch ein gutes Stück Weg vor mir. Ich versuchte mich zu konzentrieren. Kamen all die Rennfahrer hier vorbei, um in den Bergen zu trainieren? Bahamontes kam doch aus Toledo, Pantani wohnte in Italien. Was suchten sie hier?

Lisa ging wieder zum Tisch. Sie nahm einen großen Schluck aus der Weinflasche.

»Lisa, was hat diese berühmten Kletterer eigentlich hierher verschlagen?«

Sie kam wieder zu mir. Auf ihrem Hals und ihren Unterarmen waren rote Flecken entstanden. Sie sprach leiser als zuvor: »*Mon ami*, du fragst zu viel. Genieß es einfach, so wie deine Vorgänger.«

Ich überlegte mir noch eine neue Frage. Coppi ... wie, in Gottes Namen, konnte Coppi hier auf diesem Bett gelegen haben? Der war schon 1960 gestorben, am 2. Januar. Das hatte ich mir gemerkt, seit ich seine Biografie gelesen hatte.

»Lisa, hast du Coppi noch lebend gesehen?«, fragte ich träge. »Wie alt bist du denn?« Ich fing an zu rechnen.

Sie goss noch etwas Eukalyptusöl auf meine Beine. Ich spürte, wie es mir an der Innenseite des linken Schenkels hinablief. Das vertraute Jucken. Ich war zu müde, um mich zu kratzen.

»Sie haben Angst in den Bergen«, flüsterte Lisa. »Angst, alleine zu sein, genau wie alle Menschen. Ich schenke ihnen mein Lächeln, damit sie die Angst überwinden. Wer hier gelegen hat, dem kann nichts mehr zustoßen. Alle Radrennfahrer wissen das.«

Ihre Hände glitten über meine Schenkel. Meine Muskeln fühlten sich weicher an als jemals zuvor. Ich versuchte, mich aufzurichten, aber meine Finger fanden keinen Halt, die Matratze war spiegelglatt. Ich spannte die Oberarme an, dann die Bauchmuskeln. Für einen Augenblick kam es mir vor, als hätte ich es fast geschafft.

Ich kniff die Augen zu Schlitzen zusammen. Mit ihren dicken Fingern strich sich Lisa die Haare aus dem Gesicht, dann öffnete sie den obersten Knopf ihres Kleids. Und den darunter. Ihre alten Brüste hingen lose in ihrem Unterkleid, die kleinen Schweißperlen in ihrem Dekolleté glommen im Kerzenschein. Eine schwere Welle lief durch meinen Kopf, die Muskeln in meinen Oberarmen erschlafften. Ich konnte mich nicht mehr halten, musste loslassen. Los. Ich fiel. Tiefer, als ich je gefallen war.

Wie lange war ich weg gewesen?

Die Kerze auf dem Tisch spendete gerade noch so viel Licht, dass ich die Fotos über mir erkennen konnte. Lucho Herrera fuhr noch immer an derselben Stelle der Bergflanke, seine Fans machten ihm weiter Mut. Die verchromten Speichen seines Rads waren erstarrt.

Neben meinem Bett hörte ich jemanden schwer atmen. Ich drehte mich auf die Seite. Eine Mischung aus Schweiß, Eukalyptus und einer Alkoholfahne stieg mir in die Nase.

Lisa musste auf dem Boden eingeschlafen sein. Sie lag auf der Seite. Die Träger ihres Unterkleids waren ihr von den Schultern gerutscht. Ihre Hände lagen zwischen den nackten Schenkeln. Es war der größte Fötus, den ich je gesehen hatte.

Langsam richtete ich mich auf. Ihr Blumenkleid lag zusammengeknüllt neben meinem Kopf auf dem Bett. Ich drehte mich so, dass ich auf der Bettkante sitzen konnte. Meine Füße berührten jetzt den Boden, dicht neben dem schlafenden Gesicht Lisas. Es war zweifellos schon viel Rotwein durch diesen Körper geflossen. Ich betrachtete sie aus der

Nähe. Das Lächeln einer jungen Frau in einem alten Gesicht. Je länger ich es anschaute, desto mehr verwandelte es sich in ein leichtes Grinsen. Ein sardonisches, glückseliges Grinsen.

Behutsam, Schritt für Schritt, schlich ich an dem schlafenden, halb nackten Körper vorbei. Sie erinnerte mich an einen treuen Hund, der in der Nähe seines Herrn schlief, aber seinen Jagdinstinkt schon verloren hatte.

Ich ging zum Tisch in der Mitte des Raums, um meine Trinkflasche zu nehmen. Wasser, dafür war ich schließlich gekommen. Es schien mir vernünftig, die Kerze auszublasen.

»*Merci*, Lisa«, flüsterte ich in die Dunkelheit hinein.

Um nicht irgendwo gegen zu laufen, schlurfte ich mit ausgestreckten Armen zur Tür. Durch die Plastikfäden konnte ich mein Fahrrad sehen. Es war eine klare Nacht, der Mond schien. Draußen war es immer noch warm, wenn auch zum Glück nicht so stickig wie drinnen. Ich steckte meine Trinkflasche in den Halter. Dann nahm ich den Helm vom Lenker und setzte ihn auf. Ich schob das Fahrrad ein paar Schritte über das lose Geröll. Hoffentlich wurde Lisa von dem Geräusch nicht wach. Im Haus blieb es still.

Oben an der Asphaltstraße schwang ich das rechte Bein über den Sattel und klickte den Schuh ins Pedal. Besonders weit sehen konnte man nicht. Links ging es hinunter zum Hotel, rechts hinauf zum Col de l'Homme Mort.

Ich hatte geschlafen, hatte Wasser in der Trinkflasche, einen vollen Magen, Öl auf den Beinen.

Wie hatte Lisa gesagt, als ich auf dem Bett gelegen hatte? »Wer hier gelegen hat, dem kann nichts mehr zustoßen.«

Ich fuhr los, nach rechts.

Meine schläfrigen Augen folgten dem durchgezogenen weißen Streifen neben mir auf dem Asphalt. Es ging gut. Der große Gang bereitete mir keine Schmerzen.

Die Farbe des Berges veränderte sich, der Bewuchs wurde dünner. Am Straßenrand stand ein Schild: COL DE L'HOMME MORT OUVERT. Natürlich war der Pass »offen«. Ich konnte bis zum Gipfel.

Es war dunkel, so ohne Licht am Rad. Zum Glück beschien der Mond die Flanke des Bergs. Meine Beine gehorchten mir vollkommen. Ich schaltete einen Gang hoch, um noch mehr Kraft auf die Pedale bringen zu können.

Keine Schilder mehr, keine Häuser, keine Menschen. Der Tote Mann war ein stiller Berg. Meine Beine glühten. Da war wieder das Schild am Straßenrand, mit dem Namen und der Höhe des Bergs: COL DE L'HOMME MORT, 1163 MÈTRES.

Ich stand auf dem Gipfel.

Zufrieden stieg ich ab und griff nach meiner vollen Trinkflasche. Das Wasser schmeckte anders als das aus meinem Hotel. Weicher. Laternen markierten den Weg ins Tal hinab. Wo lag Lisas Haus?

Eine frische Brise trieb mir alle Müdigkeit aus, ohne jedoch meine Beine zu kühlen, die immer noch glühten. Ich trank die ganze Flasche leer. Wie von selbst wanderten meine Mundwinkel nach oben: Ich strahlte.

Ich stieg auf mein Fahrrad und machte mich im Dunkeln an die Abfahrt. Der Wind sauste mir um die Ohren. Und die ganze Zeit über stand mir ein Lächeln im Gesicht.

Ich holte tief Luft und schrie ihren Namen heraus.

Er wurde von einem Berg zum nächsten getragen.

Ich rief noch einmal, diesmal mit einer kurzen Pause.

Li-sa.

Sie war jetzt allein mit ihren Radrennfahrern. Von ihren Rädern aus schauten sie Lisa an. Niemand durfte Lisa zu nahe kommen. Sie gehörte den Kletterern. Jetzt gehörte sie auch mir.

Schwarze Federn

Blesshühner.

Das linkische Getrippel erkannte ich schon aus großer Entfernung. Es waren zwei. Herr und Frau Blesshuhn, wahrscheinlich. Stolz überquerten sie den Fahrradweg. Der Asphalt war nur drei Meter breit, Autos durften hier nicht fahren. Die Wasservögel hatten alle Zeit der Welt.

Ich hatte den Wind im Rücken. Auch ohne zu treten, konnte ich die Geschwindigkeit halten. Eine unsichtbare Hand schob mich auf den letzten Kilometern meiner wöchentlichen Fahrt zurück in die Stadt.

Es war Brutzeit. Unterwegs hatte ich viele Vögel gesehen, die eifrig mit Strohhalmen und kleinen Zweigen beschäftigt gewesen waren. Haubentaucher, Enten, Teichhühner. Blesshühner bauten am liebsten treibende Nester. Auf dem Wasser wähnten sie sich sicher.

Was hatte die zwei Blesshühner dazu bewogen, hier an Land zu gehen? Nahrung?

Entlang des Radwegs standen Villen. In den letzten Jahren waren hier viele freistehende Einfamilienhäuser neu gebaut worden. Wer es sich leisten konnte, entfloh der städtischen Hektik und nahm sich eine Wohnstatt mit Blick auf das beruhigende Wasser der Rotte.

Noch etwa fünfzig Meter. Jetzt mussten die Vögel langsam mal in die Gänge kommen.

»Hopp, hopp!«, rief ich.

Das vordere Blesshuhn reagierte erschrocken. Das hintere trippelte zurück und sprang von der schmalen Böschung ins Wasser. Noch dreißig Meter.

Das andere Tier blieb auf dem Asphalt stehen. Blesshuhn, im Zustand des Zweifelns. An seinen Bewegungen sah ich, dass es eine Abschätzung der Lage vornahm: vor oder zurück?

Noch zwanzig Meter. Das Tier hob den rechten Fuß und setzte ihn dann wieder an derselben Stelle auf. Es tat nichts, sondern sah mich nur an.

»Weg!«, rief ich. Ein viel zu menschlicher Ausruf, der das Blesshuhn erstarren ließ. Ich bremste.

Im Fernsehen hatte ich mal eine Verkehrssendung gesehen, in der es um die Länge des Bremswegs gegangen war. Fahrer schätzten den Abstand oft falsch ein. Sie neigten dazu, ihren Bremsen überproportionale Kräfte anzudichten und ihre tatsächliche Geschwindigkeit zu unterschätzen. Wie vernichtend die Wirkung eines Zusammenstoßes sein kann, wird einem erst bewusst, wenn man den Unfall noch einmal in Zeitlupe sieht.

Mein Bremsweg war eindeutig zu lang. Mit lautem Quietschen scheuerten die Bremsbeläge an den Felgen, mein Hinterrad rutschte weg. Das Blesshuhn erschrak von dem Geräusch. Es machte sich kleiner, indem es die Krallen unter sein Gefieder steckte.

Ich musste dem Tier ausweichen. Nach links oder nach rechts?

Wo befand sich bei einem Blesshuhn die Knautschzone?

Das Tier zog den Kopf ein und schien abzuwarten. Mit seinen Kulleraugen schaute es mir entgegen. Noch ein Meter. Unerwartet machte das Blesshuhn einen Sprung. Es hatte sich für die Flucht entschieden. In die falsche Richtung.

Es war nicht mehr zu verhindern.

Mit hoher Geschwindigkeit prallte mein Vorderrad auf die Brust des Tieres. Ich verlor das Gleichgewicht und musste höllisch aufpassen, nicht zu stürzen. Schwarze Federn wirbelten durch die Luft. Flügel ratterten an meinen Speichen entlang. Mit Hüftbewegungen versuchte ich den Sturz aufzuhalten. Das Blesshuhn drehte sich im Vorderrad mit und wurde dann zwischen den Speichen und der Gabel eingequetscht. Das Vorderrad blockierte, der Vogel klemmte in der Gabel fest, das Hinterrad ging hoch. Ich ließ die Bremsen los. Unter meinen Pedalen plumpste das Blesshuhn auf den Asphalt.

Schwarz auf schwarz.

Im nächsten Augenblick rollte mein Hinterrad über das Tier hinweg. Ich hörte ein Knacken. Wie wenn man bei einem Brathähnchen an einer Keule dreht, bis der Knochen vom Fleisch abreißt.

Erst ein paar Meter weiter kam ich zum Stillstand, mitten auf dem Fahrradweg. Das Tier lag reglos da.

Tot?

Ein paar Daunen wirbelten noch um das Blesshuhn herum. Der Kopf des Tiers war seltsam abgeknickt. Mein Herz schlug mir bis zum Hals. Ich wendete das Rad und fuhr zurück. Das eine Kullerauge war halb geöffnet. Ich konnte kein Anzeichen von Leben darin erkennen, es blickte an mir vorbei. Wie das schwache Auge des Nachbarjungen aus meiner Kindheit, wenn er vor dem Schlafengehen von seiner Augenklappe erlöst wurde. Ein benommener, unscharfer Blick.

Langsam hob sich der linke Flügel vom Asphalt. Ein letztes Zucken? Die Federn standen wild in alle Richtungen ab. Der Wind fuhr hinein und blies sie auseinander. Dann sank der Flügel wieder zu Boden.

Ich schaute um mich. Musste man nach einer Kollision mit einem Wasservogel den Tierrettungsdienst rufen? Das Blesshuhn und ich befanden uns auf Höhe einer Villa mit einem frisch gedeckten Reetdach. Hinter den Fenstern war niemand zu sehen.

Vom Wasser schallte ein hervorgestoßener Kehllaut herüber. Das Geräusch kehrte alle paar Sekunden wieder. Hinter dem Schilf erschien das Blesshuhn-Weibchen. Unruhig schwamm es im Fluss hin und her.

Wann ist ein Vogel tot? Ich hatte schon Menschen sterben sehen. Wenn die Hautfarbe sich veränderte und die Totenstarre eintrat, wusste man, dass jetzt das Leben einen Körper verließ. Wie ein Geist die Flasche. Bei einem sterbenden Menschen war der Unterschied zwischen noch am Leben und schon tot klar zu erkennen. Bei einem Tier wusste ich nicht, worauf ich achten musste.

Gaben die Hirnzellen des Blesshuhns noch irgendwelche Reize an den verunstalteten Körper weiter, oder war das, was ich vor mir sah, nur noch ein zusammengeknüllter Packen von Knochen und Federn? Der eingedrückte Brustkasten des Tiers bewegte sich nicht mehr. Aber ich musste mich selbst davon überzeugen, dass das Tier tot war. Wankelmut wäre feige gewesen.

Mit der Spitze meines Fahrradschuhs stieß ich vorsichtig den Kopf des Blesshuhns an. Der Schnabel öffnete sich leicht.

Leben. Verdammt.

Ich umklammerte den Lenker und rollte das Rad über den Hals des Blesshuhns. Vor, zurück, vor, zurück. Zu meinem Schrecken fing der Flügel wieder zu schlagen an. Das letzte bisschen Leben? Sicherheitshalber drückte ich mit dem Reifen den Hals noch einmal platt. Wieder eine Bewegung des Flügels. Weniger hoch als davor, aber doch deutlich wahrnehmbar.

Vielleicht drückte ich dem Blesshuhn ja nur die Luft ab. Um es von seinem Leiden zu erlösen, musste ich das Gehirn zertrümmern. Ich hob mein Vorderrad an und rammte es dem Tier ein paar Mal auf den Kopf. Kleine Teile des weißen Hornschilds lagen jetzt auf dem Asphalt. Aus dem offenen Schnabel lief Blut. Das Auge war zerquetscht. Das Blesshuhn hatte kein Gesicht mehr. Totalschaden, hätte die Feststellung bei einem Auto gelautet. Das Tier konnte man abschreiben.

Adrenalin schoss durch meinen Körper. So musste sich ein Mörder fühlen, nachdem er seinem verstümmelten Opfer den Gnadenstoß verpasst hatte.

Jetzt war es tot, ja. Das Blesshuhn war tot. Da war ich sicher. Ganz sicher. Mir war speiübel.

Unwillkürlich war ich in die Rolle eines Verbrechers geraten. Was sollte ich mit der Leiche machen? Sollte ich ein weißes Taschentuch darüberlegen oder das tote Tier an den Beinen in die Böschung ziehen? Ich nahm meinen eigenen Körpergeruch wahr. Das war kein Schweiß vom Radfahren. Das war Angstschweiß.

Wieder sah ich mich um. Niemand. Nur das schneidende Gequäke des anderen Blesshuhns, das mich vom Wasser aus beobachtete.

Ich konnte den verwüsteten Kadaver wohl kaum so liegen lassen. Wenn ich das tote Blesshuhn in den Schilfgürtel des Flusses warf, würde es niemand merken.

Ich sah zu dem unruhig hin und her schwimmenden Weibchen. Es waren Tiere, keine Menschen. Aber trotzdem, mit einem toten Blesshuhn nach einem lebenden zu werfen, das konnte ich wirklich nicht bringen.

Vor dem Haus mit dem Reetdach war der Garten bis zum Fahrradweg umgegraben. Lose, nicht festgetretene Erde. Ich legte mein Rad am Rand des Wegs ab und hob das schlaffe Blesshuhn an den Beinen hoch. Der blutige Kopf baumelte über dem Asphalt.

Ich legte das Tier vorsichtig auf die umgepflügte Erde und fing schnell zu graben an. Es ging leicht. Ich musste nur ein paar Mal kräftig mit den Händen hineingreifen, dann hatte ich die gewünschte Tiefe erreicht. Ich legte das Blesshuhn in die Kuhle.

Friedlich lag es da, mit schlaff aus dem Gefieder hängenden Beinen und vorgeneigtem Kopf. Es erinnerte mich an einen alten Mann mit schwarzem Pullover, der in seinem Sessel vor dem Fernseher eingedöst ist.

Während ich die aufgeschüttete Erde auf den toten Tierkörper schaufelte, sah ich auf. In der Ferne waren zwei Rennradfahrer zu sehen. Sie kamen näher. Hastig plättete ich den Boden. Man konnte kaum erkennen, dass hier jemand gegraben hatte. Noch ein letztes Mal fuhr ich mit den Fingern durch die Erde.

Die beiden Radfahrer waren ziemlich schnell. Sie trugen Trikots von bekannten Radsport-Teams. Sky und Leopard.

Ich wischte mir die Finger an der Radhose ab und stellte mein Fahrrad in Fahrtrichtung. Pro forma fummelte ich ein bisschen an der Hinterradbremse herum. Zwischen den Schilfhalmen gab das Weibchen immer noch seine alarmierenden Kehllaute von sich. Damit konnte es jetzt aber auch langsam aufhören.

Hinter mir erklang eine Fahrradklingel. Derselbe helle Klang wie bei der Glocke im Restaurant, wenn der Koch sein fertiges Gericht unter eine rote Warmhaltelampe schiebt.

Die beiden Männer fuhren an mir vorbei. Der hintere Fahrer, der im Sky-Trikot, warf mir einen Blick zu. War er neugierig, was an meinem Rad kaputt war? Kurz begegneten sich unsere Blicke. Dann fuhr er in schnellem Tempo hinter dem Rücken seines Fahrradkumpels her.

Hatte er mich beim Graben gesehen?

Ich schaute zu der Stelle zurück, wo der Vogel unter der Erde lag. In meiner Jugend hätte ich mir mehr Mühe mit dem Grab gegeben und aus Stöcken und einem Gummiband noch ein Kreuz zusammengezimmert. Jetzt kam es mir mehr auf Anonymität an. Es war ein Unfall. Ein Unglück, Schicksal, bloßes Pech.

Das Blesshuhnweibchen trieb nun still auf dem Wasser. Es hatte aufgehört zu quäken, schaute mich aber immer noch an.

Der Fahrradweg lag einsam und verlassen da, die beiden Rennradfahrer waren außer Sichtweite. Als ich mich mit dem freien Fuß abstieß, wurde mein Blick von der Villa angezogen, vom Wohnzimmerfenster. Durch einen Spalt zwischen den Gardinen sah ich die Umrisse eines Gesichts und ein graues Haarbüschel. Spähte da eine Frau hinaus? Wie lange stand sie dort schon? Schnell wandte ich mich ab und trat kräftig in die Pedale. Ich wagte mich nicht mehr umzuschauen.

Es war um dieselbe Zeit herum, eine Woche später, etwa zwölf Uhr mittags. In den letzten Tagen war es wärmer geworden. Man konnte den Sommer schon riechen.

Ich fuhr den Fahrradweg an der Rotte entlang und schaute auf mein Vorderrad. Auf dem Gummiprofil des Reifens waren rote Flecken gewesen. Mit Scheuerschwamm und warmem Wasser hatte ich das Blut abgewischt. Nach ein paar Mal Wischen war es weg gewesen. Auch das letzte Beweismaterial hatte ich verschwinden lassen. Ich hatte den Schwamm in den Abfall geworfen und gleich noch den Müllsack gewechselt. Erst als der Müllmann am nächsten Tag den Sack in das gähnende Loch an der Hinterseite seines Wagens geworfen hatte, war ich sicher gewesen, dass alle Spuren getilgt waren.

Bei diesem schönen Wetter waren auch die Wasservögel wieder aktiv. Gerade tauchte ein Haubentaucher geschmeidig unter Wasser. Ich fuhr zu schnell, um zu sehen, wo er wieder hochkam. Kurz hinter der Zugbrücke lag ein Nest im Schilf. Ein Blesshuhn brütete darin, wachsam streckte es den Kopf hoch. Lagen da schon Eier unter den Federn?

In der Ferne tauchte das Reetdach der Villa auf. Um nicht wiedererkannt zu werden, hatte ich mein blaues Italien-Trikot gegen ein älteres von Acqua & Sapone eingetauscht. Ein knallrotes. Außerdem trug ich eine Sonnenbrille, obwohl der Himmel halb bewölkt war.

Noch eine Kurve, dann sah ich die Villa vor mir liegen.

Gegenwind. Ich schaltete einen Gang herunter und musste kräftig treten, um das Tempo zu halten. Noch knapp zweihundert Meter. Wie oft hatte ich diesen Teil meiner festen sonntäglichen Tour nicht schon gedankenlos abgefahren? Jetzt nahm ich alles ganz genau wahr: die Böschung, die Sträucher, die Breite des Flusses, die Laternenpfähle, den Schilfgürtel.

Neben der Villa parkte ein Geländewagen mit einem Anhänger. Noch dreißig Meter. Ich nahm die Beine hoch und verringerte mein Tempo. Auf der Heckklappe des Autos stand VAN WEELDEN TUINARCHI-

TECTEN. Ein Gartenarchitekt. Ein Mann im Overall lehnte mit dem Rücken an der Seite des Wagens. Er telefonierte und trat dabei mit den Hacken seiner Stiefel gegen den Hinterreifen. Kleine Erdbrocken fielen zu Boden.

Ich schaute schräg zur Seite. Zu der Stelle. Zu dem Blesshuhngrab. Meine Augen suchten den Garten ab. Lose, dunkle Erde war nirgends mehr zu sehen. Und doch war ich sicher, dass es hier gewesen war. Jetzt erst sah ich es. Sie hatten Grassoden über die Erde gelegt. Man konnte noch sehen, wo zwischen den einzelnen Plaggen die Fugen verliefen.

Vor der Hauswand war ein Streifen Erde frei geblieben. Ein Junge in einem Overall saß dort auf den Knien. Neben ihm stand ein Holzkasten mit knallorangen Samtblumen. Er grub keine Löcher in die Erde.

Mitten auf dem frischen Rasen standen ein paar Gartenmöbel zusammen. Auf einem der Liegestühle saß eine Frau, die eine Zeitschrift las. Ich erkannte sie wieder. Hinter der Umschlagseite ragte ihr grauer Haarschopf hervor. Schnell trat ich wieder in die Pedale.

Am Rand des Rasens, vor dem Fahrradweg, standen zwei Glasschalen im Gras. Als ich daran vorbeifuhr, warf ich einen Blick hinein. Kleine Stücke Weißbrot. Ohne Rinde.

Dann war ich vorbei. Dem anhaltenden Gegenwind zum Trotz schaltete ich hoch. Links neben mir wiegte sich das Schilf. Im Fluss schwammen Blesshühner. Es waren mehr als je zuvor.

Aufkleber

Beobachtet fühlte ich mich ganz und gar nicht, hier in der Metropole. Ich beschloss, die Gardinen meines Hotelzimmers offen zu lassen. In den Lofts auf der anderen Straßenseite hatte ich niemanden am Fenster stehen sehen.

Ich wollte gerade meine schwarze Radhose anziehen, als es an der Zimmertür klopfte. Es war ein Uhr mittags. Die Zimmerreinigung konnte es nicht sein. Ich hatte gerade erst eingecheckt.

»*One moment, please!*«

Hastig zog ich die Hose hoch und die Träger über die Schultern. Dann öffnete ich die Tür.

Hinter einem kleinen Wagen mit Softdrinkdosen, Nüssen, Nougat und Schokolade stand eine etwas ältere Frau, die indischer Herkunft zu sein schien. Sie hatte einen kleinen roten Punkt auf der Stirn.

»*Welcome to Hotel Thompson. You want ice?*«, fragte sie, mit einem Lächeln, das ein bisschen forciert wirkte.

Sie tippte auf den Deckel eines weißen Eimers, der ganz oben auf dem kleinen Wagen stand. Ihre langen künstlichen Fingernägel waren golden lackiert.

Nein, ich brauchte kein Eis.

Bevor ich die Tür wieder schloss, drückte sie mir etwas kleines Quadratisches in die Hand, dazu ein Formular. Letzteres war offenbar die Bestellliste für das Frühstück. *Irish oatmeal, home-made granola, smoked salmon, skimmed milk.*

An den nächsten Morgen wollte ich jetzt noch nicht denken. Heute würde ich zum ersten Mal in meinem Leben in New York Fahrrad fahren. Vor ein paar Stunden war ich auf dem Flughafen JFK gelandet.

Das quadratische Etwas erwies sich als verpackter Brownie. Eine Gratis-Nascherei, mit der das Hotel seine Gäste willkommen hieß. Auf der Rückseite stand: BAKED JUST FOR YOU, MY PRETTY. Hersteller: Fat Witch Bakery.

Ich zog mein Trikot an. Das Gebäck steckte ich in die Rückentasche. Für den Fall, dass ich unterwegs einen Hungerast bekam.

Im Internet hatte ich gute Kommentare zu einem Fahrradverleih an der West Street gelesen, Downtown Manhattan. BICYCLES, stand in großen Lettern an der Fassade über dem Laden. Ich stieg aus dem Taxi und ging hinein.

In dem kleinen Ladenraum hingen hauptsächlich Helme und Schlösser an der Wand. An der Ladentheke standen drei Stadträder und zwei verchromte Roller. Ein junger Mann mit rasiertem Kopf kam auf mich zu. Er wischte sich an einem ausgefransten Putztuch die Hände ab.

»Vermietet ihr auch richtige Räder?«, fragte ich ihn.

»Was meinst du mit richtig?«

»Na, zu Hause fahre ich ein *racebike*.«

Er lachte. »Nein, wir haben hier nur *hybrids*.«

Citybikes. Sportliche Stadträder, die so tun, also wären sie Rennräder. Die Transsexuellen unter den Zweirädern.

Der junge Mann bedeutete mir, mit nach draußen zu kommen. An der Wand stand ein glänzendes Rennrad. Sie vermieteten also doch welche. Es war ein Bottecchia, wie man an den großen Buchstaben auf dem Unterrohr des Rahmens ablesen konnte, mit Carbonfelgen von Ambrosio.

Der Junge mit dem kahlen Kopf sah meinen begierigen Blick. »Sorry«, sagte er. »Das war jetzt blöd von mir. Das Rad gehört dem

Jungen, der hier mitarbeitet, der steht auch auf italienische Rahmen. Ist leider nicht zu vermieten. Aber du kannst unser Citybike haben.«

Er trat hinter mich und öffnete eine in den Boden eingelassene Luke aus Stahl. Über eine stählerne Rampe kam er wenig später mit einem Rad aus dem Keller hinauf.

Ich nahm das Citybike in Augenschein. Ein Biria. Ich kannte die Marke nicht. Ein wuchtiges Modell, das dafür gebaut war, beim Fahren in der Stadt keinen Schaden zu nehmen. Dicke Rohre, breite Reifen, vorn und hinten Schutzbleche, zehn Gänge und ein gerader Lenker. Vor allem beim Sattel waren Hopfen und Malz verloren. Breit, beigefarben, mit einem Loch. Ein Damenfahrrad.

Ich schlug zwei Mal kurz mit der Hand auf den Sattel und fragte: »Habt ihr noch einen anderen?«

»No, *one size fits all.*«

Der junge Mann ging zur Ladentheke und reichte mir einen Briefbogen. Der Leihvertrag. Es stand ungefähr drin, dass ich das Fahrrad heil zurückbringen musste und dass der Laden keinerlei Verantwortung übernahm, falls ich mit einem Auto zusammenknallte. Während der junge Mann eine Kopie meines Führerscheins anfertigte, unterschrieb ich das Formular.

»Helm? Korb? Schloss?«, fragte er.

Einen Helm, auf einem geschlechtslosen Citybike? Einen Korb? Ich war doch kein Modenarr auf Schnäppchenjagd. Und ein Schloss? Überflüssig. Innerhalb von ein paar Stunden wollte ich einmal um Manhattan herumgefahren sein.

Hinter mir fragte ein Junge nach »*free air*«. Das war kein Problem. Er nahm den Schlauch von der Außenwand und pumpte seine Reifen auf.

Free air.

Für Luft bezahlen zu müssen – in New York hätte mich das nicht verwundert. Am JFK-Terminal hatte ich einen Sightseeing-Bus gesehen, mit einem Reklameschriftzug über die gesamte Breite: ENJOY YOUR 2-HOUR TOUR MORE: CLEAN AIR IN OUR BUS.

Ob das ging, die dreckige Luft von Manhattan filtern und sie dann sauber durch einen Bus hindurchpusten?

Der Ladenbesitzer pumpte meine Reifen auf.

»Prima, dann breche ich mal auf«, sagte ich.

Das Leihfahrrad neben mir her schiebend, überquerte ich die verkehrsreiche West Street, um auf die Fahrradspur zu kommen, die *bike lane*. Der zweispurige Weg war auf meiner Streckenkarte grün eingezeichnet, als Klasse 1. Besser ging nicht mehr. Der Weg verlief am Hudson River entlang, vom Süden Manhattans in den Norden.

Ich stieg auf das Citybike und fuhr die ersten paar Meter Probe. Fahrradfahren in New York. Aufregend! Ich tauchte ein in den Verkehrsstrom einer Metropole, die für hohe Geschwindigkeiten ausgelegt war. Sie war anscheinend ein Paradies für Taxis, die mit 80 Stundenkilometern über die breiten Avenues rasten, und für Metros, die wie Klapperschlangen durch die Schächte schossen.

Rechts von mir fuhren Autos in den südlichen Teil der Halbinsel, um so schnell wie möglich in den Holland Tunnel zu kommen.

Links plätscherte der Hudson in der Sonne. Ich konnte den Fluss riechen. Ein Salzgeruch, vermischt mit dem Gestank von Altöl und toten Fischen. Es roch vertraut, nach Hafen, nach dem Wasser der Maas in Rotterdam. Kurz bevor ich angekommen war, hatte das Wasser des Flusses noch gespenstisch laut gegen die Kaimauern Manhattans geschlagen. Der Orkan Irene hatte die Ostküste der Vereinigten Staaten tagelang in seinen Klauen gehalten. Doch während ganze Landstriche des Kontinents unter Wasser gestanden hatten, war New York glimpflich davongekommen.

Ich saß nicht wirklich gut auf dem Leihfahrrad. Der Sattel war unbequem und auch noch zu niedrig eingestellt. Die Innenseiten meiner Schenkel scheuerten am Kunststoff. Aber bei den vielen Radfahrern und

Joggern konnte ich auch nicht einfach anhalten und absteigen. In einem großen Bogen fuhr ich um einen Mann herum, der kiloweise blubberndes Fett durch die Hitze schleppte, und brachte das Rad am äußersten Rand des Asphalts zum Stehen. Mit dem rechten Fuß stand ich schon auf dem Gras des Seitenstreifens. Schnell löste ich den Hebel unter dem Sattel und stellte ihn ein paar Zentimeter höher. Als ich wieder aufstieg, merkte ich sofort, dass ich jetzt mehr Druck auf die Pedale brachte. Es war stickig in New York. Ich war froh, dass ich mir schon im Hotel das Gesicht eingecremt hatte. »Faktor 30«, hatte in dem kleinen Kreis auf der Tube gestanden. Das musste reichen.

Rechts von mir eröffneten sich zwischen den Häuserblocks immer wieder prächtige Ausblicke auf die Stadt. 30th Street, 31th Street, 33th Street. Die Ampeln spielten mit, ich hatte drei Mal hintereinander grün. Auf Höhe der 34th Street sah ich den oberen Teil des Empire State Building. Ob wohl von den Kissing Towers aus, in 380 Metern Höhe, jemand mit dem Fernglas zu mir hinabschaute? Ein kleiner Mann auf einem Fahrrad, am Hudson River. Der es anscheinend eilig hatte.

Ein junger Mann mit nacktem Oberkörper radelte an mir vorbei, auf einem hippen Fixie: schmaler, gerader Lenker, hellgrau lackierter Rahmen, Räder mit Hochprofilfelgen und beigefarbenen Reifen. Im Fahren tippte er mit seinen Daumen eine Nachricht in die Tastatur unter dem hochgeschobenen Slider seines Mobiltelefons. Als er an mir vorbeifuhr, sah ich, dass er ein Tattoo hatte, einen Adler. Das Bild des Vogels bedeckte seinen gesamten Rücken, die Federn der Flügel waren bis ins letzte Detail ausgearbeitet, in verschiedenen Farben. Kleine Schweißrinnsale liefen über den Vogel hinab.

Ich stellte den Schalthebel am Lenker auf 6 und fuhr hinter ihm her. Seine Geschwindigkeit schätzte ich auf etwa 30 Stundenkilometer.

Der junge Mann drehte sich zu mir um.

»Hi«, sagte er.

»Hi«, erwiderte ich.

Er fuhr immer noch freihändig.

»Wie lange schaffst du das, ohne Hände?«, fragte ich neugierig.

»Von der Canal Street bis zur 125th Street ist mein persönlicher Rekord.«

»Nicht schlecht.«

Seine Finger rasten über die Tasten. Er schrieb offenbar eine ziemlich lange Nachricht.

Zwischendurch drehte er sich kurz zu mir um.

»Wo fährst du hin?«

Auf der Karte hatte ich gesehen, dass dieser Fahrradweg am Hudson River entlang bis nach Inwood führte, zu einem der am weitesten im Norden gelegenen Viertel Manhattans.

»Nach Inwood und von dort wieder zurück nach Downtown Manhattan«, sagte ich, als wäre es die normalste Sache der Welt. »Und selbst?«

»Ich fahre immer von meiner Wohnung in Brooklyn zu meiner Arbeit in Harlem, jeden Tag. Wart mal kurz.«

Er tippte wieder etwas in seine Tastatur.

»*Send*. Äh ... ich gebe geistig zurückgebliebenen Kindern in Harlem Schwimmunterricht.«

Im Hudson River lag ein Kriegsschiff vor Anker. Auf dem Deck stand eine Reihe von Düsenjägern, ältere Modelle, die ihr Maximum an Flugstunden hinter sich hatten.

Aus dem Telefon kam ein kurzer Schlagzeugsound. Der junge Mann warf einen Blick auf sein Display.

»Fuck. Ich muss hier rechts ab. *See you!*«

Er legte jetzt doch die Hände an den Lenker.

Also heute kein Rekord. Dann bremste er und bog rechts ab, Richtung 42th Street.

Ich befand mich auf Höhe von Midtown Manhattan. Auf dem Fahrradweg wurde es allmählich ruhiger. Ob die Geschäftsleute hier weniger Fahrrad fuhren als die kulturelle Elite aus SoHo?

Mein Sattel war jetzt doch ein bisschen zu hoch. Ich musste gleich noch mal kurz anhalten, um ihn herunterzustellen.

Rechts in der Stadt erkannte ich das rote M auf dem Dach eines hohen Gebäudes wieder. Das M von Milford, vom Milford Plaza auf der 45th Street. Als ich das erste Mal in New York gewesen war, 1980, hatte ich in diesem Hotel übernachtet. Die schiere Größe der Stadt hatte ich damals nicht fassen können: ein neuer Horizont, anderes Licht, andere Geräusche. Nach dem Einchecken war ich in den Fahrstuhl gestiegen und ins zwanzigste Stockwerk gefahren. Von meinem Zimmer aus hatte ich die gesamte 8th Avenue überblickt. Endlich, zum ersten Mal im Leben, in der Stadt meiner Träume. Ausgelassen hatte ich mich aufs Bett fallen lassen, kopfüber. Das Kopfkissen hatte meinen tiefen Urschrei erstickt.

Bei einer Bank am Ufer des Hudson hielt ich an. Während der Fahrt hatte mir der Wind den Kopf gekühlt. Jetzt lief mir schon wieder der Schweiß über die Schläfen. Ich stellte das Fahrrad an die Rückenlehne der Bank und setzte mich.

In der Ferne sah ich die Konturen der Washington Bridge: eine hohe Stahlbrücke, über die der dichte Autoverkehr von Manhattan nach New Jersey fließt. Dort musste ich hin.

Ruhe schien es in New York nicht zu geben. In meinem Rücken war ein unablässiges Getöse. Dröhnende Motorräder, brummende Laster, rumpelnde Uralt-Taxis. Und Sirenen. Die Hilfsdienste schienen hier vierundzwanzig Stunden täglich im Einsatz zu sein. Brände, Herzinfarkte, Schießereien.

Auf einem flachen Felsen am Ufer des Flusses sah ich einen Mann. Er stand reglos da, die Arme ausgestreckt, die Finger gespreizt. Langsam fing er an, sich um die eigene Achse zu drehen und mit den Armen zu schwingen. Tai Chi. An den absurdesten Orten standen in Manhattan

Leute wie angenagelt in der Gegend herum und machten irgendwelche Meditationsübungen. Hier musste man sich seine Entspannung selbst organisieren.

Ein Stück weiter, an der nächsten Bank, lehnte ein Damenrad. Ein relativ kleines Modell, für Mädchen im Schulalter. Ein Mann mit mattschwarzer Hautfarbe saß auf der Bank. Er trug eine schlabbrige lange Trainingshose und hatte kaputte Crocs an den nackten Füßen. Zwischen den Fingern zwirbelte er seine Dreadlocks. Die unordentlichen Zöpfe standen in alle Richtungen ab.

Der Rahmen des Damenrads war komplett mit Aufklebern zugepflastert. Produktmarken, Sportclubs, Firmennamen, verschiedene andere Namen, die mir nichts sagten. Etliche waren kaputt oder lösten sich am Rand ab. Aufkleber mit Eselsohren. Als hätte jemand die Haut des Fahrrads aufgekratzt. Nur an einzelnen Stellen konnte man noch die ursprüngliche Farbe des Rahmens erkennen: rosa.

Ich nahm mein Mobiltelefon und tat so, als würde ich auf dem Display irgendetwas anschauen. Dabei richtete ich die Kamera auf das Fahrrad und den Mann. Wegen des Sonnenlichts konnte ich nicht richtig sehen, ob der Ausschnitt gut war. Ich drehte das Handy, damit ein Foto im Querformat herauskam. Als ich das Auslösersymbol auf dem Touchscreen berührte, erklang ein »Tschack«.

Der Mann hatte das Geräusch auch gehört.

»*Hey man*, was machst du da?«

Erwischt.

»*I like your bike.*«

Freundliche Annäherung und Schadensbegrenzung. Ich steckte das Telefon in die Rückentasche meines Trikots und ging zu dem Mann hinüber.

MY NAME IS, stand in Großbuchstaben als Vordruck auf seinem Shirt. In den weißen Kasten darunter hatte jemand mit zittriger Handschrift *Trouble* eingetragen.

»Aufkleber sind dafür da, auf Sachen draufgeklebt zu werden«, sagte der Mann, ohne mich anzusehen. Mit der einen Hand zwirbelte er weiter an seinem Zopf, die andere streckte er mir entgegen. »*Hey, mister nice guy. My name is Trouble. And yours?*«

Ich nannte meinen Namen, den er allerdings nur halb verstand.

»*Woolf? Nice.*«

Woolf. Na ja, warum auch nicht. Dann hieß ich heute eben Woolf.

»Welche Marke fährst du?«, fragte ich und zeigte auf sein Damenrad.

»Budweiser, Dodge, Delta, Sneakers, Tamoil, *New York Post*, Gillette, Diet Coke. Mein Rad hat Hunderte von Namen.«

Der Form des Stahlrahmens nach zu urteilen, war das Rad schon ein paar Jahre alt. Vom Vorbau führte ein Doppelrohr in einem Bogen zum Tretlager.

»Gestern saß in dem Baum dort ein Eichhörnchen«, sagte Trouble. »Ich hab' da gesessen, wo du jetzt sitzt, und das Geräusch gehört. Es trippelte am Stamm hinunter und ging sich im Hudson River waschen. Manchmal wurde es von einer Welle komplett überspült. Ich mag Eichhörnchen.«

Trouble sah mich an. Er hatte zwei ungleiche Augen: Das eine blickte geradeaus, das andere schien zu schlafen, halb verdeckt von einem hängenden Lid.

»Du glaubst mir nicht, Woolf, stimmt's?«, fragte er. »Brauchst du auch nicht.«

Er zwirbelte weiter an seinen Dreadlocks und ließ sich dann die Strähnen durch die Hände gleiten. »Heute müssen die gut sitzen. Von den ganzen Abgasen werden meine Haare so schnell dreckig. Dann kommt beim Waschen braunes Wasser heraus.«

Abrupt unterbrach er sein Herumgefrickel an den Haaren.

»Sammelst du auch Aufkleber?«, fragte er aus dem Nichts heraus.

»Nein, tut mir leid.«

Trouble stand auf, nahm sein Damenrad und stellte es vor mich hin.

»Da, schau.«

Er zeigte auf die Sattelstütze. Neben einem halb abgefallenen Sticker mit der amerikanischen Flagge befand sich ein sauberer, apfelförmiger Aufkleber in Silber.

»Schön, woher hast du den?«, fragte ich neugierig.

»Von dem Pförtner des Apple Stores in der Prince Street. Der dicke Jay. Ist mit mir in Melrose zur Schule gegangen. Kennst du Melrose? Liegt am anderen Ufer des East River.«

Aus der Tasche seiner ramponierten Trainingshose holte er eine braune Papiertüte. Er schüttete sich ein paar Erdnüsse in die Hand. Dann legte er sich eine nach der anderen auf den Daumen, dorthin, wo sich früher mal ein Nagel befunden hatte, und schnippte sie in hohem Bogen geschickt in seinen Mund.

»Willst du auch?«

Er schüttete auch mir welche in die Hand.

Ich versuchte, sein Nüsse-Schnipsen zu imitieren. Gleich der erste Versuch misslang. Die Erdnuss fiel unter die Bank.

»Was machst du denn?«, fragte Trouble. Seine Stimme klang enttäuscht, wie bei einem kleinen Kind, das seinen Willen nicht bekommt.

»Sorry, hat nicht geklappt«, antwortete ich.

»Dann freuen sich die Eichhörnchen«, sagte Trouble. »Ich gebe ihnen immer etwas zu fressen, sonst überleben sie nicht. Siehst du die Krähen dort? Die versuchen immer, die Erdnüsse wegzupicken. Diebisch sind die. Sollen sich bloß vorsehen. Ich reiß' ihnen den Kopf ab und verkaufe das Fleisch an die Chinesen in der Canal Street.«

Ohne weitere Erläuterungen fing er mit dem anderen Daumen, bei dem der Nagel noch nicht fehlte, an einem Aufkleber zu kratzen an. An einigen Stellen klebten mehrere Schichten übereinander. Auf einem gelb fluoreszierenden Sticker stand eine Telefonnummer, in derselben

Kritzelschrift wie der Name Trouble. Die Nummer fing mit 212 an, der New Yorker Vorwahl.

»Sag mal, Trouble …«

Zum ersten Mal nahm ich seinen Namen in den Mund. »Was ist denn das für eine Telefonnummer, wenn ich so neugierig sein darf?« Ich deutete auf eines der Rahmenrohre seines Rads.

»Ich kenne dich nicht, Woolf. Und du kennst mich nicht. So *what?*«

Er hatte recht. Ich kannte ihn nicht. Ich konnte bloß raten, wie er wohl drauf war.

»Mir gefällt halt dein Rad, mit den vielen Aufklebern«, sagte ich.

»Du meinst kein Wort von dem, was du sagst, Woolf.«

Trouble stand auf. Mit der einen Hand umklammerte er den Lenker seines Rads, mit der anderen versetzte er dem Sattel einen kräftigen Schlag.

Ich erschrak und setzte mich kerzengerade auf.

»Okay?«, fragte er.

Noch ein Schlag auf den Sattel.

»Verstanden?«

Mit wildem Blick sah er mich an.

»Woolf, hast du mich verstanden?«, wiederholte er.

Erst jetzt, da er mich mit weit aufgerissenen Augen ansah, konnte ich Troubles Alter schätzen. Etwa fünfunddreißig, vermutete ich. Vorher hätte ich eher auf vierzig getippt, wegen der Falten in seinem erschöpften Gesicht.

»*All right, all right*«, sagte ich, um ihn zu beruhigen.

Auf dem Radweg näherte sich ein Mann auf einem Klapprad mit kleinen Rädern. Die Pedale drehten sich viel zu schnell. Unter seinem Hemd mit dem Logo der Chicago Bulls war ein kleiner Bauch zu erkennen.

»*Wrong club, mister!*«, rief Trouble ihm nach.

Der Mann tat, als hätte er nichts gehört, und fuhr in gemächlichem Tempo weiter.

Ich richtete den Blick in die Ferne. Die Segelboote, die bei den hölzernen Wellenbrechern vor Anker lagen, schaukelten auf dem Hudson River vor sich hin.

»Wohin fährst du?« Trouble sah mich eindringlich an.

»Inwood.«

»Ich muss auch in die Richtung. Zum Geburtstag meiner Tochter.«

Ich nahm den Brownie aus der hinteren Tasche meines Trikots. Vorsichtig zog ich den BAKED JUST FOR YOU, MY PRETTY-Sticker von der Cellophanverpackung ab und reichte ihn Trouble.

Ohne die Werbebotschaft eines Blickes zu würdigen, klebte er ihn auf die Vorderlampe.

Ich riss die Verpackung auf und brach den Brownie in zwei Hälften. Schweigend aßen wir ihn auf.

»Fahren wir los?«, fragte Trouble.

»Moment«, sagte ich. Beidhändig drückte ich den Sattel etwa einen Zentimeter herunter und drehte den Hebel fest zu.

Trouble nahm sein Fahrrad und schob es zum Weg, wobei er unterschiedlich fest auftrat, als hätte er einen kleinen Stein im Schuh. Wie eine Frau setzte er sich auf den Sattel. »*Let's go.*«

Die ersten Kilometer fuhren wir stumm nebeneinander her. Bis Inwood war es noch etwa eine Viertelstunde Fahrt, schätzte ich. Worauf hatte ich mich da eingelassen?

In mäßigem Tempo fuhr Trouble Richtung Norden. Der Radfahrer mit dem Chicago-Bulls-Shirt kam uns wieder entgegen.

»*I said: wrong club!*«, rief Trouble.

Der Mann mit dem Bulls-Shirt bremste und machte Anstalten abzusteigen.

Trouble verlangsamte sein Tempo. Anscheinend wollte er ebenfalls anhalten.

Ich fuhr dichter an ihn heran und zog ihn an der Jacke mit.

»Lass mal. New York ist eine Nummer zu groß für die Windy City.«

Trouble spuckte, aber es kam kein Tropfen zwischen seinen Lippen hervor. Er sah mich an und ließ sich von mir mitziehen. Sein rechtes Pedal schleifte bei jeder Umdrehung am Kettenschutz.

Der Mann mit dem Chicago-Bulls-Shirt blickte uns nach. Er hielt den Mittelfinger hoch. Zum Glück sah Trouble es nicht.

Ich ließ seine Jacke wieder los. Wir fuhren weiter. Troubles Gesicht sah angespannt aus.

»Ich brauche Geld von dir«, sagte er plötzlich, in vertraulichem Tonfall.

Um Zeit zu gewinnen, schwieg ich.

»*Money*, Woolf«, sagte er, mit der Betonung auf *money*.

Vor uns erstreckte sich endlos der Fahrradweg. Die Washington Bridge kam immer näher, aber der Wendepunkt war noch Kilometer weit entfernt. Ich musste zusehen, dass ich wieder in die bewohnte Welt zurückfand. Aber von hier aus ins bevölkerte Manhattan abzubiegen, kam nicht in Frage. Auf der West Street rechts von uns brausten acht Verkehrsspuren in zwei Richtungen dahin.

Mit bösem Blick murmelte Trouble etwas in sich hinein. Er griff in seine Tasche, holte eine Handvoll Erdnüsse heraus und stopfte sie sich in den Mund. Die Hälfte fiel auf den Boden.

»Du bist ein netter Kerl, Trouble. Aber Geld? Warum? Ich hab' sowieso kaum welches dabei. Ein paar Zehner, von denen ich noch die Leihgebühr für das Rad bezahlen muss.«

Giftig packte Trouble mich am Arm. Ich wehrte ihn ab. Fast hätten unsere Lenker sich ineinander verkeilt.

»Fass mich nicht an«, sagte ich.

Erneut streckte er die Hand nach mir aus, doch diesmal hielt er mich sanfter fest.

»Meine Tochter ist heute dreizehn geworden. Ich will eine Kleinigkeit für sie kaufen.«

Auf dem Hauptbahnhof in Amsterdam hatte ich mal einem verwirrten Mann, der zu seinem plötzlich gestorbenen Vater fahren wollte, fünf

Euro gegeben. Ich hatte ihm geglaubt. Eine Woche später hatte ich gesehen, wie er einen anderen Reisenden anbettelte.

»Du glaubst mir nicht, was?«, fragte Trouble.

»Stimmt«, sagte ich.

Wir näherten uns der Washington Bridge. Mir fiel auf, wie hoch diese stählerne Hängebrücke war. Der Wind trug den Verkehrslärm zu uns hinüber. Die Autos krochen langsam vorbei, in dichten Reihen.

Der Fahrradweg führte unter der Auffahrt zur Brücke hindurch. Zehn Meter über uns donnerte der Verkehr über die Stahlkonstruktion hinweg. Ein Höllenlärm.

Trouble spuckte Erdnusssplitter aus.

»*Fuck it!*«, rief er.

Er überholte mich und bremste ab. Mein Vorderrad kam an seinem hinteren Schutzblech zum Stehen. Trouble hatte einen Nerventick, den ich vorhin noch nicht bemerkt hatte: Er riss immer wieder kurz die Augen auf.

»Dein Telefon. Gib mir dein verficktes Telefon!«, sagte Trouble.

Ich sah mich um. Weit und breit niemand. Ich beschloss, mit ihm zu verhandeln.

»Okay, nimm mein Geld. Aber lass mich das Telefon behalten, ja?«

Trouble schmiss sein Rad um und kam auf mich zu. Ich blieb stehen, das Fahrrad zwischen den Beinen. Er packte mich am Trikot und brachte sein Gesicht ganz nahe an meines. Seine Haut erinnerte an abgenutztes schwarzes Schmirgelpapier.

Dann schloss er plötzlich die Augen. Er seufzte ein paar Mal, sackte etwas in sich zusammen und ließ von mir ab.

»Sorry«, hörte ich ihn murmeln. Und dann noch einmal, etwas leiser: »Sorry.«

Als er sich umdrehte, sah ich, dass das Weiß in seinen Augen rot angelaufen war. Mit einem Blick, der seine Verwundbarkeit verriet, sah er mich an.

»Würdest du dein Telefon nehmen und diese Nummer für mich anrufen, Woolf? Bitte!«

Trouble hob sein Fahrrad vom Boden auf und zeigte auf den fluoreszierenden Aufkleber auf dem oberen Rahmenrohr.

»Und dann? Wen kriege ich da an die Strippe?«

»Jetzt ruf schon an.«

Seine Hitzigkeit war verflogen. Ich würde es auf den Versuch ankommen lassen.

Ich nahm das Telefon aus meiner Rückentasche und gab die Nummer ein. Trouble stand mit offenem Mund dabei, starrte mich an. Wieder dieser Nerventick.

Am anderen Ende ging jemand dran. Im Hintergrund hörte ich laute Popmusik.

»Hier ist Tracy Stanford.«

Eine muntere Mädchenstimme und pubertäres Gelächter von anderen Mädchen im Hintergrund.

Trouble bedeutete mir, dass ich etwas sagen sollte. Ich wusste nicht, was.

»Äh, hier ist, äh ... Woolf.«

Trouble kam ganz dicht an mich heran. »Sag ihr, dass ich auf dem Weg bin.«

»Ich soll von äh ... Trouble ausrichten, ...«

Trouble wedelte nervös mit den Händen. »Von Daddy, sag: von Daddy.«

»Äh, Daddy sagt, er ist auf dem Weg«, sagte ich.

»Mit deinem rosa Fahrrad«, flüsterte Trouble mir ein. Er drängte sich ganz dicht an mich, um die Reaktion des Gegenübers mitzubekommen.

»Mit deinem rosa Fahrrad«, wiederholte ich.

Am anderen Ende blieb es still. Ich hörte nur noch die Musik. Ein Hit von Alicia Keys. Das Gekicher der Mädchen im Hintergrund war verstummt.

»Hallo?«, fragte ich.

»*Tell the motherfucker he ain't daddy anymore.*« Dann ein trockenes Klicken. Die Verbindung war beendet.

An Troubles Gesicht konnte ich ablesen, dass er die Botschaft verstanden hatte.

»Was hat sie gesagt?«

»Dass du nicht willkommen bist.«

Er schüttelte den Kopf und plättete mit den Händen seine Dreadlocks.

»Schon das vierte Jahr, dass ich nicht kommen darf.«

Ich steckte das Telefon wieder ein.

»Wo wohnt sie?«

»Sie wohnt irgendwo. Okay? Bei meiner Ex.«

Ich schaute nach oben, zur Unterseite der Brücke. Der Verkehr staute sich, die Autos auf der Spur nach Manhattan klebten mit den Stoßstangen aneinander.

Trouble schubste sein Rad mit einem kräftigen Stoß von sich weg.

»Was machst du denn?«, rief ich.

Das Rad schlingerte ein Stück den Fahrradweg entlang, schwenkte dann nach rechts und fiel scheppernd zu Boden. Trouble lief hinterher und trat mit dem Fuß ein Loch in den Kettenschutz.

Im Schritttempo fuhr ich zu ihm und legte ihm die Hand auf die Schulter.

»Soll ich noch mal anrufen?«, fragte ich.

Er schob meine Hand weg und schüttelte den Kopf.

»Nein. Sie will einfach nicht. Shit. *Tomorrow is another day.*«

Er fing an, den fluoreszierenden Aufkleber abzukratzen, bis das Rosa des Rahmens sichtbar wurde. Die kleine Kugel aus Aufkleberresten legte er sich auf einen Knöchel am Handrücken und schnipste sie weg. Dann hob er das Rad auf.

»Ich fahre wieder zurück zu meiner Bank«, sagte er.

Ich holte mein Portemonnaie hervor und nahm einen Zehn-Dollar-Schein heraus. »Hier«, sagte ich.

Trouble nahm den Schein entgegen und küsste ihn.

»Danke schön, netter Mann.« Er wedelte mir mit dem Schein vor dem Gesicht herum und steckte ihn dann in seine Hosentasche. »Für neue Erdnüsse.«

In gemächlichem Tempo radelte er davon.

Ich setzte meinen Weg fort, unter der Brücke hindurch. Er führte zu einer weiteren, kleineren Fahrradbrücke, die die verkehrsreiche West Street überwölbte. So kam ich weiter bis nach Inwood. Dort angekommen, fuhr ich ein paar Häuserblocks geradeaus, bis ich den Broadway erreicht hatte. Ich bog rechts ab, es wurde Zeit, wieder Richtung Süden zu fahren. Die berühmte Avenue verlief von der Bronx bis ins tiefste Manhattan, wie die Lebenslinie in einer alten Hand.

Daran, schön in einem durchfahren zu können, war nicht mehr zu denken. Nach jeder Querstraße musste ich wieder schauen, ob ich die nächste Ampel schaffte. Langsam und ruckweise erreichte ich Harlem. Über die Lenox Avenue fuhr ich Richtung Central Park. Dabei kam ich an einem Krankenhaus vorbei. Vor dem Eingang saß eine schwarze Frau in einem Rollstuhl. Sie hatte einen blauen Atemschutz vor dem Mund, gegen die Abgase.

Gesunde frische Luft war ein knappes Gut, auch in Harlem.

Den Verkehrsschildern zufolge hatte ich den Times Square erreicht, meine Tour war zu Ende. Ich stieg ab und sah mich um. Gigantische Videobildschirme, auf denen Fotomodelle ihre fünf Meter breiten Münder spitzten, für einen Lippenstift, der wie eine Rakete auf die Lippen zugeschossen kam.

Ob Trouble schon wieder auf seiner Bank saß und auf den Hudson River schaute?

Die Dämmerung über dem Times Square wurde von der enormen Menge künstlichen Lichts, die hier in den Himmel flutete, absorbiert.

Hier war helllichter Tag, selbst in der finstersten Nacht. War das der Grund, weshalb die Menschen hier zusammenkamen, um sich des Lichts und der Wärme zu vergewissern? Die Gesichter rundum wurden rot, violett, gelb, dann weiß, vom Widerschein der Videowände.

Die Decke auf meinem Hotelbett war zurückgeschlagen. Auf meinem Kissen lag ein in Cellophan verpackter Brownie. Dieses Mal war es ein heller. Auf der Rückseite stand: THIS BABY IS A NATURAL BLONDE.

Mit den Zähnen riss ich die Plastikhülle der kleinen Blonden auf und biss in ihre sanfte Taille. Ich schlang große Happen hinunter. Es krümelte. »Da freuen sich die Eichhörnchen«, hatte Trouble gesagt.

Ich zog mich aus und streckte meine müden Beine unter die Laken.

Der Fernseher war auf ein Programm voreingestellt, in dem zu sehen war, wie die Polizei von Manhattan bei jungen Kriminellen einbrach. Mit der Kamera im Kielsog rammten sie Türen auf. Sie legten den jungen Männern Handschellen an und schleppten sie zu einem bereitstehenden Bus. Die jungen Männer versprachen der Polizei, sich zu bessern. Schon ab morgen. Ich konnte sehen, dass sie logen.

Tomorrow is another day.

Krampf

Unter dem Tisch versuchte ich, meine Finger aus den neuen Fahrradhandschuhen herauszubekommen. Ich hatte sie im Internet bestellt und den Haken für die Größe bei *Medium* gesetzt. Drei Tage später hatte der Kurier das Päckchen bei mir zu Hause abgeliefert. Die weißen Handschuhe waren aus weichem Leder gefertigt, mit Aussparungen für die Knöchel. Sie saßen eng wie eine zweite Haut. Ich konnte sie kaum wieder abstreifen.

Ohne die Tasse hochzuheben, schlürfte ich am Milchschaum.

»Zu heiß?«, fragte die Bedienung.

»Nein, perfekt.«

Sie ging zum nächsten Tisch. Es war der erste warme Frühlingstag, eine Menge Leute tummelten sich auf der Caféterrasse in Noordwijk.

Endlich hatte ich die Handschuhe aus- und die Finger freibekommen, so dass ich sie durch den Henkel der Kaffeetasse stecken konnte. Ich nahm einen großen Schluck. Kein Tag ohne Kaffee. Ohne Kaffee war ich kein Mensch. Und schon gar kein Radfahrer.

Koffein. Zu viel davon ist für Radsportler allerdings verboten.

Der italienische Radrennfahrer Gianni Bugno war einmal positiv auf Koffein getestet worden. Wütend war er auf den Doping-Kontrolleur losgegangen: »Ich bin Italiener. Ihr wisst doch wohl, dass wir viel Espresso trinken, oder?« – »Aber keine tausend am Tag«, hatte der Kontrolleur erwidert, die getestete Urinprobe in der Hand.

Ich hatte Verständnis für Bugno gehabt. Koffein ist doch wohl kein Doping, oder? Kaffee gehört zur Standardversorgung eines jeden Radsportlers. Außerdem ist es gut für den Stuhlgang. Es ist genauso wichtig wie Pasta, Wasser, Powergels mit Eiweiß, isotonische Durstlöscher, Müsliriegel, Bananen und Reiswaffeln.

Ich löffelte den restlichen Schaum aus der Tasse und schaute zum Strand. Ein paar Surfer zogen sich Neoprenanzüge an. Einer von ihnen nahm die Unterseite seines Boards in Augenschein, bevor er das Ding in die Wellen warf.

Ich bezahlte meinen Kaffee.

»Wieder unterwegs nach Scheveningen heute?«, fragte die Bedienung.

»Genau.« Ich hielt den Finger in die Luft. »Rückenwind auf dem Hinweg, Gegenwind auf dem Rückweg.«

Auf der Küstenstraße parkten jede Menge Autos und Busse. Nach fünfzig Metern Slalom bog ich rechts auf den Fahrradweg ab. Dort fing meine Strecke durch die Dünen an. Ich schaltete, die Kette legte sich auf das große Kettenblatt. Kurz mussten meine Beine sich an den Widerstand gewöhnen. Ich ging aus dem Sattel und zog mich am Lenker in den Gang hinein.

Es war ein idealer Frühlingstag, um sich tief über den Lenker zu beugen und so schnell wie möglich zu fahren. Der Kilometerzähler lief immer weiter. Die Reifen summten über den alten Asphalt. Der Tacho blieb mehr oder weniger konstant bei etwa 45 Stundenkilometern. Ziemlich schnell für meine Verhältnisse. An manchen Stellen hatte der Wind feinen Dünensand auf den Weg geweht. Ich musste aufpassen, dass ich nicht ins Schlittern geriet.

Ich schnaubte erst das eine, dann das andere Nasenloch aus und sog die salzige Luft ein. Eine Wohltat, im Vergleich zu der dreckigen Stadtluft. Schätzungsweise war ich gerade bei 90 Prozent meiner Leistungsfähigkeit. Als Zeitfahrer befand ich mich im Wettstreit mit der Uhr.

Scheveningen hin und zurück kostete mich in der Regel anderthalb Stunden. Ich beugte mich weit vor und schaute geradeaus. Auf dem Weg war weit und breit niemand zu sehen. Ich spuckte Schleim aus. Perfekt. Meine Atemwege waren jetzt frei. Der Mensch als Maschine: mit Luftpumpe, Öl, einem Tank voll Benzin, einem Motor, Zahnrädern, Schrauben. Alles lief wie geschmiert. Mit dem Wind im Rücken sowieso.

Erst nach fünf Kilometern Fahrt der erste Gegenverkehr. Ein steif dahinwankender Mann mit Stöcken. Nordic Walking. Welcher Idiot hatte diese Freizeitbeschäftigung für Senioren bloß in die Niederlande importiert?

Der Mann schien Angst zu haben, dass ich ihn anfahren würde. Er schüttelte den Kopf.

»Na na na!«, hörte ich ihn rufen, als ich an ihm vorbeiraste.

»Fahrradweg!«, rief ich zurück.

Es folgte ein leicht abfallender Streckenabschnitt. Als der Asphalt vorübergehend etwas rauer wurde, summte mein Vorderrad ein wenig lauter. Der Weg raste unter mir dahin. Ich brauchte immer noch nicht herunterzuschalten. Solange ich Rückenwind hatte, konnte ich mit Souplesse fahren. Erst später würde eine ordentliche Steigung kommen, eine Düne hinauf.

Ich schaute in den Himmel und sah, dass ich von einem Lachmöwenpaar begleitet wurde. Sie brauchten sich weniger anzustrengen als ich. Sie breiteten bloß die Flügel aus und ließen den Wind das Weitere erledigen. Erwarteten sie, dass ich ihnen Brotkrusten zuwarf, verwöhnt wie sie wahrscheinlich waren, von den vielen Essensresten, die die Badegäste zurückließen?

Die Möwen kamen so nahe, dass ich sehen konnte, wie sie ihre schwarzen Köpfe bewegten. Enttäuscht, dass ich nichts bei mir hatte, drehten sie schließlich ab und schlugen mit den Flügeln kräftig gegen den Wind an. Diesen Gegenwind würde ich auch noch zu spüren bekommen, wenn ich später bei dem Wasserturm in den Scheveninger

Dünen umkehrte. Es gab nichts Schöneres, als mit dem Wind im Rücken durch die Dünen zu brettern. Kurz hörte ich auf zu treten und schüttelte die Beine aus.

Neben mir schob sich ein Schatten in mein Blickfeld. Ich erkannte den Umriss eines Helms. Nicht umschauen. Wie lange fuhr der andere schon hinter mir? Ich blieb tief über den Lenker gebeugt und behielt das schnelle Tempo bei. Wann würde er mich überholen? Oder wartete er auf ein Zeichen, um die Spitze zu übernehmen? Ein richtiger Radrennfahrer würde kurz den Ellbogen nach außen bewegen. Wasserträger beherrschten das gut, vor allem wenn sie lange in hohem Tempo an der Spitze gefahren waren, vor dem Sprinter ihres Teams.

Wenn er weiter hinter mir blieb, konnte ich davon ausgehen, dass er froh war, bei meinem Tempo mithalten zu können. Ich blickte noch einmal auf den Schatten neben mir. Dessen Form verriet, dass der Fahrer eine aerodynamische Haltung eingenommen hatte. Profis machten mittlerweile Tests im Windkanal, um die ideale Sitzposition zu finden. In einem geschlossenen Raum wird ihnen gefärbte Luft entgegengeblasen, während sie pedalieren. Alles wird gefilmt. Dann können die Fahrer hinterher sehen, wo genau ihr Körper zu viel Widerstand geboten hat. Vielleicht mussten sie die Arme doch etwas tiefer unter den Brustkasten halten oder den Kopf etwas mehr zwischen die Schultern ziehen. Die Herangehensweise an den Radrennsport wurde immer wissenschaftlicher. Mir war schon klar, warum. Beim Zeitfahren kam es am Ende auf Zehntelsekunden an. Aber ich hielt doch mehr von der alten Schule: treten, Schmerz spüren, durchhalten.

Da kam schon die scharfe Kurve. Ich kannte diese Dünen-Strecke auswendig. Wie oft war ich hier nicht schon langgefahren? Es war die ideale Strecke, um im Frühjahr die Kraft in den Beinen aufzubauen. Nach dieser Kurve würde eine hohe Düne kommen. Ich griff mit den Händen schon mal am Lenker um, um den kleinen Anstieg besser hochtreten zu können.

Ich fuhr immer noch ein ordentliches Tempo. Trotzdem musste ich nach den ersten paar Metern einen Gang herunterschalten. Meine Geschwindigkeit fiel auf 30 Stundenkilometer. Der Schatten meines Hintermanns befand sich immer noch im selben Abstand, stellte ich fest. Ob er bis zum Dünenkamm hinter mir bleiben würde?

Ein Hinterradlutscher. Ich hasste diese Typen.

Nein, da kam er. Aus dem Augenwinkel sah ich links von mir ein Vorderrad auftauchen, erst nur als Schatten, dann das Rad selbst. Mein Hintermann wollte die Führung übernehmen. Nach dem Vorderrad rückte nun der Rahmen ins Sichtfeld. Ich schaute zur Seite. SPECIALIZED, stand auf dem roten Unterrohr. Gute Marke.

Ein junger Typ fuhr in schnellem Tempo an mir vorbei. Ich musste mich gehörig anstrengen, um nicht sofort abgehängt zu werden. Mit ein paar kräftigen Tritten in die Pedale konnte ich mich gerade noch an sein Hinterrad heften. Ich sah lange gebräunte Beine, weiße Socken, weiße Schuhe. WIELERCLUB KATWIJK, stand auf seinem Rücken, der Name seines Radsportclubs. Aus den Ärmeln ragten jugendliche Oberarme mit flaumiger Behaarung. Sein Rücken war oben breit, endete jedoch in einer Wespentaille. Wie alt mochte dieser Rennradfahrer sein? Wenn ich das wissen wollte, musste ich noch einmal an ihm vorbeifahren und ihm ins Gesicht sehen. Es waren schätzungsweise noch fünfzig Meter bis zum höchsten Punkt der Düne. Nein, ich musste hinter ihm bleiben. Hier zu überholen, wäre so etwas wie sportlicher Selbstmord.

Als der Junge kurz vor dem Dünenkamm aus dem Sattel ging, konnte ich seinen schmalen Hintern sehen. Die meiste Kraft schien aus seinen Oberschenkeln zu kommen, sie bewegten sich wie Hebel auf und ab. Ich biss die Zähne zusammen und versuchte, das Tempo zu halten, das er vorgab. Mein Atem ging schnell, zu schnell, aber ich musste mithalten! Von der anfänglichen Souplesse war nicht mehr viel übrig, ich kämpfte mich auf dem Rad ab. Mein Vorderrad hatte jetzt zwanzig Zentimeter Abstand zu seinem Hinterrad. Dreißig Zentimeter. Nicht aufgeben. Ich schaltete in einen leichteren Gang, um mit höherer Kadenz treten zu können. Es half nicht. Inzwischen lag schon ein ganzer Meter Abstand zwischen uns. Zwei Meter. Drei.

Ich musste ihn ziehen lassen.

Oben auf dem Dünenkamm schnappte ich nach Luft. Meine Beine fühlten sich geschwollen an. Der Junge war im Freilauf in die Abfahrt gegangen und hatte bereits ein gutes Stück Vorsprung gewonnen. Dieses Mal hatte ich keine Zeit für den grandiosen Ausblick über die Dünenlandschaft. Ich musste mich ranhalten, um das Hinterrad meines Vordermanns wieder einzuholen. Erst auf den letzten Metern der Abfahrt schaffte ich es, mich wieder an seine Fersen zu heften. Ich atmete in kurzen Zügen. Dabei war ein Pfeifen zu hören wie bei einem Motor mit undichten Kolben.

Der Junge hatte sich noch kein einziges Mal nach mir umgeschaut.

Ich blickte auf meinen Schatten. Mein langgezogener Kopf reiste unter seinen Pedalen mit. Vermutlich hatte er mitbekommen, dass ich wieder hinter ihm fuhr.

Es folgte ein Stück ebener Strecke. Der richtige Moment, um in einen schwereren Gang zu schalten.

Los jetzt, spornte ich mich selbst an.

Ich lenkte nach links und fuhr damit voll in den Wind hinein. Der Junge schaute auf seine Pedale. Anscheinend sah er, dass mein Schatten sich nach vorn schob – für ihn das Zeichen, sein Tempo abermals zu steigern. Seine glatten Waden spannten sich an. Ich schaltete noch einen Gang höher und beugte mich noch tiefer über den Lenker. Vergeblich. Mit leichtem Tritt fuhr der Junge wieder voraus.

Nach wenigen Sekunden betrug der Abstand zwischen uns wieder zwanzig, dann dreißig Meter. Ein Gefühl von Ohnmacht. Ich hasste das. Ein Kaninchen mit kahlen Stellen im Fell flitzte über den Weg und dann im Zickzack in die Dünen.

Ich versuchte, weiter schnell zu fahren. Der Junge nahm unterdessen die Beine hoch. Nur mit Mühe konnte ich wieder zu ihm aufschließen. Er schaute sich nicht um, und er gönnte mir auch keine Sekunde Ruhe. Sobald er merkte, dass mein Vorderrad sich wieder seinem Hinterrad näherte, steigerte er erneut das Tempo. Ich verfluchte meinen Schatten. Den Verräter.

Dieser Rotzbengel machte mich zu seinem Spielzeug. Das konnte ich nicht auf mir sitzen lassen. Als er einen Schluck aus seiner Trinkflasche nahm, erkannte ich meine Chance. Mit aller Kraft, die ich aufbringen konnte, kämpfte ich mich aus seinem Windschatten heraus. Noch ein paar Pedaltritte, und ich würde sehen können, wie alt er war.

Der Junge steckte seine Trinkflasche zurück in den Halter. Meine Schultern hoben und senkten sich. Zentimeter für Zentimeter kroch ich näher. Noch ein paar kräftige Tritte in die Pedale.

Endlich fuhr ich neben ihm. Der Junge sah zur Seite, mit einem seidigen Lächeln. Das Gesicht eines Minderjährigen. Blaue Augen, volle Lippen und rötliche Wangen.

»Hallo«, sagte ich.

Er nickte mir zu.

»Scheveningen?«, fragte ich keuchend.

»Ja. Hin und zurück. Ist ein gutes Training. Fahren Sie auch in die Richtung?« Wegen seiner Zahnspange hatte er eine feuchte Aussprache.

Ich nickte und spuckte zugleich Schleim aus. »Schnell«, keuchte ich väterlich. »Du.«

»Sie aber auch.«

Sie. Höflich war er ja.

»Wie alt ... bist du?«

»Fünfzehn.«

»Echt?«

»Ja. Ich werde immer älter geschätzt. Ich bin ziemlich groß und schwer für mein Alter. Da kann ruhig noch ein Kilo runter.«

Seine Beine schienen von einem computergesteuerten Motor angetrieben zu werden. Er fuhr in einem rasenden Tempo. Ich schaute auf meinen Tacho: 51 Stundenkilometer. So schnell war ich noch nie gegen die Uhr gefahren.

»Schon viel gefahren?«, fragte ich.

»Ich fahre so um die zwanzigtausend Kilometer im Jahr.«

Ich dachte an die armseligen dreitausend, die ich Ende letzten Jahres auf meinem Kilometerzähler gehabt hatte.

»Ich bin Vereinsmeister bei den Anfängern.«

»Super.«

Es kam wieder eine hohe Düne in Sicht. Wortlos deutete ich mit dem Finger darauf.

»Fahren Sie mal vor«, sagte der Junge.

Ich ging aus dem Sattel und fuhr an ihm vorbei. Durch das Gespräch war ich jetzt noch mehr außer Atem. Hinsetzen. Atem regulieren. Durch die Nase ein-, durch den Mund ausatmen. Es funktionierte nicht. Mir blieb die Luft weg.

Die ersten Meter die Düne hinauf kämpfte ich noch dagegen an, dass mein Tempo nachließ. Warum sollte ich aufgeben? Weil er jünger war? Das Alter war auch nicht alles. Der deutsche Radprofi Jens Voigt fuhr noch mit vierzig Jahren fanatisch in Spitzengruppen. Sein Körper war noch makellos. Und er hatte sechs Kinder. Womit das Gerücht, dass man von zu viel Radfahren impotent wird, eindeutig widerlegt war. Mein Atem ging immer noch schnell und unregelmäßig. Egal. Die Warnsignale des eigenen Körpers gelegentlich zu überhören, machte die Sache erst spannend. Ich gehörte schließlich nicht zu der Generation von Fahrern, die immer mit einem Pulsmesser unterwegs waren und in Panik gerieten, wenn der in den »roten Bereich« kam.

Im roten Bereich fängt der Kampf erst richtig an. Im roten Bereich trennt sich die Spreu vom Weizen. Das Herz eines Sportlers hat, wer im roten Bereich durchhält.

Links, rechts. Nichts zu sehen. Der Schatten des Jungen war weg. Ich schaute zurück. Er fuhr zwanzig Meter hinter mir, die Hände am Oberlenker. Ging ihm jetzt wohl die Puste aus? Hab' ich doch gleich gesagt: Das Alter, die Anzahl der Trainingskilometer, all das sagte am Ende nichts darüber aus, wer stärker war. Bei Radrennen kam es immer auf die Kampfeslust an.

Noch hundert Meter, dann hätte ich den höchsten Punkt der Düne erreicht, als Erster. Ich würde mich im Sattel aufrichten, mein Trikot glattziehen und mit den Händen dem Strandhafer zuwinken, als wären die Halme tausend jubelnde Fans.

Hinter mir hörte ich das Rauschen von Reifen auf dem Asphalt. Bevor ich mich danach umsehen konnte, sauste der Junge schon an mir vorbei. Im Stehen fahrend, bewegte er mit kräftigen Tritten einen großen Gang. Mit jeder Pedalumdrehung ließ er mich ein Stück weiter zurück.

Auch ich ging aus dem Sattel. Ein, zwei, drei, vier kräftige Pedaltritte. Es sah aus, als würde der Junge seinen Vorsprung nicht weiter vergrößern. Durchhalten. Wieder hörte ich das Pfeifen in meinen Lungen. Ich kam etwas näher.

Ein stechender Schmerz in meiner rechten Wade. Als würde der Muskel unsanft von innen weggesogen. Fluchend sank ich in den Sattel zurück und hielt die Pedale kurz still. Der Junge wiegte sein Rad in entspanntem Rhythmus hin und her. Er hatte jetzt mehrere Meter Vorsprung.

Ich ging wieder aus dem Sattel.

Gleich nach dem ersten kräftigen Tritt spürte ich erneut einen Stich. Während ich links kräftig durchtrat, um in Fahrt zu bleiben, drehte ich den rechten Fuß aus dem Pedal. Um den Krampf loszuwerden, setzte ich mich wieder in den Sattel.

Ferse runter, Zehen hoch. Es half wenig. Mein Rad schwenkte nach links.

Es war nichts mehr zu retten. Ich löste den anderen Fuß aus dem Pedal, bremste und kam im Dünensand zum Stehen.

Während ich mit dem Daumen kräftig auf die Wölbung in meiner Wade drückte, schaute ich nach vorn. Der Junge hatte den Dünenkamm natürlich schon erreicht. Er setzte sich wieder in den Sattel und verschwand außer Sicht.

Der Egoist.

Keuchend über den Lenker gebeugt, kam ich langsam wieder zu Atem. Ich war zu erschöpft, um nach meiner Trinkflasche zu greifen, und humpelte ein Stück weiter in die Böschung hinein. Niedergeschlagen starrte ich vor mich hin. In einiger Entfernung schlenderten zwei Frauen in kurzen Hosen durch die Dünen. Beobachtete die eine mich mit ihrem Fernglas? Schnell drückte ich den Rücken durch. Die andere Frau streckte den Finger aus. Aber sie zeigte nicht auf mich, sondern auf die Düne hinter mir. Ich drehte mich um. Mit schnellen Flügelschlägen lief ein Fasan durchs Gras und verschanzte sich schließlich hinter ein paar dichten Sträuchern.

Es hatte wenig Sinn, weiterzufahren, sonst hätte ich gleich wieder so ein hartes Knäuel in der übersäuerten Wade. Meine Beine fühlten sich bleischwer an. Wie mit Beton ausgegossen.

Steif hievte ich mich aufs Rad und fuhr ohne zu treten die Düne hinunter. Unten, bei einem pilzförmigen ANWB-Wegweiser mit der Angabe STRAND 0,5 KM, bog ich rechts ab. Bei einer früheren Tour hatte ich mich dort auf einer Bank ausgeruht. An dem kühler werdenden Wind merkte ich, dass der Strand nicht mehr weit sein konnte. Der Weg stieg jetzt wieder leicht an. Als Kind war es mir immer wie ein magischer Augenblick vorgekommen, wenn sich zwischen zwei Dünen langsam der blaue Streifen ins Bild geschoben hatte. Jetzt war ich zu müde, um die Aussicht aufs Meer zu genießen.

Wo es zwischen den Dünen zum Strand hinaufging, stieg ich ab. Ich lehnte mein Rad an einen Mülleimer und setzte mich auf die Bank, den

Hinterkopf in die Hände gebettet. Zwischen meinen Schuhen lagen leere Muscheln im Sand.

Nach einer Weile erhob ich mich langsam wieder. Ich streckte die Glieder aus und beugte mich vor, gerade so weit, dass ich meine Trinkflasche aus der Halterung nehmen konnte. Gierig trank ich sie aus, während die Sonnenstrahlen meine Beine erwärmten. Ich massierte meine Waden. Sie wurden schon wieder etwas weicher.

Fettige Dämpfe wehten zu mir hinüber. Erst jetzt fiel mir auf, dass gegenüber eine hölzerne Fischbude stand. Ein älteres Paar wartete auf seine Bestellung. Sie waren mit E-Bikes gekommen.

Ich wartete, bis der Mann und die Frau weg waren, und ging dann zielstrebig auf den Imbiss zu. Der Mann stand mit dem Rücken zu mir und rührte mit einem großen Schaumlöffel im Fett.

Fettes Essen passte nicht zu ernsthaftem Radsport. Ich wollte im Sommer in Top-Kondition sein, um in Frankreich und Italien die Berge zu bezwingen.

In der Vitrine lag ein Hering. Ohne Kopf, mit leicht glänzender Haut, schön geputzt.

Der Mann warf frittierten Fisch in die Abtropfschüssel. Dann wandte er sich mir zu.

»Was darf es sein?«, fragte er mit einem wundervollen Den Haager Akzent.

»Einen Hering im Brötchen, bitte.«

»Kommt sofort.«

Er schnitt ein süßes Brötchen auf, schmierte mit einem Löffel auf beide Hälften Butter und legte den Hering dazwischen. Saftiges, rotbraunes Fleisch.

»Zwiebeln?«

»Ja, gern.«

»Gurke?«

»Nein, danke.« Bloß nicht.

Der Mann legte das Brötchen auf eine Serviette und deponierte es auf der schmalen Ablage über der Vitrine. »Noch was zum Runterspülen?«

Wasser, wollte ich gerade antworten. Immer nur Wasser, Wasser, Wasser. Aber nein, dieses Mal brauchte ich Zucker.

»Eine Cola, bitte«, sagte ich.

Der Mann stellte eine Dose zu dem Brötchen. Sie zischte beim Öffnen. Ich nahm ein paar Schluck.

»Du siehst ziemlich erledigt aus.«

Der Hustenreiz kam wieder. Ich räusperte mich. »Bin ein gutes Stück gefahren, ja.« Ich spuckte ein bisschen Schleim aus, neben den Stand.

»Lass liegen«, sagte der Mann. Er nahm ein Tuch aus einem Mayonnaise-Eimer, der mit Putzwasser gefüllt war, und wischte den Rand der Fritteuse sauber.

Gierig biss ich in das Fischbrötchen.

»Sieht man nicht oft, einen Rennradfahrer, der in ein Heringsbrötchen beißt.« Der Mann spülte das Tuch aus.

»Ist eigentlich zu fett«, sagte ich.

Der Imbissmann zog sein dreckiges Oberhemd hoch und schlug mit der flachen Hand auf seinen Wanst. »Fett ist gut für die Entwicklung der Gehirnzellen. Schau her.«

»Zu viel Fett ist nicht gesund«, widersprach ich.

»Ach, was heißt schon gesund. Mann, ich bin vierundsechzig. Ich sauf' und fress' noch alles und fühl' mich kerngesund.«

Ich hatte aufgegessen.

»Und machen Sie Sport?«, fragte ich.

»Ich hab' einen Hintern, um drauf zu sitzen.«

Die Coladose war noch halb voll. »Was bekommen Sie?«

»Sechs Euro, bitte.«

Ich gab dem Mann einen Zehner und bekam aus der Kasse unter der Theke vier Euro zurück.

»Moment mal gerade.« Der Mann nahm eine kleine Plastikschale und legte ein paar Stücke Kibbeling hinein. In das kleine Fach an der Seite füllte er eine weiße Soße.

»Hier, ich würd' sagen, das passt noch rein.«

Ich hustete noch einmal kräftig. Die Luft kratzte mich im Hals. »Das ist nett. Lecker!«

Ich tauchte eines der noch warmen Fischstücke in die Soße und steckte es mir in den Mund. Warum maulte ich eigentlich immer über Fett?

»Ich sag' immer: Das Leben ist zu kurz, um es nicht zu genießen.«

Auf der Theke stand noch die halb volle Coladose. Ich füllte den Inhalt in meine Trinkflasche um.

Der Gegenwind schlug mir ins Gesicht, als ich mich auf dem Fahrradweg zurück Richtung Noordwijk wandte. Nach Scheveningen wollte ich nicht mehr. Um mehr Luft zu bekommen, richtete ich mich etwas weiter auf. Meine Waden schrien danach, auf ein Velourskissen gebettet in Schlaf zu fallen.

Ich hatte noch zwanzig Kilometer vor mir. Die erste Düne fuhr ich in einem Gang hinauf, in dem ich normalerweise Berge hochkletterte. Ich schämte mich für mein Tempo.

Mutlos schaltete ich in einen leichteren Gang. Dann noch ein Ritzel weiter. Ich überlegte sogar, ob ich absteigen und das Rad hochschieben sollte. Es machte keinen Spaß mehr. Ich schmeckte wieder die Soße von dem Fischimbiss im Mund. Auch mit einem Schluck Cola aus meiner Trinkflasche konnte ich den säuerlichen Geschmack nicht herunterspülen.

Hinter mir hörte ich das Geräusch einer Gangschaltung. Ehe ich mich umsehen konnte, spürte ich eine gespreizte Hand auf meinem Rücken.

»Bleiben Sie sitzen!«

Ich schaute zur Seite. Es war wieder der Junge vom Radsportklub Katwijk. Mein Kilometerzähler ging schnell von 15 auf 25 hoch. »Danke, nicht nötig«, rief ich.

Wahrscheinlich war meinem Gesicht anzusehen, dass ich log. Mit kräftigen Tritten in die Pedale schob der Junge mich weiter. Mein Gewicht schien ihm überhaupt nichts auszumachen. Ich trat ins Leere, wie ein Kleinkind auf dem Kinderfahrrad neben seinem Vater.

Vor uns tauchte der Dünenkamm auf.

»Sorry«, sagte ich.

»Kein Problem. Das ist ein gutes Krafttraining für mich.«

Bei einem so lächerlichen Anstieg geschoben zu werden. Ich fühlte mich ohnmächtig. So war es wahrscheinlich, wenn man als alter Mann im Rollstuhl saß.

Bei der Tour de France ist es verboten, sich anschieben zu lassen. Bei schweren Bergetappen kommt es trotzdem vor. Die Fahrer betteln dann mit Blicken: »*Poussez!*« Wenn die Fans sie aber tatsächlich anschieben, müssen die Fahrer sofort Protest erheben. Die Wagen mit Mitgliedern der Jury sind nie weit weg.

Wir fuhren über den Dünenkamm. In der Ferne sah ich die Häuser von Katwijk. Ich schloss zu dem Jungen auf.

»Merci«, sagte ich.

Er nickte. Er hatte mich als Übungsgewicht benutzt. Als Mann von siebzig Kilo hatte ich diesem topfitten Jungen dabei geholfen, sich die Schenkel aufzupumpen. Der junge Katwijker drückte eine Taste auf seinem Radcomputer. »Durchschnittliche Wattleistung 340, Puls 140. Cool.«

Es klang mir wie Abrakadabra in den Ohren. Von Watt zu reden, überließ ich lieber Glühlampenverkäufern. Nebeneinander fuhren wir die Düne hinunter. Der Junge schüttelte seine Oberschenkel aus.

»Geht's?«, fragte er.

»Ja, doch.«

Er nahm einen Beutel Gel aus seiner Rückentasche, riss ihn mit den Zähnen auf und spritzte sich den Inhalt in den Mund. Er strotzte nur so vor Energie und Kraft, als könnte er gut noch zehn Mal von Katwijk nach Scheveningen und zurück fahren. Der leere Beutel verschwand wieder in seinem Trikot.

Der Junge fuhr immer schneller. Ich versuchte, so entspannt zu wirken wie möglich und mit ihm mitzuhalten. Ohne ein bisschen Lug und Trug kam man als Radsportler nicht weit. Vor allem durfte man sich nie in die Karten gucken lassen.

Der Junge plapperte nebenbei munter vor sich hin. »Ich trainiere immer nach den Plänen von meinem Stiefvater. Der ist ein totaler Fanatiker. Wir fahren sonst immer zusammen, aber er hat gerade die Grippe.«

Ich nickte. »Willst du Profi werden?«

»Ich hoffe zumindest drauf.«

Meine Wade meldete sich wieder. Der Krampf würde nicht mehr lange auf sich warten lassen.

»Welches Rennen würdest du gern mal gewinnen?«

»Am liebsten die Flandern-Rundfahrt.«

»Ah, schön, das ist mein Lieblingsrennen.«

»Aber ich darf sonntags nicht Fahrrad fahren. Meine Eltern sind reformierte Christen. Wo fahren Sie hin?«

»Noordwijk.«

»Ah, das ist nicht mehr weit. Sechs Kilometer. Ich fahr' hier durch die Dünen. Auf dem unbefestigten Weg nach Katwijk. Da kann man schön in einem durchfahren.«

Der Junge bog ab, schaltete einen Gang hoch und trat kraftvoll in die Pedale.

»Gutes Training noch!«, rief ich ihm nach.

Er stob den steilen Schotterweg hinauf und verschwand abermals außer Sicht.

Ich blieb allein zurück mit dem Gegenwind. Mein Tempo fiel schnell ab. Fünfundzwanzig, zweiundzwanzig. Als ich die Zwanziger-Grenze unterschritten hatte, fing ich an, mich für meine schlechte Kondition zu schämen. Neunzehn. Ich strengte mich an. Ganz kurz einundzwanzig. Dann ging die Anzeige wieder runter. Neunzehn. Gegen den Wind kämpfte ich mich voran. Eine Gruppe von Rennradfahrern überholte mich in schnellem Tempo.

Noordwijk. Wo blieb nur der Badeort? Ich nahm einen Schluck aus der Trinkflasche und erschrak über den Colageschmack. Ob der viele Zucker meinem Organismus guttat? Jede Pedalumdrehung fiel mir schwer. Ich fing an zu schlingern. Ein anderer Fahrradfahrer, der mir entgegenkam, konnte gerade noch ausweichen, indem er ein Stück durch die Böschung fuhr.

»Arschloch!«, rief er.

Entschuldigend hob ich die Hand. Ich achtete darauf, wieder ganz rechts zu fahren, und nahm noch einen Schluck aus der Flasche. Schon wieder hörte ich mich selbst keuchen. Ich gab einen langen, stinkenden Rülpser von mir. Ein Geschmack nach Fisch und Cola, vermischt mit Soße.

Kurz vor der Abzweigung nach Katwijk lag noch eine hohe Düne. Neunzehn Stundenkilometer. Achtzehn, siebzehn. Ich ging aus dem Sattel und drückte die Pedale nach unten. Wenn die Kraft in den Muskeln nicht mehr ausreichte, musste ich eben mein Körpergewicht einsetzen.

Zähne zusammenbeißen. Der Dünenkamm schien kein Stück näher zu kommen. Magensäure im Mund. Ich setzte noch mehr Kraft ein, lehnte mich mit dem Oberkörper über den Lenker. Ein plötzlicher Schmerz in der Wade. Es musste grässlich aussehen. Profis tanzten einen solchen Hügel leichtfüßig hinauf. Was ich hier machte, war eher ein Hinaufeiern.

Mein Vorderrad kam vom Weg ab. Mit dem rechten Fuß landete ich in einer Schicht von weichem Treibsand. Um nicht zu stürzen, löste ich auch den anderen Schuh. Keuchend kam ich zum Stehen. Wieder musste ich schlucken.

So viel Magensäure.

Von tief innen kam etwas hoch, wie eine Welle. Ich beugte mich über den Lenker, riss den Mund weit auf. Hering und Kibbeling in einer braunen Colapfütze.

Zittrig richtete ich mich wieder auf. Wieder krampfte sich mein Zwerchfell zusammen. Wieder schwappte es mir hoch, diesmal weniger lang. Die scharfe Säure brannte mir in der Speiseröhre und in der Kehle.

Ich fühlte mich leer, und doch ging es jetzt besser.

Über der Düne stemmten sich Lachmöwen gegen den Wind. Sie schwebten fast still in der Luft. Hatten sie mit ihrem teuflischen Jammergeschrei etwa Lust auf ausgekotzten Fisch?

Der höchste Punkt war näher, als ich gedacht hatte. Ich hatte das Fahrrad hinaufgeschoben. Jetzt stieg ich wieder auf. Treten musste ich trotzdem weiter, wegen des Gegenwinds. Aber es ging, im leichtesten Gang.

Als ich das Ortsschild von Noordwijk hinter mir gelassen hatte, rieb ich mir mit der Hand über das Gesicht. In aller Ruhe fuhr ich aus den Dünen heraus auf die Uferstraße. Ich hatte es geschafft. Nur mit Mühe bekam ich die Schuhe von den Pedalen los. Während ich im Schritttempo weiterfuhr, schüttelte ich die Beine aus. Sie fühlten sich trotzdem noch steif an.

Da war schon die Caféterrasse. Ich stieg ab und lehnte mein Fahrrad an den gläsernen Windschutz.

In einer Ecke fand ich einen Tisch, wo ich vor dem Wind gut geschützt war. Ich setzte den Helm ab und seufzte tief. Die engen Handschuhe würde ich später noch ausziehen.

Das Meer war unruhiger geworden, wie ich an den weißen Schaumkronen der Wellen sah. Geschickt manövrierten ein paar Surfer mit ihren Brettern auf den Strand zu. Erst im letzten Moment sprangen sie ab.

Als die Bedienung mich sah, kam sie fröhlich zu meinem Tisch.

»Apfelkuchen und Cappuccino?«, fragte sie.

»Nur ein Wasser, bitte.«

Sie sah mich überrascht an.

»Nichts zu essen heute?«

»Nein, danke, nur ein Wasser.«

»Ein Wasser. Mit Vergnügen.« Sie ging ins Innere des Strandlokals.

Zwei von den Surfern stellten ihre Bretter neben meinem Fahrrad ab und setzten sich ebenfalls an einen Tisch. Sie zogen die Reißverschlüsse ihrer Neoprenanzüge bis zum Bauchnabel auf. Junge Kerle mit rasierter Brust, einer von ihnen hatte für ein Sixpack trainiert. Sie nickten mir freundlich zu.

Ich zog mein Trikot zu.

»Bitte schön, das Wasser«, sagte die Bedienung. Sie ging gleich weiter, um die Bestellung der beiden Surfer aufzunehmen.

Ich trank einen Schluck und stellte fest, dass meine Magensäure sich in die weißen Handschuhe hineingefressen hatte. Ich rieb mit dem Daumen darüber. Es half nicht.

Fortan fuhr ich mit gelben Flecken auf dem Leder.

Montalto

Die Kirchtürme des Dorfes wurden durch Zypressen der Sicht entzogen, die wie lange, grüne Federn auf dem Hügel prangten.

Im Hotel hatte ich mir die Strecke auf der Karte angeschaut. Entlang der Straße waren winzige Pfeile eingezeichnet. Wenn es nur einer war, bedeutete dies, dass der Weg dort steil war, bei zwei Pfeilen noch etwas steiler, und bei drei Pfeilen musste man mit einer Steigung von bis zu 20 Prozent rechnen.

Mit den Händen am Oberlenker begann ich mit dem Anstieg. Auf den ersten Kilometern blieb die Steigung gleichmäßig. Ich fand ziemlich schnell einen guten Rhythmus.

Mein Ziel war der Friedhof neben der Kirche. Dort lag ein Verwandter von Enzo Scorpio begraben, meinem jungen Italienisch-Lehrer in Rotterdam. Immer wenn Enzo mitbekam, dass einer seiner Schüler in der Nähe dieses norditalienischen Dorfs Ferien machte, bat er ihn um einen kleinen Gefallen: das Grab seines Onkels Gianluca Tassato in Ordnung zu bringen.

Er hatte mir versichert, dass es nicht viel Arbeit war. Eine Sache von einer Viertelstunde, mehr nicht. Es gab Enzo ein gutes Gefühl, zu wissen, dass das Grab seines Onkels dann wieder ordentlich aussehen würde. Er selbst war schon seit Jahren nicht mehr in Montalto gewesen.

Ich kam zu einer Haarnadelkurve. In der Böschung der Kurve tauchte ein blaues Schild auf, vom Sonnenlicht ganz ausgeblichen. Das

Metall war verbogen. Ich verdrehte beim Fahren den Kopf, um lesen zu können, was draufstand. MONT entzifferte ich zunächst, dann ALTO.

MONTALTO.

Enzo war ein eher stiller junger Mann. Vor etwa zehn Jahren, mit fünfzehn, war er in die Niederlande gekommen. Seine Eltern hatten im Zentrum von Rotterdam einen Laden für italienische Spezialitäten aufgemacht, mit Wein und Käse. Enzo war in Den Haag auf die internationale Schule gegangen. Nach dem Abschluss hatte er angefangen, Italienischkurse an der Volkshochschule zu geben. Nach zwei Jahren Sprachunterricht wusste ich noch immer so gut wie nichts von ihm. Er zwinkerte immer bloß mit seinen freundlichen Augen. Enzo war ein schüchterner Typ.

Es war eine Kletterstrecke von vier Kilometern. Am Ende hörte die Straße einfach auf, wie ich auf der Karte gesehen hatte. Aufgrund der dichten Folge von Kurven verlor ich den Gipfel immer wieder aus dem Blick.

Zwei kleine Pfeile. Ich merkte es an der Spannung in meinen Waden. Das hier war ein steilerer Abschnitt. Ich fuhr im Stehen weiter, bis es wieder etwas flacher wurde. Auf der Höhe eines verfallenen Bauernhofs lag ein plattgefahrener Igel auf dem Asphalt. Einige Stacheln standen noch hoch, die restlichen lagen wie kaputte Nadeln daneben.

Auf den letzten Kilometern gab es zwei steile Abschnitte. Ich musste wieder aus dem Sattel gehen, um genügend Tempo zu halten. Das war jetzt das schwerste Stück des Anstiegs. Drei kleine Pfeile, mindestens.

Der Asphalt ging in einen Belag aus großen, flachen Steinen über. Die Steigung nahm ab, und die Häuser des Dorfs kamen in Sicht. Bei dem letzten stand ein Arbeiter auf einer Leiter und verputzte die Wand. Als er sah, wie ich mich abrackerte, rief er mir etwas zu. Ich verstand es nicht. Mit schmerzverzerrtem Gesicht lachte ich zurück.

Auf dem zentralen Platz von Montalto drehte ich erst mal eine Runde, um mich von der Anspannung zu erholen. An einer der Ecken war eine

Bar. Vor der Tür standen zwei Tische mit Stühlen in der prallen Sonne. Sie waren unbesetzt.

Ich fuhr zum Ende der kleinen Straße und kam direkt bei der Kirche heraus. Ich lehnte das Fahrrad an das Eingangshäuschen des Friedhofs, nahm meine Trinkflasche aus dem Halter und füllte sie mit dem Wasser, das dort aus einem rostigen Hahn strömte.

Der von einer Mauer umsäumte Kirchhof war nicht besonders groß. Vier parallele Wege führten an den Gräbern entlang: meist schlichte Steine, ab und zu eine protzige Familiengrabstätte.

Tassato, diesen Namen musste ich finden. Enzo hatte mir beschrieben, wo sich das Grab befand, aber ich hatte es vergessen.

Ich ging in den ersten, ganz links gelegenen Weg hinein. Automatisch verlangsamte ich meine Schritte. Zum Tod passte ein dezentes Tempo. Ich dachte an das Begräbnis meines Vaters vor ein paar Jahren zurück. Ein eiskalter Wintertag. Im Radio hatte der Wettermann morgens von einer »gefühlten Temperatur« von minus zwanzig Grad gesprochen. Ein eisiger Wind fuhr durch sämtliche Kleidung hindurch. Dem Bestattungsunternehmer war nicht wohl dabei, uns als Angehörige den Sarg selbst vom Leichenwagen zum Grab tragen zu lassen. Auf dem Friedhof war es ziemlich glatt. Wir gingen über seine Einwände hinweg. Mein Vater war Großhändler für Tiefkühlkost gewesen. Die Temperatur war genau die seiner Gefrierzellen. Ein schöneres Zeichen der Ehrerbietung war kaum vorstellbar. Leicht widerwillig stimmte der Bestattungsunternehmer schließlich zu. Seine drei Kollegen und er liefen mit ausgestreckten Händen neben uns her, so als könnte jeden Augenblick ein Stapel Geschirr umfallen. Ich erinnerte mich daran, wie langsam ich gegangen war. Immer schön Schritt für Schritt, Halt suchend auf den gefrorenen Kieselsteinen, um das Gleichgewicht nicht zu verlieren, dabei das Gewicht meines Vaters, jedenfalls zum Teil, auf der linken Schulter.

Piano, piano.

Ein süßlicher Duft hing über dem Friedhof. Der Geruch von überreifen Früchten. Hinter der Mauer war ein Obstgarten, in den vollen Bäumen hingen Äpfel. Zwei Reihen weiter hockte eine junge Frau bei einem Grab. Sie nahm Blumen aus einem Feldstrauß und steckte sie in eine steinerne Vase, die Teil der Grabverzierung war. Ein Marmorengel, dem eine Kette aus Butterblumen um den Hals hing. Als die Frau meine Schritte hörte, blickte sie auf. Ein schönes, breites Gesicht mit dunklen, tief in den Höhlen liegenden Augen, braunes, offenes Haar. Ich nickte ihr freundlich zu und wandte dann den Blick ab. Die Trauer einer Unbekannten ging mich nichts an.

Mit der Trinkflasche in der Hand ging ich an den Gräbern entlang. Jung und alt lagen hier nebeneinander. Gianni Vernasco, ein kleiner Junge, der zwei Jahre alt geworden war, 1967 gestorben. Der schlichte Stein aus Beton bröckelte an den Seiten ab. Stefania di Luca, 101 Jahre, in einem Gemeinschaftsgrab mit Giorgio Dancelli, 93 Jahre. Stefania war noch eine ganze Zeit alleine gewesen, bis sie wieder mit ihrem Mann vereint worden war.

Tassato.

Gefunden.

Es war das letzte Grab auf der linken Seite, kurz bevor der Weg an der Mauer endete.

GIANLUCA MARIA TASSATO, 4 FEBRAIO 1937 - 16 SETTEMBRE 2002. Auf dem Grabstein war ein ovaler Rahmen mit einem Schwarz-Weiß-Foto befestigt. Enzos Onkel im Alter von etwa fünfzig Jahren lächelte in die Kamera. Links oben fehlte ihm ein Eckzahn.

Auf seinem Grabstein lagen heruntergeplumpste, verdorbene Äpfel. Ein wahres Obstbombardement hatte hier stattgefunden. Tausende Ameisen marschierten in langen Reihen diszipliniert auf und ab. Die Tierchen kamen aus dem Kern der schwarzbraunen Äpfel, liefen zwischen den eingravierten Buchstaben nach unten und verschwanden in einem kleinen Loch in der trockenen Erde.

»Na, Gianluca, dann wollen wir deine Schlafkammer mal gründlich reinemachen«, murmelte ich.

Ich stellte meine Flasche auf dem Boden ab, nahm einen losen Zweig mit ein paar Blättern und fing an, die faulen Äpfel vom Grab zu fegen. Die Ameisen flüchteten in alle Himmelsrichtungen. Mit Wasser aus der Trinkflasche spritzte ich die klebrigen Stellen ab.

»Diese Äpfel, *un disastro*.«

Die junge Frau hatte eine tiefe Stimme. Ich hatte sie nicht kommen hören.

Ihre Hände waren schmutzig, braun von der Erde, durchzogen mit grünen Streifen von dem frischen Feldstrauß.

Ich drückte den Nippel meiner Trinkflasche wieder rein. Sie war noch halb voll, schätzte ich.

»Die Kirche hat dem Eigentümer des Obstgartens schon gesagt, dass er die überhängenden Zweige zurückstutzen soll, aber nichts passiert. Sind Sie Radrennfahrer?«

»Nein, Tourist aus den Niederlanden.«

»Warum dann dieses ITALIA-Trikot?«

Lakonisch zuckte ich mit den Schultern. »Ach, dieses Land eben, die Atmosphäre, die Sprache. Äh, die Frauen.«

Sie lachte glucksend. Ihre Zahnreihen waren makellos.

Mit ihren weißen Nikes kickte sie einen faulen Apfel weg, der mit einem dumpfen Laut an der Rückseite eines Grabsteins landete. Eine Schimmelwolke stob auf.

»Zu Beginn dieser Jahreszeit mag ich die Äpfel gern. Dann nehme ich sie mit nach Hause und backe Kuchen. Ein harter Teigboden, Äpfel drauf, und nach einer Stunde im Ofen werden sie weich wie dicke Marmelade. Aber so wie sie jetzt aussehen, hasse ich die Dinger. Man kommt hier mit dem Saubermachen nicht mehr hinterher.«

Ich sah mich um. Alle Grabplatten, die an der Mauer lagen, waren mit Äpfeln bedeckt.

Es raschelte. Ein Salamander verschwand zwischen den Blättern am Fuß von Tassatos Grab.

»Sie sind schon der Zweite in diesem Sommer, der hier saubermacht. Vor ein paar Wochen war ein Paar hier. Sie kamen auch aus den Niederlanden. Ich habe sie selbst nicht getroffen, man hat es mir nur erzählt, unten im Dorf. Hat Enzo Sie geschickt?«

»Ja. Kennen Sie ihn?«, fragte ich.

Die Frau rollte unter ihrer Fußsohle einen Kieselstein vor und zurück. »Ja. Enzo. Er hat hier im Dorf gewohnt.«

Ich nahm einen Anflug von Unsicherheit in ihrem Gesicht wahr, so als wollte sie noch mehr dazu sagen. Dann aber fing sie von etwas anderem an.

»Mit welcher Übersetzung sind Sie hier zum Dorf hochgefahren?«

»Ich glaube, mit irgendwas zwischen 21 und 23 hinten.«

»Nicht schlecht.«

»Fahren Sie selbst auch Rad?«

»Klar. Hier im Dorf fahren alle Rad. Von klein auf. Weil ja alles Wichtige unten im Tal liegt.«

Eine alte Frau kam die Reihe von Gräbern entlang, in der auch Tassato lag. Sie ging mit einem Eimer zu einem kleinen Grabhäuschen, bei den schickeren Grabmälern. Mit erhobenem Kinn ging sie an uns vorbei und würdigte uns keines Blickes.

»Die Witwe des ehemaligen Bürgermeisters«, sagte die junge Frau im Flüsterton. »Er liegt hier auch begraben.«

Ich streckte die Zunge ein Stück heraus. Die junge Frau fing an zu kichern, so laut, dass sie sich die Hand vor den Mund halten musste. Es wirkte ansteckend.

Die Witwe stellte den Eimer neben einer Grabstätte aus weißem Marmor ab, die von einer Büste gekrönt war. Sie nahm einen Schwamm aus einem Eimer und drückte ihn über dem steinernen Haarschopf ihres Mannes aus. Seifenwasser lief über sein Gesicht.

Ich schaute wieder auf das Grab von Enzos Onkel Tassato. Das Wasser auf der Grabplatte war in der warmen Luft schon verdunstet. Ich nahm einen Schluck aus meiner Trinkflasche.

»Wer war Tassato?«, fragte ich.

Einen Augenblick schwieg die Frau andächtig.

»Er war der Dorffotograf. Meine Schwester und mich hat er auch fotografiert, als kleine Kinder in seinem Studio.«

Sie hatte einen neuen Kiesel zum Hin- und Herrollen unter der Schuhsohle gefunden. Als er unter ihrem Schuh hervorsprang, schoss sie ihn mit einem kräftigen Tritt an die Mauer.

»Ich mach' dann mal weiter mit meinen Blumen«, sagte sie und ging den Weg wieder hinauf.

»Okay, *ciao*«, sagte ich.

Ein weiterer Apfel fiel auf Tassatos Grab, dieses Mal einer, der noch hart war. Er rollte von der Grabplatte herunter und blieb vor meinen Füßen liegen. Ich hob ihn auf, säuberte ihn mit Wasser aus meiner Trinkflasche und biss hinein.

Süßsauer.

Aus dem Augenwinkel sah ich die junge Frau wieder bei dem Grab knien, ein Stück weiter vorn. Es waren zu viele Gräber mit allerlei Verzierungen zwischen uns, als dass ich hätte sehen können, was sie genau tat.

Ich setzte mich auf eine Bank an der Mauer und aß den Apfel, bis ich auf die Kerne stieß, dann schleuderte ich das Gehäuse weg. Von der Bank aus konnte ich gerade weit genug sehen, um festzustellen, dass mein Fahrrad noch da war. Das beruhigte mich. Keine Fahrraddiebe hier.

Das Grab von Tassato sah jetzt schön sauber aus. Enzo hatte mich gebeten, ein Foto zu machen. Ich holte mein Mobiltelefon aus der Rückentasche meines Trikots und nahm das in dem ovalen Rahmen gefangene Bildnis seines Onkels ins Visier. Wer selbst Fotograf ist, lässt sich nicht gern fotografieren. Ich stellte die Kamera meines Handys in

Ruhe neu ein und machte zwei weitere Aufnahmen, eine im Quer- und eine im Hochformat. Als ich fertig war, ging ich langsam zurück zu meinem Rad.

In meinem Rücken hörte ich schnelle Schritte im Kies. Die junge Frau kam hinter mir hergelaufen. Im schräg einfallenden Sonnenlicht sah ich, wie scharf ihr Profil war. »Ich muss auch ins Tal. Warten Sie doch kurz, dann fahren wir zusammen runter.«

Sie lief über den Platz, beschwingt, mit leichtem, wiegendem Schritt. Unter der Dreiviertel-Jeans waren ihre nackten Beine zu sehen, genauso glänzend und braun wie ihre Oberarme.

Es kribbelte in meinem Bauch. Womit hatte ich diese Begegnung verdient? Eine hübsche Frau auf einem idyllischen italienischen Friedhof, eine Frau, die mit mir Fahrrad fahren wollte. Das würde mir niemand glauben. Enzo vielleicht, aber der kam ja nicht mehr in sein Dorf.

In einem großen Bogen kam sie auf den Platz gefahren, mit einem Fahrrad, dessen oranger Rahmen von der Sonne ganz ausgeblichen war. Gerader Lenker, Schutzbleche hinten und vorn. Die Bremszüge liefen altmodisch an der Außenseite des Rahmens entlang. Während wir zusammen zum Eingang des Platzes fuhren, schaute ich kurz nach der Markenbezeichnung. Ein altes Gios. Sie hatte Geschmack.

Hinter dem gepflasterten Platz verlief die Straße noch etwa fünfzig Meter eben, dann stürzte der Asphalt ins Tal ab. Wir machten uns an die Abfahrt. Ich ließ sie vorfahren, schließlich kannte sie den Weg.

Die Italienerin fuhr ohne Helm. Ihre offenen Haare flatterten im Wind. Sie nahm die Kurven scharf und ohne Angst. Wie der *patron* einer Spitzengruppe in den Bergen deutete sie ab und zu mit dem Zeigefinger auf den Boden, um Unebenheiten auf der Strecke anzukündigen. Und tatsächlich sah ich jedes Mal, Sekunden nachdem sie ihren Finger ausgestreckt hatte, einen losen Stein auf dem Asphalt oder einen gefährlich breiten Riss, von der Trockenheit.

»Angst vor der Abfahrt?«, rief sie.

»Ich trau' mich nicht mehr so schnell wie früher.«

»Angst zu haben, bringt nichts.« Sie bremste ab und ließ sich auf gleiche Höhe mit mir zurückfallen. »Stürzen kann man immer. Wenn's passiert, dann passiert es. Sagt dir die Rückennummer 108 beim Giro 2011 etwas?«

»Du meinst Wouter Weylandt, den Belgier«, rief ich, um den Lärm des Windes zu übertönen.

»Si, si«, sagte sie und schüttelte den Kopf. Sie machte mit der Hand ein Kreuz vor der Brust, küsste ihre Fingerspitzen und zeigte nach oben.

Weylandt hatte in der dritten Etappe des Giro d'Italia bei der Abfahrt Tempo machen wollen, um zur Spitzengruppe aufzuschließen. Er hatte zur Seite geschaut, war aus dem Gleichgewicht geraten, mit seinem Pedal an eine Mauer gekommen und auf den Asphalt geschleudert worden.

Die Fernsehbilder des reglos daliegenden Weylandt hatten sich in meine Netzhaut eingebrannt. Die Blutrinnsale um seinen Kopf. Wesenloses Dunkelrot auf mattem Asphalt.

Seine Frau war zu dem Zeitpunkt, als ihr Mann stürzte, im fünften Monat schwanger. Der belgische Radprofi hatte deshalb vermutlich kein einziges Mal weniger in die Pedale getreten, keine einzige Kurve weniger scharf geschnitten. Ein Radrennfahrer lebt mit der Gefahr des Sturzes, der mit dem Radfahren unlösbar verbunden ist. Er kann den Tod nicht einkalkulieren. Wenn er daran denkt, dass er stürzen könnte, geht das auf Kosten der Geschwindigkeit.

Die Italienerin trat in einer Kurve durch und schnitt wie eine Zeitfahrerin den Weg ein Stückchen ab. Sie fuhr zehn Meter vor mir. Jetzt kamen wir wieder an dem alten, verfallenen Bauernhof vorbei.

Wir waren auf halber Strecke. Ich vertraute der Italienerin voll und ganz. Ihr Rad mochte alt sein, sie beugte sich jedenfalls entspannt über den Lenker und schien keinen Augenblick zu zweifeln. Wir nahmen die

Haarnadelkurve. Jetzt waren es nur noch ein paar hundert Meter, bis wir die große Straße erreicht hätten, die durchs Tal führte.

Bei der T-Gabelung zeigte die Italienerin an, dass sie links abbiegen wollte. Mein Hotel lag in der anderen Richtung, aber sie deutete energisch auf ihr Hinterrad, zum Zeichen, dass ich ihr folgen sollte.

Wir fuhren auf die breite Straße, die parallel zum Fluss verlief. Die Frau drosselte ihr Tempo und kam an meine Seite. Der weiß durchgezogene Streifen in der Mitte der Straße war blass und wurde an einigen Stellen von Reifenspuren durchkreuzt. Die Fahrer nahmen es hier offenbar nicht so genau mit der Sicherheit.

Die Straße war von alten Platanen gesäumt. Wenn ich die rechte Hand ausstreckte, konnte ich die Zweige berühren. Auf Augenhöhe trugen die Bäume allesamt einen Streifen weißer Farbe, wahrscheinlich damit sie nachts für den Verkehr besser sichtbar waren.

Es kam eine Kurve. Eine scharfe. Mit einer Handgeste signalisierte die Frau mir, dass ich langsamer fahren sollte. Ich bremste und folgte ihr durch die Kurve.

»Alt!«, rief sie.

Sie bremste. Ich auch.

Wir hielten an, am rechten Straßenrand. Die Kurve lag direkt hinter uns. Wir legten unsere Räder flach in die Böschung.

Sie ging zu einer Platane, betastete die schuppige Rinde. Erst als ich neben sie trat, sah ich, dass sie den Blick auf einen kleinen Holzkasten gerichtet hatte, der an dem Baum hing, nicht größer als ein Vogelhäuschen. Die Vorderseite des Kästchens war offen. Ich schaute ihr über die Schulter. Auf dem Boden des Kastens lagen Kunstrosen und in Plastik eingeschweißte Marienbildchen. An die Rückwand war mit vier Reißzwecken ein Foto geheftet. Es zeigte ein Mädchen von etwa sechzehn Jahren, sie trug ein Sommerkleid und hatte eine Mütze auf. Ein breites Lächeln, hübsches Gesicht, schöne Zähne. Im Hintergrund war ein kleines Stück vom Meer zu sehen.

»Martina. Meine Schwester.«

Die Italienerin schaute mit einem sehnsüchtigen Blick auf das Foto, als könnte sie ihre Schwester damit von dem Fotopapier loslösen. Dann wandte sie sich ab und pflückte in der Böschung ein bisschen Klee. Sie roch daran und streute die Blätter dann vor dem Foto in den Kasten.

»Ist sie hier an dieser Stelle ums Leben gekommen?«

Die Frau ging ein paar Meter vor, taxierte den Abstand zum Baum und zog mit ihrem linken Schuh den Umriss eines ausgestreckten Körpers in den Staub der Böschung.

»Durch ein Auto?«, fragte ich.

Die Italienerin sah zu Boden. Eine Locke fiel ihr vor die Augen. Ich traute mich nicht, noch mehr zu fragen. Sonst benahm ich mich ja wie ein Detektiv. Wie jemand, der der Trauer keinen Raum lässt, sondern gleich zur Sache kommen will.

Die Italienerin schob die Locke hinters Ohr und tippte mit der Schuhspitze ihre Zeichnung an.

»Enzo.«

Sie ergänzte den in den Staub gezeichneten Körperumriss mit einem Kreis.

»Ich.«

Ohne mir Beachtung zu schenken, beugte sie sich zur Straße vor, blickte in die Kurve hinein. Dann schaute sie in die Gegenrichtung und abermals in die Kurve. Ihr angespannter Körper schien einen leichten Zweifel zum Ausdruck zu bringen. Schließlich spurtete sie über die Fahrbahn.

Ich hörte das Motorgeräusch eines Lasters, der zurückschaltete. Mit rumpelnden Bierfässern kam er aus der Kurve heraus, in noch nicht einmal einem Meter Abstand zur Böschung. Kleine Steinchen flogen mir an die Schienbeine.

Durch die Staubwolke hindurch sah ich, wie die Italienerin in der Böschung gegenüber mit ihrem Schuh einen weiteren Kreis zeichnete. Sie zeigte darauf und schrie: »Tassato!«

Seit wir die Räder in der Böschung abgelegt hatten, war der Italienerin ihre Geschmeidigkeit verlorengegangen. Ihre Bewegungen waren kantiger geworden.

Wieder dieses nervöse Hin- und Herschauen an der Straße, ganze drei Male. Sie stand da auf der anderen Seite wie eine Athletin am Start eines Crosslaufs. Dann sprintete sie wieder zu mir hinüber.

In der Ferne tauchten drei Autos mit Wohnwagen auf. Niederländische Nummernschilder. Sie fuhren in hohem Tempo an uns vorbei in die Kurve. Der Reifen des letzten Wohnwagens streifte die Kieselsteine am Straßenrand. Die Böschung, in der wir standen, war so schmal, dass einem sogar der Verkehr auf der Gegenspur beklemmend nahe vorkam.

Wortlos strich sich die Italienerin ihre Locke wieder hinters Ohr.

»Wir waren zu dritt auf unseren Rädern nach unten gefahren. Martina, Enzo und ich. Die Fahrer des Radrennens, das ein Mal jährlich hier in der Region stattfindet, sollten da vorbeikommen. Es war am Straßenrand schon überall ziemlich voll. Enzo meinte, wir könnten am besten hier stehen, bei den Bäumen, damit wir nicht in die Sonne schauten.«

Während sie erzählte, brachte sie die Kunstblumen in dem Baumkästchen wieder in Ordnung.

»Martina und Enzo standen nebeneinander, die Fahrräder zwischen den Beinen. Ich weiß noch, wie die Spitzengruppe vorbeikam, hinter einem Polizeimotorrad. Wenn die Fahrer mit hoher Geschwindigkeit aus dieser Kurve auftauchten, konnte man den Fahrtwind im Gesicht spüren.«

Sie friemelte zwei Marienbildchen auseinander und pustete drei Mal kräftig auf die Bilder. Mit dem Daumen rieb sie eines sauber. Der Himmel über dem frommen Gesicht Marias bekam langsam wieder seine ursprüngliche, hellblaue Farbe.

»Kurz darauf kam das Peloton vorbei. All die Farben, die Helme, die erschöpften, rot angelaufenen Gesichter.«

Sie legte die aufpolierte Maria in das Kästchen zurück.

»Dann kamen die abgehängten Fahrer, manchmal in kleinen Gruppen, manchmal allein. Auf der anderen Straßenseite stand Tassato. Er machte Fotos von dem Rennen für die Lokalzeitung. Enzo rief zu seinem Onkel hinüber, ob er ein Foto von uns dreien machen könnte. Tassato hob den Daumen. Und ...«

Die Italienerin steckte die Locke hinters Ohr zurück, doch sie fiel gleich wieder vor.

»Enzo zog Martina an sich. Er hatte sich in dem Frühling total in meine Schwester verknallt. Jeden Mittag waren sie zusammen im Dorf zu finden. Die Lenker ihrer Räder verhakten sich. Meine Schwester verlor das Gleichgewicht und tat einen Schritt vor.«

Die Italienerin kümmerte sich nicht mehr um die Haarlocke, die ihr wieder vor die Augen gefallen war. Zwischen Daumen und Zeigefinger zwirbelte sie den Stängel eines Kleeblatts, bis es schlaff herunterhing. Dann ging sie zu der Stelle, wo sie mit ihrem Schuh den Umriss eines Körpers in den Staub gezeichnet hatte. Sie kniete sich auf den Boden und schwenkte die Arme vor.

»Sie ist mit ihrem Fahrrad auf die Straße gefallen. Und dann kam ein Auto aus der Kurve. Eines der letzten in der Kolonne.«

Entschlossenen Schrittes ging die Italienerin zu dem Kästchen am Baum, löste das Foto ihrer Schwester ab und fing an, an der Plastikhülle herumzufriemeln. Hinter der Aufnahme des lächelnden Mädchens war etwas versteckt. Wortlos gab sie es mir.

Mit verschränkten Armen sah sie zu, wie ich das vergilbte Papier auseinanderfaltete.

Es war eine herausgerissene Zeitungsseite, mit einem großen Foto. Darauf war eine Gruppe von Leuten zu sehen, am Straßenrand, im Gegenlicht. In der Mitte standen ein Junge und ein Mädchen mit Fahrrädern eng beieinander. Sie küssten sich, etwas unbeholfen, wahrscheinlich weil sie zugleich in die Kamera schauen wollten. Ein anderes, jungenhaftes Mädchen stand daneben und lachte breit.

Die Frau sah mich an.

»Ich hatte damals noch kurzes Haar.«

Sie strich mit den Fingern über das Zeitungspapier. Die weißen Ränder ihrer Nägel folgten der Linie der Straße, bis zum Rand des Fotos. Aus der Kurve kam ein Auto. Ein Teil des Vorderrads war schon zu sehen. Und eine Stoßstange.

»An jenem Abend habe ich Tassato in seinem Studio angefleht, unbedingt dieses Foto an die Zeitung zu schicken. Es war meine Art und Weise, meine Schwester am Leben zu erhalten.«

Ich sah, dass unter dem Foto der Name Gianluca Tassato abgedruckt war.

»Siehst du, wie sie lächelt, wie sie flirtet?«, fragte die Frau.

»War sie sofort tot?«, fragte ich.

Sie redete weiter, ohne auf mich zu achten. Die Geschichte musste raus, wie Erbrochenes. Erst war es abstoßend, dann erleichternd.

»Tassato ist sofort wieder zu uns herübergekommen. Er hat Martina in die Böschung gelegt. Ich hielt ihren Kopf. Blut aus den Ohren. Die Umstehenden hielten den Verkehr auf. Tassato kniete sich hin, um sie zu beatmen. Er rief Enzo zu, dass er zum Arzt fahren sollte, einen Kilometer weiter. Ich weiß nicht mehr, wie lang Tassato um ihr Leben gekämpft hat. Minutenlang. Vielleicht eine Viertelstunde. Herzdruckmassage, Mund-zu-Mund-Beatmung. Als Enzo mit dem Arzt zurückkam, sah er an unseren Gesichtern, dass es zu spät war.«

Die Italienerin und ich starrten zusammen auf das Zeitungsfoto. Ich wagte es nicht, es laut zu sagen, aber das Foto war perfekt komponiert. Als wäre den Abgebildeten bewusst gewesen, dass sich die Szene nicht wiederholen lassen würde. Ein Sekundenbruchteil von Glück, und danach wäre zwischen den Beteiligten alles anders, für immer.

Ich faltete die Zeitungsseite wieder zu einem kleinen Rechteck zusammen und gab sie der Italienerin zurück.

»Kommt Enzo hier noch manchmal her?«, fragte ich.

»Nein, er ist ein paar Monate nach dem Unglück in die Niederlande gegangen. Wir haben ihn nie wiedergesehen. Ich versteh' das schon. Was soll er hier? Er weiß, dass ich mich hier um Martina kümmere, und er sorgt aus der Ferne für seinen Onkel. Enzo und ich halten Kontakt über die Gräber.«

Sie wandte sich ab, steckte alles in die Plastikhülle zurück und befestigte diese wieder mit den Reißzwecken an der Rückwand des Kästchens. Sie legte die Blumen und das frische Grün ordentlich zurecht. Dann brachte sie ihr Gesicht ganz nah an die Holzkonstruktion heran und flüsterte etwas hinein.

Ich schaute höflich nach unten. Das Weiß ihrer Sportschuhe war vom Staub der Böschung grau geworden. Sie hatte große Schleifen in den Schnürsenkeln. Gefährlich. Sie konnten sich in den Pedalen verheddern.

Schweigend verwischte sie die Markierungen. Sie lief sogar noch einmal auf die andere Straßenseite, um den Kreis Tassatos mit dem Schuh wegzuwischen. Wieder hielt sie drei Mal Ausschau nach sich näherndem Verkehr.

Sie hob ihr Fahrrad auf. Ich nahm meines. Nebeneinander standen wir in der Böschung.

»Wo fährst du hin?«, fragte sie.

»Zurück zu meinem Hotel, denke ich, in Bagni di Lucca. Und du? Nach oben?«

Sie nickte. »Ja, zu meinem Mann und meinem Kind.«

Ich nahm einen Schluck aus meiner Trinkflasche.

»Möchtest du auch?«

Als sie sich vorbeugte, um danach zu greifen, fiel die Flasche auf den Boden und rollte auf die Straße. Wir unternahmen nichts, weil im selben Augenblick ein Auto aus der Kurve kam. Der Wagen überfuhr die Flasche, das Wasser spritzte zu uns hoch. Die Italienerin bückte sich und schlug lachend die Tropfen von ihren Hosenbeinen ab. Dann steckte sie sich wieder ihre Haarlocke hinters Ohr, vergeblich.

»*Ciao*«, sagte sie.

Sie küsste mich auf die Stirn.

»*Ci vediamo*«, antwortete ich.

»*Volentieri.*«

Die Italienerin schwang ein Bein über ihr oranges Rad, setzte sich auf die Spitze des Sattels, schaute drei Mal nach links und rechts und dann noch ein letztes Mal nach links. Im Stehen fuhr sie los. Nach ein paar Pedalumdrehungen war sie außer Sicht.

Ich war wieder allein. Neben der Platane sah ich Abdrücke unserer Sohlen, sie liefen wild durcheinander. Martina lächelte in ihrem Holzkästchen. Es erinnerte mich an eine kleine Umzugskabine am Strand. Hinter ihr kam das Meer angerollt.

Ich setzte mich auf mein Rad. Zwei Mal schaute ich nach links und rechts.

Das schien mir genug.

Kappe

Ich lag mit gespreizten Beinen da, und doch spürte ich den Rand der Matratze nicht. Sonderbar. Ich öffnete die Augen und schaute zu den unbehandelten Holzbalken über mir. Zu Hause hatte ich eine Zimmerdecke mit Stuck in den Ecken. Desorientiert setzte ich mich auf und zog den Vorhang neben mir zur Seite. Durch das schmale Fenster sah ich mein Auto dastehen, neben einer klapprigen Scheune. Der Sattel meines brandneuen Rennrads ragte zwischen den Sitzen auf.

Gestern Abend hatte es mir an Energie gefehlt, um das Pegoretti noch aus dem Auto zu holen. Ich war von der langen Fahrt im Ferienverkehr hundemüde gewesen und hatte mich nach einer heißen Dusche sofort ins Bett gelegt. Nur noch schlafen, lang und tief.

Mein Reisewecker hatte um neun Uhr geklingelt. Innerhalb von einer halben Stunde wollte ich auf dem Rad sitzen. Ich zog meine Radklamotten an und ging in den Wohnraum des Ferienhauses. Über einer verschlissenen Sitzbank hing dort ein gerahmtes Poster der Kathedrale von Reims. Mit blauem Filzstift hatte jemand Kreuze auf die Kirchenmauer gemalt.

Aus meiner Reisetasche nahm ich ein Baguette mit Camembert, das ich bei einer Tankstelle an der gebührenpflichtigen französischen Autobahn gekauft hatte. Das Brot war etwas trocken geworden, aber es schmeckte mir gut. Ich ließ erst ein wenig Wasser durchlaufen, dann hielt ich ein Glas unter den Hahn. Genug gegessen und getrunken. Ich konnte los.

Für unterwegs steckte ich mir ein paar Müsliriegel aus meiner Reisetasche ein, in die Rückentasche des Trikots, zusammen mit einem Fünfzig-Euro-Schein.

Draußen fühlte sich die Morgensonne schon warm an. Ich öffnete die Autotür, zog vorsichtig den Rahmen meines Fahrrads von der Rückbank und lehnte ihn an den Wagen. Aus dem Kofferraum holte ich die beiden Laufräder. Die brauchte ich jetzt nur schnell in die Gabel und das Ausfallende des Pegoretti zu klemmen und festzudrehen, dann konnte ich los.

Durch die Windschutzscheibe spähte ich in die Ablage zwischen den Sitzen. Da lag alles Mögliche: Kaugummi, Lakritz, ein Filzstift, ein Kugelschreiber, die Wegbeschreibung zum Ferienhaus.

Kein Inbusschlüssel? Ich machte die Tür auf und wühlte sicherheitshalber noch einmal in der Ablage. Ich hatte den Schlüssel gestern noch zu Hause benutzt, um mein Fahrrad auseinanderzubauen.

Ein halbes Jahr hatte ich auf das Pegoretti warten müssen. Diese Woche war der erlösende Anruf von Stijn gekommen. Stijn war der Besitzer meines Fahrradladens. Seine Stimme klang aufgeregt: Der Pegoretti-Rahmen sei aus Italien gekommen und sehe fantastisch aus.

Als ich an jenem Nachmittag in den Laden kam, hatte Stijn mit der Montage schon angefangen. Gerade holte er zwei neue Laufräder aus der Verpackung, von einer bekannten Marke: Mavic. Das Cosmic Carbone war das neueste Modell aus ihrer Serie, mit einer extra hohen Felge. Im Katalog hatte es großartig ausgesehen.

Stijn reichte mir das Vorderrad. Es wog fast nichts. Die schwarzen Kunststoffspeichen waren straff gespannt. Wenn es um Zubehör ging, war Stijn der totale Freak, er las sämtliche Radsportzeitschriften und war immer über die neuesten Trends auf dem Laufenden.

Als ich das Fahrrad bei ihm bestellt hatte, waren wir uns über die Bestückung des Pegoretti schnell einig gewesen: eine Campagnolo

Chorus-Gruppe mit 50 und 34 Zähnen vorn und einer 13-26-Kassette hinten, ein schwarzer San-Marco-Sattel und ein Syntace-Lenker.

Ich gab Stijn das Vorderrad wieder. Er hielt es am Schnellspanner und stieß es leicht an. Es drehte sich geräuschlos und gleichmäßig.

»Läuft gut«, sagte ich.

»Wahnsinnig gut«, antwortete Stijn. An seinem Tonfall merkte ich jedoch, dass er noch nicht zufrieden war.

»Aber?«, fragte ich.

Er tippte gegen den Schnellspanner. »Wenn man schon so einen ultrasteifen Rahmen hat, dann muss auch wirklich alles an so einem Rad stimmen, finde ich.«

Er ging zur Werkbank, die übersät war mit Muttern, Ringen, Schrauben, Lenkerband und Zahnrädern. An der Wand hing ein Transistorradio, neben dem Ausklappposter eines Playmates. Im Radio lief ein Sender, der nonstop bekannte Hits spielte. Stijn pfiff den Refrain von »Proud Mary« von Ike und Tina Turner mit. Durch den kleinen Lautsprecher klang Tinas heisere Stimme ganz verzerrt.

Aus einer der Plastikschubladen an der Wand fischte Stijn zwei neue Schnellspanner heraus. Er zeigte sie mir. An den Enden saßen zwei kleine schwarze Kugeln.

»Italienisches Design. Schweineteuer, aber ich schenk' sie dir.« Er legte mir einen der Spanner in die Hand. Die Schraubkappen sahen aus wie glänzende Frösche. Ich verspürte die Neigung, sie mir in den Mund zu stecken und daran zu saugen.

»Ein kleiner Nachteil«, sagte Stijn. »Du kannst diese Designkappen nur mit einem Inbusschlüssel lösen und festziehen. Wenn du bei einem Rennen schnell das Rad wechseln musst, ist das nervig.«

»Dann bau sie ruhig ein«, sagte ich. »Ich fahre ja doch fast immer alleine.«

Stijn nahm die Standard-Schnellspanner aus den Rädern heraus und warf sie auf die Werkbank. »Schön. Ich hab' selbst auch solche. Und bei jeder Tour schaue ich da ein paar Mal hin.« Er holte einen Inbusschlüssel aus der Tasche seines Overalls und montierte einen der Designspanner in der Hohlachse des Vorderrads. Dann steckte er das Rad in die Vordergabel und fing an, die Designkappen mit dem Inbusschlüssel festzuziehen. Mit jeder Umdrehung des Schlüssels zog der Schnellspanner sich weiter fest.

Nach dem Vorderrad zog Stijn auch das Hinterrad an. Zufrieden betrachtete er sein Werk. »Jetzt ist es erst richtig fertig, dein neues Rad.«

Wir traten einen Schritt zurück und begutachteten das Ergebnis.

»Mit den Kappen sehen die Räder aus wie zwei Augen«, sagte ich. »Mit Pupillen und stechendem Blick.«

»Echt, findest du?«, fragte Stijn mit einem dreckigen Grinsen im Gesicht. »Ich seh' da was ganz anderes.« Er wechselte in einen Flüsterton. »Schau doch. Deine Räder sehen aus wie Brüste. Und die Kappen wie schwarze Nippel.«

Verärgert schlug ich die Autotür zu. Heute wollte ich zum ersten Mal mit dem Pegoretti losfahren. Ich hatte extra eine schöne Gegend dafür ausgesucht. Aber wie sollte ich in diesen entlegenen Gefilden an einem Sonntagmorgen an einen Inbusschlüssel kommen?

Ich ging zu dem Fahrrad und versuchte, die Kappen mit der Hand abzudrehen. Aber sie fassten das Gewinde nicht, sondern saßen an den Enden der Schnellspanner fest. Das erübrigte sich also. Um mein Hinterrad machte ich mir keine großen Sorgen. Wenn ich einmal im Sattel saß, wäre genug Druck auf dem Schnellspanner. Das Rad würde also nicht so schnell aus dem Rahmen fallen. Das Vorderrad war jedoch eine andere Sache. Zwischen den Kappen und der Gabel war erstaunlich viel Spiel. Eine einzige Unebenheit auf der Strecke, und das Rad würde herausfallen.

Ich machte die Autotür wieder auf und holte die ausgedruckte Mail mit den wesentlichen Angaben aus der Ablage zwischen den Sitzen. Die

Besitzerin des Ferienhauses wohnte zwei Kilometer entfernt, entnahm ich der Mail. Wenn ich ganz langsam fuhr, würde ich es bis dorthin schaffen. Dann saß ich zumindest schon mal auf meinem Rad.

Im Schneckentempo fuhr ich den Weg entlang, bis ich auf eine breitere Straße gelangte. Hier links ab. In der Ferne sah ich schon den Hof.

Als ich näher kam, schlug ein Schäferhund an. Er war an eine Kette gelegt. In einem Bogen fuhr ich um das Tier herum zum Haus. Eine Frau mit einer Schürze kam mir entgegen.

»*Bonjour*«, sagte ich.

Die Frau sah mich argwöhnisch an.

»*Je suis de votre gîte.*« Zur Verdeutlichung zeigte ich in die Richtung, wo das Ferienhaus liegen musste.

Sie antwortete nicht. Ich zeigte auf die schwarze Kappe meines Vorderrads und überlegte, was wohl das französische Wort für »Inbusschlüssel« war. »Schlüssel« war *clé*. Das war einen Versuch wert.

»*Eh, vous avez une clé pour bicyclette?*«

Die Bäuerin seufzte und ging zurück zum Haus. Ich war nicht ganz sicher, ob sie mich verstanden hatte. Ich schaute mich um. Hier müsste man wohnen. So abgelegen, so still.

Die Frau kam wieder nach draußen, mit einer Werkzeugtasche in der linken Hand. Sie stellte sie neben dem Fahrrad ab, beugte sich vor und kramte in den Fächern. Da war alles Mögliche an Werkzeug, aber kein Inbusschlüssel.

»*Dommage*«, sagte ich.

Die Frau zog kurz die Mundwinkel hoch und zeigte dann auf die große Straße. »*Sapois, quatre kilométres. À droite.*« Sie hob die Kiste wieder hoch und ging grußlos zurück zum Haus.

»*Merci, madame.*«

Ich drehte mein Fahrrad um und fuhr wieder zur Hauptstraße. Was nun? Ich konnte zu dem Ferienhaus zurück und mit dem Auto nach Sapois fahren. Andererseits waren es mit dem Rad nur vier Kilometer

Fahrt. Wenn ich ganz langsam fuhr, würde es schon gehen. Vorsichtig bog ich rechts ab.

Wenn ich auf einem sicheren Fahrrad saß, hielt ich meistens Ausschau nach vorn; jetzt richtete ich den Blick unablässig auf Vorderrad und Gabel. Mein Tacho kam nicht mal auf zehn Stundenkilometer. Ein Schneckentempo.

Zu Hause hatte ich ein Buch über den französischen Cineasten Jacques Tati. Auf einem ganzseitigen Foto war Tati als ungeschickter Postbote François abgebildet, mit seinem demontierten Fahrrad. Zu seinen Füßen, auf dem weißen Boden des Studios, lagen die Einzelteile. Das Rad war komplett auseinandergenommen, bis zur letzten Schraube. François' Blick drückte Zweifel aus: Würde er das Rad je wieder zusammenbekommen?

SAPOIS 2 KM, stand auf einem Schild am Straßenrand. In der Ferne sah ich schon den Kirchturm. Ich musste mich zusammenreißen, um nicht schneller zu treten. Wenn das Vorderrad sich löste, würde ich auf den Asphalt knallen, mir Hände und Knie aufschaben, das Schlüsselbein brechen und ein paar Vorderzähne ausspucken. Langsam trat ich weiter. Bis ich mit dem Vorderrad durch ein Schlagloch fuhr und an der Gabel ein Geräusch hörte.

Ich bremste und sprang ab. Am Lenker hob ich das Rad hoch und stieß mit der Hand das Vorderrad an, so dass es sich in der Luft drehte. Saß es wirklich noch fest genug? Probehalber schlug ich kurz von oben mit der Faust dagegen. Das Rad fiel sofort aus der Gabel.

»Verdammt.«

Jetzt traute ich mich nicht mehr weiterzufahren.

Nach zwanzig Minuten Fußweg kam ich mit dem Fahrrad an der Hand in Sapois an. Ein kleines Dorf. Die Geschäfte und Cafés an der Hauptstraße hatten alle geschlossen. Trotzdem parkten im Zentrum auffällig viele Autos. Ich schaute mich um, und mein Blick fiel zwischen zwei

Laternenpfählen auf ein Spanntuch mit der Aufschrift VIDE GRENIER. Französisch für »Trödelmarkt«. Hatte die Bäuerin mich deshalb hierher geschickt?

Der örtliche Fußballverein hatte sein Spielfeld zur Verfügung gestellt. Auf dem Rasen und rund um den Platz war die Ware zu begutachten. Verkäufer mit professionellen Ständen, aber auch Leute, die ihre alten Sachen auf Laken ausgebreitet hatten oder sie vom Kofferraum ihres Wagens aus an den Mann zu bringen versuchten. Vielleicht verkaufte hier ja tatsächlich jemand gebrauchtes Werkzeug.

Am Kopfende des Felds stand eine provisorisch aus Strohballen und orangen Zeltplanen errichtete Bar. Davor saßen Leute auf Klappstühlen in der Sonne. Schatten gab es auf dem Fußballplatz nicht.

Ich zog die Aufmerksamkeit eines jungen Mannes mit fröhlichem Gesicht auf mich. »*Cycliste!*« Er hielt einen Plastikbecher hoch. »Mal probieren?«

Wein? Jetzt? Ich nahm den Becher entgegen und trank einen Schluck. Starkes Zeug.

»Noch mehr?« Der Junge schenkte mir nach.

»Oha«, sagte ich und lachte, um nicht unsympathisch zu wirken. »Ziemlich kräftig.«

»Das ist Cartagène. Selbstgemacht. Vierzig Prozent Alkohol.«

Ich gab rasch den Becher zurück und ging mit dem Fahrrad an der Hand weiter.

Dabei zog ich die Blicke der Trödelmarktbesucher auf mich. Ein fremder Vogel in ihrem Dorf.

»*Allez, Poupou*«, sagte ein magerer Mann mit einem Strohhut. Er verkaufte an seinem Stand Porzellanfiguren mit kleinen Beschädigungen.

Poupou.

Der Radrennfahrer Raymond »Poupou« Poulidor war ein Volksheld gewesen, obwohl er nie die Tour de France gewonnen hatte. Poupou hatte jede Menge zweiter Plätze eingeheimst. Er war ein *pédaleur de charme*, kein Gewinner.

Zwei Frauen um die vierzig kamen hinter ihren Klamottenständen hervor. Sie hielten mir eine Jeanshose vor die nackten Beine. Mit Worten und Gesten machten sie deutlich, dass es genau meine Größe war. Ich schaute mir die Hose an. Das war hoffnungslos. Sie sah aus, als bestünde sie aus blau angesprühter Pappe. Und wenn man sie anzog, hatte man bestimmt sofort einen Quadrathintern.

»*Parfait, mon amour*«, rief eine Frau hinter einem anderen Stand. Sie küsste ihre Fingerspitzen und blies den Kuss in meine Richtung. Ich tat, als finge ich ihn auf. Warum auch nicht? Inzwischen hatten die beiden Frauen mir die Hose mit der offenen Seite über den Kopf geworfen und zogen nun beide an einem der Hosenbeine. Ich wollte mir nichts anmerken lassen, aber ich verlor das Gleichgewicht und fiel ins Gras. Das Rad knallte auf mich und schrammte meinen Hinterkopf. Als ich mich aufrappelte, sah ich, dass ich ein ganzes Dutzend amüsierter Zuschauer hatte. Die beiden Frauen kreischten vor Vergnügen.

»*Allez, Poupou*«, hörte ich wieder. »*Non, Holland. Zoetemelk!*« Ich hob mein Fahrrad auf und setzte schnell meinen Weg über den Platz fort. Beim Anstoßpunkt standen ein Mann und eine Frau, die alte Uhren verkauften. Pendeluhren, Wanduhren, Standuhren, Kuckucksuhren. Die Uhrwerke wirkten gut gepflegt. Das war der richtige Stand für mich. Brauchte man zum Aufziehen einer alten Uhr nicht auch einen Sechskantschlüssel?

Ich lehnte mein Fahrrad gegen einen Pfosten des Stands. Der Mann steckte die Nase in eine Autozeitschrift und zeigte keinerlei Interesse an mir. Die Frau sah mich von ihrem Klappstuhl aus gleichgültig an. Ich zupfte an dem Minihaken einer kleinen Holztür an der Seite einer Uhr, um nachzusehen, wie die Mechanik aussah.

»*Touchez pas, s'il vous plaît*«, sagte die Frau.

Ich erschrak über ihre schrille Stimme. Ihr Mann ließ sich beim Lesen nicht stören.

»*Madame, s'il vous plaît? Mon eh, ma bicyclette …*«

»*J'ai dit: touchez pas.*«

Hier war nichts zu holen. Ich nickte mit gespielter Freundlichkeit und setzte meine Suche fort.

Der Markt neigte sich bereits seinem Ende entgegen. Ich sah mich nach der Kirchturmuhr im Dorf um. Halb zwölf. Anscheinend ging hier das Mittagessen über alles.

»Alles für einen Euro«, rief ein untersetzter Mann, der eine enorme Menge Kleinkram loszuwerden versuchte. Zwischen seinem Ohr und einem gelben Frotteeschweißband steckte sein Mobiltelefon.

Den Hintern auf das Oberrohr des Pegoretti gestützt, schaute ich mir den aufgehäuften Krimskrams an. Barbiepuppen, Bleistiftanspitzer, Schlüsselanhänger, Plastikringe, Trinkgläser, Schnürsenkel, Wollknäuel, Bücher, Frauenzeitschriften, Stecker, Steckdosen, Strümpfe, Postkarten, Wäscheklammern. Der Mann war am Telefon in einen heftigen Wortwechsel verstrickt. Mein Französisch war nicht gut genug, als dass ich alle Schimpfwörter verstanden hätte.

Lag hier vielleicht irgendwo auch ein Inbusschlüssel herum? Ich zog an dem Bein einer Barbiepuppe, das aus dem Haufen herausragte. Sofort verschob sich alles, wie bei einem Mikado-Spiel.

»*Merde!*«, rief der Mann. Ohne das Telefon unter dem Schweißband herauszuziehen, drückte er mit dem Daumen das Gespräch weg.

»Alles für einen Euro!«, rief er mir zu, viel zu laut, so als befände er sich noch in seinem Telefonat.

Ich hatte einen Stift aus dem Berg herausgezogen, dessen untere Hälfte rot war, die obere schwarz. Wenn man ihn umdrehte, lief die schwarze Flüssigkeit langsam nach unten. Ein altmodisches Pinup wurde sichtbar. Mit ihren blonden Locken und dem runden Gesicht erinnerte die Dame an Marilyn Monroe. Ihr Hintern stand hoch, sie hatte die Hände in die Seiten gestemmt und streckte die Brüste vor.

Der Mann sah zu mir hinüber. Schnell drehte ich den Stift wieder auf Schwarz und legte ihn zurück.

»Alles für einen Euro«, wiederholte er abermals.

»*Vous avez une clé?*«

»*Comment?*«

Was hieß »Inbus« auf Französisch?

»*En-buus?*«, fragte ich zweifelnd. Ich hob mein Vorderrad an und zeigte auf die Gabel. Der Mann kam hinter seinem Stand hervor und beugte sich über das Rad. Um ihm zu zeigen, was das Problem war, schlug ich noch einmal mit der Faust auf den Reifen. Wie auf Kommando fiel das Rad aus der Gabel, trudelte im Kreis, fiel dann um und blieb im Gras liegen.

Der Mann ging hinter dem Stand zu einem alten Lieferwagen, schob die Seitentür auf und kletterte hinein. Ich griff wieder nach dem Stift und zauberte die Blondine hervor. Vor ihrem Gesicht befand sich eine kleine Luftblase. Als ich mit dem Zeigefinger dagegen tippte, stieg die Blase auf und blieb wie ein Heiligenschein über ihrem Kopf hängen. Ich sah dem Mädchen auf dem Foto tief in die Augen.

»*Bonjour, monsieur*«, sagte eine helle Stimme neben mir. Ich ließ den Stift sinken und schaute zur Seite. Ein kleines Mädchen stand am Verkaufstisch. Sie hatte eine Kette und einen alten Schlüsselanhänger mit einem Hundefoto in der Hand. Die Mutter stand hinter ihr. Sie nickte mir zu.

»*Tout un euro*«, sagte ich und ließ den Stift unauffällig zwischen den anderen Sachen auf dem Tisch verschwinden.

Die Mutter machte dem Kind deutlich, dass es sich schnell entscheiden sollte. Mit sehnsüchtigen Blicken wog die Kleine die beiden Spielsachen gegeneinander ab und entschied sich schließlich für die Kette. Die Mutter hängte sie ihr um den Hals. Aus ihrem Portemonnaie gab sie mir einen Euro. Bevor ich erklären konnte, dass es gar nicht mein Stand war, waren sie schon weitergegangen. Ich starrte auf die Münze in meiner Hand.

Der Mann kam wieder aus seinem Bus. Er hatte eine Plastiktüte in der Hand, deren Inhalt er jetzt auf eine freie Ecke seines Warentischs schüttete. Es bildete sich ein kleiner Berg von verrosteten Nägeln, Schrauben und Muttern.

Ohne ein Wort ging er zu meinem Vorderrad und betastete den Schnellspanner. Ich wollte ihm den Euro geben, aber er weigerte sich, die Münze anzunehmen.

»*Putain*«, fluchte er, während er vergeblich an den Designkappen zu drehen versuchte. Er bekam sie genauso wenig fester oder lockerer wie ich.

»*En-buus*«, sagte ich langsam und zeigte auf die sechseckige Vertiefung in der schwarzen Kappe.

»*Non, non, non*«, sagte der Mann resolut. Er lehnte das Rad an den Stand und ging wieder zu seinem Kleinbus.

Ich sah mich um. Die meisten Stände waren schon abgebaut. Nur vorn bei der Bar war noch etwas los.

Der Mann watschelte zu mir zurück. Er hatte etwas in der Hand, was ich erst aus der Nähe erkannte: eine große Zange mit langen Rohrgriffen. Ein Schneidwerkzeug, mit dem man Fahrradschlösser durchtrennen konnte.

Mit seinen fleischigen Fingern umklammerte er das Vorderrad und klemmte es sich zwischen die Knie. Er zwängte den scharfen Zangenkopf hinter eine der Kappen, wo noch ein Stück Schraubgewinde frei lag.

»*Attends, stop!*«, rief ich noch, aber er hatte die Handgriffe schon mit aller Kraft zusammengedrückt. Die Kappe sprang ab und fiel mir vor die Füße. Mit den Fingern durchharkte ich das Gras, bis ich sie gefunden hatte.

»*Putain de design*«, sagte der Mann. Er zog den Schnellspanner aus der Hohlachse, schnitt auch die andere Kappe ab und warf sie auf seinen Berg von Gerümpel.

Ohne mich eines Blickes zu würdigen, zog er aus dem Haufen von alten Eisenwaren eine Flügelmutter und probierte, ob sie auf den abgeschnittenen Schnellspanner passte. »*Voilà*«, sagte er. Er drehte die Flügelmutter fest und nahm eine zweite vom Tisch. Mit ein paar Umdrehungen saß auch sie fest auf dem Gewinde. Zufrieden ließ er das Rad vor meinem Gesicht kreisen.

Zwei Kleinbusse mit voll beladenen Dächern fuhren über das Fußballfeld in Richtung Durchgangsstraße. Dorfbewohner mit Taschen voller altem Kram schlurften vorbei.

Ich wollte auch weg. Ich stellte mein Rad hochkant und schob das Vorderrad in die Gabel. Der Mann sah mir zu. Vorsichtig zog ich die Flügelmuttern an, immer weiter. Es ging gut. Das Vorderrad saß sicher und fest.

»*Merci*«, sagte ich zu dem Mann und wollte aufsteigen.

»*Ça fait vingt euros*«, sagte er in schroffem Tonfall. Er fing an, die Sachen von seinem Stand abzuräumen.

Zwanzig Euro? Für ein Paar gebrauchte Flügelmuttern?

Aber ich hatte keine Wahl. Der Mann hatte schließlich Arbeit gehabt mit meinem Rad. Ich holte den Fünfzig-Euro-Schein aus der Rückentasche meines Trikots.

»Haben Sie das nicht kleiner?«, fragte der Mann, als er den Schein entgegennahm.

Ich schüttelte den Kopf.

Wortlos steckte mein Gegenüber sich den Schein in die hintere Hosentasche und watschelte davon, in Richtung der Stände am anderen Ende des Platzes. Unterwegs sprach er jemanden an. Es war der junge Typ mit den Plastikbechern, wie ich jetzt erkannte. Kurz tuschelten sie etwas und gingen dann zusammen in die Bar.

Ich suchte unterdessen zwischen dem Gedöns nach der zweiten Schnellspannerkappe meines Vorderrads. Schließlich fand ich sie in einer offenen Seifenschale. Sicherheitshalber steckte ich mir beide Kappen in die Trikottasche. Ich schaute zu meinem Fahrrad. Erst jetzt sah ich, wie schlampig der Mann vorgegangen war. Durch die groben Schnitte hatten die Enden des Gewindes schiefe, scharfe Kanten bekommen.

Wo blieb der Mann? Immer mehr Leute betraten die Bar. Da war doch bestimmt jemand dabei, der heute gut verkauft hatte und meinen Fünfziger kleinmachen konnte.

Ich griff noch einmal nach dem Stift. Die Luftblase war wieder vor das Gesicht des Pin-ups gerutscht. Ich blickte auf. Der Mann war immer noch nicht zurück. Kräftig schüttelte ich das Ding.

Im Nu war der Stift voller kleiner Luftblasen. Als würde die nackte Dame sich in einem Schaumbad aalen.

Ich warf den Stift auf den Haufen. Das dauerte mir zu lange. Ich stieg aufs Rad, fuhr über das Feld zu der Bar und lehnte das Rad an die Zeltplane.

Drinnen war es voll. Die Leute standen am Tresen herum und tranken Alkohol aus Plastikbechern. Ich erkannte meinen Marktverkäufer an seinem Schweißband wieder, er stand bei einem der großen Weinfässer. Mit meinem Fünfzig-Euro-Schein winkte er dem Jungen hinter der Bar.

»Eine Runde für alle!«, hörte ich ihn rufen.

Die Barbesucher klatschten.

»*Merci, Jules*«, rief jemand, der in einer Ecke stand. Der Markthändler nahm sein Schweißband ab und wischte sich damit über die Stirn.

»*C'est pas moi! C'est Poupou!*«, rief er und zeigte auf mich. Jemand drückte mir einen Becher mit etwas Alkoholischem in die Hand. Jules schob sich sein Schweißband wieder auf den Kopf.

»*À toi, Poupou!*«

Nach ein paar Schlucken goss ich den Inhalt des Bechers heimlich zwischen die Dielen. Ich tippte dem Markthändler auf die Schulter.

»Ich bekomme, glaube ich, noch Geld zurück«, sagte ich.

Jules ignorierte mich. Er trank seinen Becher in einem Zug leer, atmete tief aus und hielt gerade noch einen Rülpser zurück. Dann trat er vor mich, hielt den Becher hoch und zerdrückte ihn genau vor meinem Gesicht. Ich bekam ein paar Spritzer ab. Sie brannten in den Augen.

»*Mes amis*, Poupou möchte Wechselgeld sehen.«

Die Bargäste lachten laut.

»Ich habe Ihnen einen Fünfzig-Euro-Schein gegeben«, sagte ich.

»Einen Zwanziger. Das waren zwanzig Euro.«

»Das habe ich anders in Erinnerung.«

Selbstzufrieden schaute Jules in die Runde. »Gönnst du uns denn nicht ein Gläschen, Poupou?«

»Doch, natürlich«, sagte ich. »Aber dreißig Euro ist schon ein ziemlich stattliches Trinkgeld, oder nicht?«

Ich erschrak. Es war plötzlich ganz still geworden in der Bar. Alle sahen Jules an. Er rieb sich die Hände und schlug sie kurz zusammen. Grinsend packte er mich dann am hinteren Saum meiner Fahrradhose und zog mich hoch.

»Wir hassen Holländer. Alles von zu Hause mitbringen und hier nichts ausgeben, was?«, rief er.

Die Leute in der Bar applaudierten laut.

»*Holland, go home!*«, rief ein Mann an der Bar.

Jules zog mich noch ein Stück weiter hoch. Der Lycra-Stoff schnitt in meine Leisten.

»Und jetzt verzieh dich!«

Die Leute schauten amüsiert zu, wie Jules mich zur Tür dirigierte. Gezwungenermaßen trippelte ich auf den Zehenspitzen.

»*Allez, Zoetemelk!*«, rief ein Mann am Ausgang.

Jules versetzte mir einen fiesen Stoß in den Rücken. Ich stolperte über den holprigen Boden zu meinem Rad.

Erst als ich aus dem Dorf heraus war, beruhigte sich mein Atem wieder. Der Tacho zeigte 35 Stundenkilometer an. Es war das erste Mal, dass ich mit meinem neuen Rad richtig Tempo gemacht hatte.

Kurz vor einer kleinen Brücke bremste ich kräftig. Ich stieg ab und lehnte das Rad an eine niedrige Steinmauer. Dann nahm ich ein paar Meter Abstand, senkte die Lider und betrachtete das stolze Modell. Stijn hatte recht gehabt, damals in seinem Laden. Die Räder sahen aus wie Brüste. Perfekte, runde Brüste aus Kunststoff.

Mit den Fingern strich ich über das glatte Carbon der Felgen. Die schwarzen Speichen zeigten auf die Mitte des Rads. Zu der makellosen Lackschicht des Rahmens passten die Flügelmuttern überhaupt nicht. Die Designkappen hatte ich noch in meiner Rückentasche. Ich holte sie heraus.

Zwei schwarze Brustnippel, ohne Betäubung amputiert von einem Markthändler.

Hôtel Neuf

Die Internetseite des Hôtel Neuf hatte ich zu Hause voller Vorfreude studiert. Die Beschreibung versprach gepflegte Zimmer in einem umgebauten Schloss, eine für lange Fahrradtouren geeignete Umgebung und – nicht unwichtig – einen Whirlpool.

Innerhalb eines einzigen langen Tages war ich über gebührenpflichtige Autobahnen ins Languedoc gefahren. Abends gegen halb zehn näherte ich mich dem Landgut. Ich ließ das Fenster herunter und sog den Duft der Gegend ein. Es roch nach trockenen Tannennadeln. Über eine unbefestigte Straße durch Felder voller Weinranken gelangte ich schließlich zu einer geschlossenen Pforte. Ein Schild gab an, dass man mit dem Auto dicht an das Stahltor heranfahren sollte, dann würde es von selbst aufgehen. Die Mauern des Hotels waren blass, die mit goldenen Fransen verzierten Markisen ganz ausgeblichen.

Ein Portier tippte zur Begrüßung mit den Fingern der rechten Hand an seine Mütze. Sein weinrotes Sakko war ihm an den Schultern zu weit. Der Mann wirkte dadurch kleiner, als er tatsächlich war. Ich nickte höflich und wurde zu einem Parkplatz unter riesigen Bäumen dirigiert. Lauter teure Autos mit Nummernschildern aus Deutschland, Belgien, England, Luxemburg. Viele davon mit hohem Einstieg, wie mir auffiel.

Ein Angestellter kam den Weg entlang auf mich zu geeilt. »*Bienvenue à l'Hôtel Neuf. Votre valise, s'il vous plaît?*«

Es lag nur ein einziger Koffer hinten im Wagen, und der wog keine zehn Kilo. Sofern es mir körperlich an nichts fehlt, mache ich so was lieber selbst. Mit Kofferträgern hab' ich es nicht so. Es hat immer eine gewisse Peinlichkeit, wenn man dann im Zimmer steht und nach einem Euro Trinkgeld suchen muss.

Aber der Angestellte hatte die Heckklappe schon geöffnet und das Gepäck aus dem Kofferraum herausgefischt. Wie ein Schoßhündchen lief ich hinter ihm her. Auch dieser Mann trug ein zu weites Hotelsakko. Weinrot, das war offenbar die Farbe des Hauses.

»Der *patron* ist gleich bei Ihnen«, sagte er. »Ich bringe Ihren Koffer schon auf Ihr Zimmer.« Er trippelte in den offen stehenden Fahrstuhl hinein. Die Türen schlossen sich.

In der Lobby stand ein weißer Flügel. Auf dem Deckel prunkten zwei aufgeschlagene Alben. Neugierig sah ich mir die Fotos und die erläuternden Texte an. Ausführlich war hier der Umbau des Schlosses in ein Hotel dokumentiert.

Das Schloss war um 1950 herum von einer reichen französischen Familie gekauft worden. Diese war Eigentümerin einer *manufacture royale* gewesen, einer königlichen Textilfabrik, die ein paar Kilometer weiter an einem Fluss lag. Als der Handel mit Kleidung zusammengebrochen war, war das Unternehmen pleite gegangen. Auf der Suche nach neuer Arbeit waren die Mitglieder der Familie aus der Gegend weggezogen. Das Schloss hatte in den sechziger Jahren halb leer gestanden. Die unbewohnten Teile waren rasch verfallen. 1969 hatte der letzte Familienangehörige die Tür hinter sich zugezogen. Und den Schlüssel im Schloss stecken lassen. Falls noch irgendjemand hineinwollte.

Auf einem Foto von 2001 war der erbärmliche Zustand des Schlosses noch gut zu erkennen. Der heutige Eigentümer Christian und seine Frau Coco hatten das Anwesen damals zum ersten Mal besucht. Ich las den handschriftlichen Text unter dem Bild. Anstelle von Punkten hatte Coco kleine Blumen über die Buchstaben gemalt. »Christian und ich standen am 14. März auf der zertrümmerten Freitreppe des Schlosses.

Die Eingangstüren hingen lose im Rahmen, wir kamen einfach so hinein. Der erste Anblick war schrecklich.«

Ich blätterte weiter und stieß auf das Foto einer baufälligen Toilette. Cocos Bildunterschrift: »Selbst die Kot-Fossilien in den Klosettbecken konnten Christian nicht abschrecken.«

Auf der nächsten Seite war ein Foto von Christian, der auf seine Hose zeigte. »Christians von einem alten Nagel in der Wand zerrissene Hose.«

Je weiter ich blätterte, desto deutlicher sah ich, wie hart hier gearbeitet worden war, um aus dem verrotteten Schloss ein schönes Hotel zu machen.

»*Welcome in Hôtel Neuf, monsieur eh … de Pays-Bas.*«

Der Eigentümer des Hotels stand vor mir. Ich erkannte ihn an seinem spitzen Gesicht und der schiefen Brille von den Fotos im Album, obwohl er inzwischen ein ganzes Stück älter aussah. Er trug eine Cordhose. Weinrot.

»*Leibnitz, I'm the owner of this beautiful pleezz.*«

Wenn sogar sein Personal Französisch sprach, warum musste dieser Schweizer sich dann auf Englisch ausdrücken?

»*Follow me*«, sagte Leibnitz.

»*Merci beaucoup*«, antwortete ich.

Wir gingen zu einem Schreibtisch aus Eichenholz. Dort lag alles bereit, das Registrierungsformular und ein altmodischer Schlüssel mit einem Plüschkobold als Anhänger. Zimmer 214.

»Sie haben in Ihrer Mail geschrieben, dass Sie eine Fahrradtour machen wollen? Da haben Sie Glück, morgen soll strahlendes Wetter werden. Meine Frau Coco hat schon eine Route für Sie entworfen. Sie lässt sich übrigens entschuldigen, sie verkauft heute Abend ihre selbstgemachte Brombeermarmelade auf dem Dorffest.« Leibnitz warf sich einen rosafarbenen Pullover über die Schultern, dessen Ärmel er lose vor der Brust verknotete. »Folgen Sie mir doch bitte zum Lift.«

Er drückte auf den Knopf. Zusammen schauten wir auf die Leuchtanzeige über den geschlossenen Türen. Sie blieb lange auf 2 stehen.

»Es ist nicht der Schnellste«, sagte Leibnitz. Er gab einen kurzen Pfiff von sich, als wollte er einen ungehorsamen Hund rufen. Es half nichts.

Quälend langsam glitten die Lifttüren schließlich auseinander. Leibnitz schlüpfte rasch an mir vorbei und drückte auf einen Knopf.

»*Zzere you go*«, sagte er. »Ich wünsche Ihnen einen sehr angenehmen Aufenthalt in unserem schönen Hotel. Ihr Zimmer ist im zweiten Stock.«

Mit dem Kobold in der Hand lief ich über den Flur zu meinem Zimmer. Ich machte die Tür auf und suchte nach dem Lichtschalter. Eine Deckenleuchte ging an. Der Angestellte hatte meinen Koffer schön ordentlich in ein niedriges Regal gelegt.

Ich schüttelte meine Slipper ab und ließ das Zimmer auf mich wirken. Gardinen mit Kobolden, ein Riesenpilz als Tisch und eine Fotobettdecke mit Herbstblättern. Vorsichtig drückte ich die Tür zum Bad auf. Zwei lebensechte Steintrolle hielten einen Spiegel hoch. Zwischen diesen beiden monsterhaften Damen sah ich mein eigenes Spiegelbild. Ich zog mich aus, putzte mir die Zähne und zielte dabei mit dem Urinstrahl kurz auf die Nase eines weiteren, lachenden Trolls, der direkt neben dem Klo stand.

Meine Güte, dieses Hotel hatte ich für zwei Nächte gebucht. Auf der Internetseite hatte Coco irgendetwas davon geschrieben, sie hätte jedes Zimmer nach einem bestimmten Thema individuell eingerichtet. Jetzt erst wurde mir klar, wie das gemeint war.

Auf dem zweiten Kissen am Kopfende des Betts lag eine Zipfelmütze. Ich warf das Ding auf den Boden und machte das Licht aus. Als ich mich umdrehte, spürte ich etwas Haariges unter der Decke. Ich machte das Licht wieder an und schlug die Decke zurück. Es war eine Puppe, ein kleine Koboldin.

Ich hätte es wissen müssen. Ein Viersternehotel mit dem Namen Hôtel Neuf ist verdächtig. In Hotels, deren Namen etwas aussagen, fühlt man sich eigentlich immer wohl: Hôtel de la Poste, Hôtel Belvédère, Hôtel de la Gare. Hôtel Neuf hingegen, da zeigte schon der Name an, dass irgendetwas faul war. In den Niederlanden würde ich um ein Hotel Nieuw ganz sicher einen großen Bogen machen. Mir war jetzt klar, warum dieses Hotel auf Buchungsseiten nur vier Sterne bekam und keine fünf. Hôtel Neuf war wie ein schöner Körper mit einem abstoßenden Parfum.

Mit einem kräftigen Tritt beförderte ich die Koboldin aus dem Bett heraus.

Im Frühstückssaal schaute ich mich um. An den Tischen saßen lauter alte Leute. Hatte ich auf der Internetseite des Hotels irgendetwas übersehen? Neben mir hielt ein Mann ein Zuckertütchen über seinen Tee. Er brauchte sich nicht die Mühe zu machen, das Ding zu schütteln – das ging von selbst. Seine Frau biss kleine Stücke von einem Baguette ab. Einen Tisch weiter saßen sich zwei Damen gegenüber. Sie hatten die siebzig überschritten und trugen beide genau dasselbe beigefarbene Sommerkleid. Zwei zum Preis von einem. Eine der beiden schnitt gerade ihr Croissant in kleine Stücke, die sie dann mit einer Gabel nacheinander in ihren Mund beförderte.

In einer Ecke des Saals saß ein Mann ohne Begleitung. Er war zwischen vierzig und fünfzig, schätzte ich, und trug eine Ray-Ban-Sonnenbrille sowie eine Schirmmütze mit einem Logo, das ich nicht kannte. Die Mütze hatte er nicht richtig übergezogen, sondern sie lag nur lose auf seinen rotbraunen Locken. Mit einem Löffel harkte der Mann große Stücke Omelette von seinem Teller. Die Ellbogen stützte er auf die Armlehnen eines Rollstuhls.

Die Bedienung bemerkte, dass ich ihr winkte. Sie kam fröhlich zu mir hinüber.

»Bonjour. Welches ist Ihre Zimmernummer, bitte?«

Ich hob den Schlüssel hoch und ließ kurz den Kobold in der Luft tanzen.

»Ah *oui*, das Koboldzimmer. Nummer 214.«

Ich ließ den Plüschkobold mit seinem runden Gesicht nicken, setzte einen schiefen Blick auf und drückte meine Wangen prall. Das Mädchen schaute sich kurz um und beugte sich dann vor. »Es geht noch viel schlimmer.«

»Unmöglich«, sagte ich.

»Wie wär's mit dem Fledermauszimmer? Komplett schwarz gestrichen, schwarze Bettwäsche. Sogar schwarzes Klopapier.«

Ich nickte. »Und haben Sie auch etwas eher Abenteuerliches im Angebot, *mademoiselle*?«

»Da kann ich Ihnen das Ritterzimmer empfehlen. Schwerter über dem Bett, Schilde an der Decke, Kettenhemden an der Wand.«

Ich kreuzte die Zeigefinger vor dem Gesicht. »*En garde!*«

Ich bekam eine unbändige Lust, jünger zu erscheinen, als ich war.

»Heißen Kaffee oder lauwarmen Tee?«, fragte sie grinsend.

»Eichelkaffee?«

Sie schaute über meine Schulter hinweg zur Tür. Sofort legte sich wieder ein seniorenkompatibler Ernst auf ihr Gesicht.

»Gut, also Kaffee, der Herr, kommt sofort.«

In meinem Rücken näherten sich langsame Schritte. Die Ankunft des rosa Pullovers.

»Gut geschlafen, Herr Radsportler?«

»Ja, herrlich. Ich kam mir vor wie in einem Märchen von Hans Christian Andersen.«

Der Mann mit dem rosa Pullover strahlte. Er zog den Knoten seiner Lammwoll-Ärmel fester.

»Ich werde meiner Frau Coco sagen, dass Sie die Einrichtung schön finden. Da wird sie sich freuen.«

Schnell lief der rosa Pullover zu den anderen Tischen weiter, um sich auch dort zu erkundigen, ob es allen schmeckte.

Zurück in meinem aufgeheizten Zimmer legte ich mich auf das ungemachte Bett. Nach einer Übermenge von französischem Kaffee, zwei Croissants mit Kokosmarmelade und einem Omelette musste ich erst einmal den Gürtel ein Loch weiter schnallen. Mit der Fernbedienung zappte ich die Kanäle durch, bis ich bei einem Schwarzweißfilm auf RAI hängen blieb. Ein Jugendlicher fuhr mit seinem Scooter auf dem Autobahnring um Rom. Der Tacho wurde in Nahaufnahme gezeigt: 95 km/h. Der Junge gab weiter Gas und riss dann sein Vorderrad hoch. Er fuhr an einer Gruppe von Freunden vorbei, zog den Schlüssel aus dem Zündschloss und winkte ihnen kurz damit zu, während er auf dem Hinterrad balancierte. Die Freunde am Straßenrand reagierten euphorisch auf das Kunststück. Der Junge steckte den Schlüssel wieder hinein, ließ den Motor an und landete mit dem Vorderrad auf der Straße.

»*Yeah*«, rief ich vom Bett aus.

Als er zum Stehen kam, lief ein Mädchen, dem die glatten Haare vor die verträumten Augen fielen, auf ihn zu, nahm sein Gesicht in die Hände und küsste ihn ausdauernd auf den Mund. Die Kamera fuhr um die beiden herum.

Ich zappte weiter. Auf Eurosport lief die Wiederholung eines Segelwettkampfs. Ich zog das zweite Kissen unter meinen Kopf und verfolgte die Boote auf dem Bildschirm. Ein langweiliger Sport zum Zugucken, ohne richtiges Finish. Die Koboldin lag neben mir auf dem Boden. Ich hob sie an den kurzen Beinen hoch und ließ sie mir vor dem Gesicht baumeln. Sie guckte ziemlich blöde aus der Wäsche.

Mit der linken Faust versetzte ich ihr einen Kinnhaken. Sie knallte hoch oben gegen die Wand und purzelte dann hinter den Fernseher.

Ich stellte den Ton ab und schaute jungen Frauen dabei zu, wie sie ihr Boot im aufgewühlten Wasser unter Kontrolle hielten. Eine der beiden hing in einem Trapez. Mit dem Rücken streifte sie die Wasseroberfläche. Harte Arbeit. An ihrem Körper war nicht das kleinste Fettpölsterchen zu entdecken. Das waren Spitzensportler.

Meine Beine waren immer noch steif von der Autofahrt. Ich brauchte dringend Bewegung. Mit der Hand strich ich über meine Schenkel zum Bauch. Nein, das war kein Sixpack. Weit davon entfernt. Aber verglichen mit den anderen Gästen hier im Hôtel Neuf hatte ich den Körper eines jungen Gottes. Die anderen würden sich bestenfalls an eine Viertelstunde Morgengymnastik wagen. Vorausgesetzt, es war ein Defibrillator in der Nähe.

Als ich die Augen wieder öffnete, flimmerte gerade eine Autowerbung über den Bildschirm. Die Digitaluhr unter dem Fernseher zeigte halb zwölf an. Ich hatte fast zwei Stunden geschlafen.

Es war höchste Zeit, ein bisschen Sport zu machen. Mein Rad lag noch in dem Sarg auf dem Autodach. Bis vor kurzem hatte ich gedacht, die Dinger wären nur für Skier. Und für Leichen, wie in schlechten Spielfilmen. Aber ein Fahrrad passte auch wunderbar hinein, obschon man erst die Laufräder herausnehmen musste.

Ich nahm den Hörer des Telefonapparats neben meinem Bett und wählte die 9.

»*La réception, bonjour.*«

»*Madame Coco?*«, fragte ich, wobei ich so französisch zu klingen versuchte wie möglich.

»*Yes.*«

»*C'est chambre* 214. Ich komme gleich die Fahrradroute bei Ihnen abholen, in Ordnung?«

»*Yes, very nice. À bientôt.*«

Ich stand auf und zog mich um. Dabei entschied ich mich für das Trikot, das ich im Internet bestellt hatte: ein Modell in den Farben braun und seegrün, mit einem weißen Querstreifen in der Mitte, auf dem in Großbuchstaben das Wort GALIBIER prangte, als Hommage an den hohen Alpenpass, der seit 1911 bei der Tour de France bezwungen wird. Das würden die Einheimischen aus dem Languedoc zu schätzen wissen, traditionsbewusst, wie die Franzosen waren – vor allem im Hinblick auf ihre eigene Geschichte.

Durch einen Seitenausgang verließ ich das Hotel und ging zu meinem Wagen. Ich streckte mich, um den Skikoffer aufzuklicken und den Fahrradrahmen herauszuheben. Neben mir hatte ein Nissan geparkt, von dem aus ein Mann mich beobachtete. Belgisches Nummernschild. Keine Sprachbarriere. Der Mann steckte den Kopf durchs Autofenster.

»Heutzutage wiegen diese Kunststoffdinger fast nichts mehr, stimmt's?«

Diese Bemerkung hatte ich schon so oft gehört.

»Ich fahre noch einen Stahlrahmen«, antwortete ich ruhig.

»Haben Sie da nicht Angst, dass Sie stürzen? Ein kleines Steinchen auf der Straße, und hopp, schon liegen Sie da.«

»Es gibt auch Leute, die tot in ihrem Bett gefunden werden«, sagte ich.

Schweigen.

Ich hob den Rahmen über meinen Kopf und stellte ihn vorsichtig auf den Boden. Dann holte ich die beiden Laufräder aus dem Kofferraum. Ich setzte sie ein und zog sie fest.

»Na, dann gute Fahrt«, sagte der Mann.

»Merci.«

Ich schob das Fahrrad zum Hotel. Jetzt noch die Routenbeschreibung abholen und dann nichts wie weg. Ich lehnte das Rad neben dem Eingang an die Wand.

Madame Coco stand neben der Rezeption hinter einem Tisch mit kleinen Marmeladengläsern und Eselsmilchseife.

»Ah, da sind Sie ja«, sagte sie. Sie winkte mir mit der Kopie einer Karte, auf der sie die Fahrradstrecke eingezeichnet hatte. »Das ist eine schöne Strecke von vierzig Kilometern. Einer unserer Ober aus dem Restaurant hat sie entworfen. Er kommt hier aus der Gegend und fährt auch gern mal eine Runde. Nicht zu hügelig, wenig Autos, prächtige Naturumgebung.«

Mit dem Finger verfolgte ich die mit Rotstift eingezeichnete Strecke.

»Ach ja, noch etwas. Wenn ich so frei sein darf: Ich habe einem anderen Gast, Mister Collins, von ihrem sportlichen Vorhaben erzählt, und er würde gern mit Ihnen mitfahren.«

Ich überlegte. Ich fuhr eigentlich am liebsten alleine Fahrrad. Gesellschaft war so ungefähr das Letzte, was ich mir dabei wünschte. Mit ein paar Freunden in Rotterdam fuhr ich manchmal ein Stück an der Rotte entlang. Wir kannten die Kräfte der anderen, fuhren gern schnell und auch ab und zu mal eine kleine Attacke, aber nie mit dem Ziel, einander abzuhängen. Meistens fuhren wir alle im selben Tempo.

»Mister Collins wartet schon fertig umgezogen in seinem Zimmer im Erdgeschoss. Er hat mich gebeten, ihn anzurufen, wenn Sie einverstanden sind. Dann ist er sofort hier«, sagte Coco.

Anscheinend waren meine Zweifel mir anzusehen.

»Oh, Sie brauchen keine Angst zu haben, ihn nicht zu verstehen. Er ist Amerikaner.«

Ein Amerikaner. Fuhr bestimmt so ein hässliches Trek-Modell. Wetten? Oder ein Ridley. Ein ehemaliger Radprofi hatte mal behauptet, Ridley-Rahmen würden aus alten Ofenrohren hergestellt. Es waren Räder ohne Stil.

Ich holte tief Luft und atmete sie langsam und lautlos durch die Nase wieder aus.

»Okay«, sagte ich.

Madame Coco nickte. Sie nahm das Telefon und tippte eine Nummer ein.

»Bonjour, *this is Coco calling. It's all right. You're welcome. Okay, bye.*«

Sie beendete das Gespräch.

»Mister Collins wird in ein paar Minuten am Eingang des Schlosses sein. Viel Spaß!«

Ich ging nach draußen und sah die beiden älteren Damen, die ich schon vom Frühstück kannte, bei meinem Rad stehen. Die eine hatte meine Trinkflasche in der Hand und roch gerade an dem Nippel. Als sie mich kommen sah, erschrak sie.

»Oh, da sind Sie ja schon wieder. Darf ich fragen, was hier drin ist?« Es waren Niederländerinnen, anscheinend Schwestern.

Ich nahm ihr die Flasche aus der Hand. »Ein isotonischer Durstlöscher mit einer ausgewählten Kohlenhydratkombination, durch den verloren gegangene Mineralstoffe sofort wieder ersetzt werden.«

»Es roch ein wenig nach Zitronensaft«, verteidigte sich die Frau mutig.

»Nein, da sind Frühlingszwiebeln drin, mit einem Hauch von Koriander und Safran.«

Die Frau sah ihre Schwester an, halbwegs verwirrt. »Verstehe, ja«, sagte sie. Sie hakte sich bei ihrer Schwester ein und zog sie mit. Langsam gingen sie in den Garten.

Zwischen den Parkplätzen und dem Eingang des Hotels gab es eine Terrasse. Ein großer Teil der Stühle im Schatten war von Hotelgästen besetzt. Die Greise hatten mir allesamt die Köpfe zugewandt. Als hätten sie noch nie einen Mann auf einem Fahrrad gesehen.

»Hi, I'm Fats«, sagte eine Stimme in meinem Rücken.

Ich drehte mich um. Das war also Mister Collins. Ich erkannte ihn an seiner Schirmmütze wieder. Ein Mann ohne Beine. Er saß in einem niedrigen Schalensitz, der mit verchromten Rädern versehen war.

Ich reichte ihm die Hand.

Fats trug ein überdimensioniertes ärmelloses T-Shirt, auf dem in einer brachial wirkenden Schrift das Wort HELL zu lesen stand. An den Rädern waren zwei Greifreifen befestigt, die er mit den Händen drehen konnte. Von seinem Schalensitz aus lief ein schmaler Rahmen nach vorn, mit einem kleinen Schwenkrad am Ende.

»Let's go!«, rief Fats. Geschickt setzte er mit den Händen die Räder in Bewegung und fuhr zum Tor hinaus.

Erst mitten auf der Zufahrtsstraße hatte ich ihn eingeholt. Ich musste so normal wie möglich mit dieser Situation umgehen, nahm ich mir vor. Das hier war eine völlig normale Fahrradtour mit einem Mann, der keine Beine hatte und dafür eben die Kraft seiner Arme einsetzte.

»Hier rechts«, sagte ich.

Die Namen der Dörfer, auf die wir Kurs nehmen mussten, hatte ich mir eingeprägt. Und für den Notfall standen sie auch auf der zusammengefalteten Karte von Coco, die ich eingesteckt hatte.

Die schmale Asphaltstraße führte uns durch eine glühende Landschaft. Die Bauern hatten das Heu zusammengebunden. In großen runden Ballen lag es auf den Feldern.

Es war gut, dass Fats dicke Handschuhe anhatte, denn er ließ sich nicht lumpen und gab den Greifreifen an seinen Rädern ordentlich Schwung. Auf Höhe seines unrasierten Gesichts befanden sich zwei Hebel für die Gangschaltung.

Die ruhige Straße, die wir jetzt entlangfuhren, war ein Stück flacher. Hier konnte ich risikolos neben ihm fahren.

»Dir macht das Spaß, was?«, fragte ich.

Mit ernstem Blick schaute er geradeaus. »Was meinst du?«

»Na, du machst ziemlich Tempo.«

»Was hast du erwartet?«, fragte Fats verärgert. »Dass ich wie ein Häufchen Elend auf einer Decke bei den Tanten im Hôtel Neuf herumsitze, nur weil ich keine Beine habe? Come on!«

Er schaltete einen Gang hoch und beschleunigte sein Tempo. Ich schaute auf meinen Tacho. 33 Stundenkilometer. Ziemlich schnell für einen Handbikefahrer.

Das war noch ein waschechter Amerikaner: unkompliziert und geradeheraus.

»Autounfall?«

»Nein, Sprengfalle, in der Gegend von Dschalalabad. Taliban. *Motherfuckers.*«

In Sachen Direktheit wurde ich von Fats noch übertroffen.

»Woher kommst du?«

»Aus Buckeye, in der Nähe von Phoenix, Arizona. Kennst du den Gila National Forest? Da war ich im Urlaub von Afghanistan immer auf meinem Mountainbike unterwegs, als ich die verdammten Beine noch hatte. Elche und Bären, das waren meine Freunde dort in den Bergen. Oft habe ich hoch oben in der Wildnis übernachtet und in einem Zelt geschlafen.«

Fats war nicht im Geringsten außer Atem.

Wir kamen durch ein Dorf. Von Cocos Streckenkarte her erinnerte ich mich an den Namen. Hinter dem Ortskern würde es kräftig bergauf gehen, mit einer Steigung von sechs Prozent zu einem höher gelegenen Wald.

»Gleich wird es kurz steil«, sagte ich. Mir war klar, dass es für Fats verdammt schwer werden würde.

In der Ferne sah ich bereits den Asphalt ansteigen.

»*Allez, allez!*«, rief ein Mann am Straßenrand. Er hatte einen dreckigen Overall an und wischte seine Hände an einem Putztuch ab.

»*Fuck off, French pig!*«, hörte ich neben mir.

Wir hatten den steilen Abschnitt erreicht. Fats' Vorderrad schlingerte von links nach rechts. Sein T-Shirt war schon von Schweiß durchtränkt. Er kam im Schritttempo voran. Ich nahm eine Hand vom Lenker und schob ihn kurz an.

»*No pushing, fucker!*«

»Sorry«, sagte ich schnell und zog die Hand zurück.

Er wollte aus eigener Kraft hinaufkommen. Und er schaffte es auch. Kaum hatten wir den höchsten Punkt erreicht, fiel der Weg wieder ab. Fats schaltete einen Gang hoch und drehte fanatisch an seinen Rädern. Die Beschleunigung war rasant. Furchtlos stürzte er sich in die Abfahrt.

Er legte sich mit dem Oberkörper in die Kurven hinein. Ich schaute auf meinen Tacho: 62 Stundenkilometer.

Fats war verrückt.

Ich musste daran denken, wie ich nach der Schule eine Weile als Pflegehilfe gearbeitet hatte. Ein halbes Jahr hatte ich in einem Pflegeheim verbracht, um Geld für eine Reise zu verdienen. In einem kleinen Zimmer hatte ein blinder Surinamer gelebt, der keine Beine mehr hatte. Sie waren von der Zuckerkrankheit zu schwer angegriffen gewesen. Der Mann wollte sich bei kaum etwas helfen lassen. Er war unverwüstlich. Vieles von dem, was er vorher mit den Beinen gemacht hatte, tat er jetzt mit den Armen. Er konnte sich mit den Armen aus dem Bett in einen Rollstuhl hieven. Nur alleine aufs Klo kam er nicht, und in meinem Dienst musste ich ihm dabei helfen. Es war das erste Mal, dass ich Stümpfe von Gliedmaßen gesehen hatte: schwarze Ballons, an der Unterseite zusammengeknotet.

Die Abfahrt war vorbei. Fats und ich fuhren wieder nebeneinander.

»Nach dem Unfall habe ich an ein paar Marathons teilgenommen«, sagte er keuchend. »In Boston und in New York. Aber das war nichts. Da musst du eine halbe Stunde nach den Läufern starten und kommst trotzdem noch vor ihnen an. Das hat die Organisatoren ziemlich angekotzt. Und die Leute vom Fernsehen sowieso. Standen da herum und warteten auf einen schnellen Kenianer mit dünnen Beinchen, und plötzlich kam ich mit meiner Seifenkiste vorbeigesaust. Die Panik auf deren Gesichtern, wenn ich über die Ziellinie fuhr. Haha. Motherfuckers.«

Fats' Oberarme waren fast so dick wie meine Schenkel. Ich musste ein ganz schönes Tempo fahren, um nicht zurückzufallen. Ab und zu fuhr ich hinter seinem breiten Rücken im Windschatten. So wie Bahnradfahrer eine windgeschützte Position hinter einem korpulenten Schrittmacher einnehmen. In Formation fuhren wir durch den Ortskern des nächsten Dorfs hindurch. Bei der traditionellen Bar Tabac ragte eine Terrasse vor. Bremsen war nichts für Fats. Als wir über die Dorfkreuzung hinweg bretterten, schaute ich vor lauter Angst zu Boden. Zum Glück kam nichts von rechts. Als ich wieder aufblickte, sah ich, wie die Gäste von der Terrasse zu uns hinüberstarrten, die Augen mit der Hand gegen die Sonne abgeschirmt.

Bei einem Feld voller Sonnenblumen winkte Fats mit der Rechten. Er lenkte sein Handbike immer weiter nach rechts. Als er kaum noch Fahrt hatte, fuhr er das Ding in die Böschung und bremste.

»Noch so ein Nachteil dieses Unfalls: Seitdem muss ich dauernd pissen. Ist alles hinüber, da unten.«

Diskret wartete ich, schräg hinter ihm auf der Straße. Er schob sich an den Rand des Schalensitzes und fummelte am Schritt seiner Hose herum. Dann ließ er seine Blase leertropfen. Einen Strahl konnte man das nicht nennen.

»Echt bescheuert. Da war ein Druck drauf wie bei einem Feuerwehrschlauch, und am Ende kommt dann so etwas dabei raus.« Es tröpfelte weiter.

Was sagte man zu einem Mann ohne Beine, der sich in der Böschung mit dem Pinkeln abmühte?

»Pass auf, dass du dir nicht auf die Schuhe pisst«, rutschte es mir heraus.

Erst hüpfte nur Fats' Rücken leicht auf und ab, dann brach er in schallendes Gelächter aus. Er stopfte sein Gehänge zurück in die Schlabberhose und drückte sich mit komischen Hüftbewegungen wieder in seinen Fahrradsitz. Ehe ich mich versah, hatte er die Handbremsen gelöst und ein Stück zurückgesetzt. Jetzt stand er wieder auf der Straße.

Ich schaute ihn an, er lachte. »*Like your style, motherfucker*«, sagte Fats. Er hob die Rechte, damit ich ihm fünf gab. Der Handschuh war alles andere als trocken, aber ich klatschte ihn trotzdem voll ab.

Es war heiß geworden. Ich zeigte auf einen Schwalbenschwanz. Der Schmetterling mit den gelb-schwarzen Flügeln flatterte von einem Ast zum nächsten, steckte den Rüssel in violette Blumen und saugte den Nektar ein.

»Schönes Leben haben die. Flattern herum, genießen die Natur, essen und trinken ein bisschen im Sonnenschein«, sagte ich.

Es kam noch ein zweiter Schwalbenschwanz zu der Blume geflogen. Ich kannte mich mit Schmetterlingen zu wenig aus, um beurteilen zu können, ob es sich um ein Paar handelte.

»Und sie werden nicht besonders alt. Auch eine feine Sache«, sagte Fats.

Er sog an dem durchsichtigen Schlauch, der aus seiner Trinkflasche kam. Eine blaue Flüssigkeit stieg der Schwerkraft entgegen in seinen Mund. Sein Nektar.

»Bist du alleine in dem Hotel zu Gast?«, fragte ich.

Fats nickte. »Vor drei Jahren hatte ich schon mal ein Zimmer im Hôtel Neuf. Mit meiner Frau. Sie war verrückt nach dem Rotwein aus der Gegend hier. Bitch. Hat mich verlassen. Sie kam nicht damit klar, dass ich meine Stelzen los war.«

Er sog noch einmal an dem Sportgetränk in seinem Bidon. Ich sah, wie sein Adamsapfel sich beim Schlucken auf und ab bewegte.

»Oh, ich tat ihr so leid, in den ersten Monaten. Rollstuhl schieben, mich ins Bad stecken, Haare waschen. Aber wie gesagt: Da unten ist bei mir tote Hose. Kein Jahr hat es gedauert, dann war sie weg, mit einem Freund von mir, der bei der Armee war. Ein steifer Schwanz auf zwei Beinen.«

Fats starrte vor sich in die Sträucher. Die Schmetterlinge waren mittlerweile fortgeflogen. Um die leer gesogenen Blumen kreiste eine Hummel. Die scheue Bewegung wirkte, als würde das Insekt sich in dem schmalen Kelch nicht zu landen trauen. Dann flog es schnell davon.

»Und du? Auch allein?«

»Äh, hier schon, ja. Meine Frau ist in den Niederlanden geblieben. Sie muss arbeiten.«

Fats sah mich an. »Ist doch prima, oder? Kannst du hier in Ruhe Fahrrad fahren, ohne dir ständig irgendein Gewäsch anhören zu müssen. Ist sie klug?«

Ich nickte.

»Und hübsch wahrscheinlich auch, oder?«

Ich nickte noch einmal. »Ja. Unglaublich lange Beine.«

»*Motherfucker*.«

Den letzten Streckenabschnitt fuhr ich hinter dem Rücken von Fats. Woher nahm er die Energie? Außer bei einer Kletterpartie einen steilen Hügel hinauf fiel der Tacho nie unter 30 km/h. Fats führte sein ganzes Leben mit einem halben Körper. Ob er unter Phantomschmerzen litt? Je mehr ich mich auf seine Arme fixierte, desto mehr kamen sie mir vor wie Beine: behaarte Beine, mit Ellbogen wie knöchrige Knie. Er hatte es vielleicht nicht mehr so in der Hose, aber dafür steckte ein eiserner Wille in seinem halben Körper.

Wir fuhren den unbefestigten Weg zum Hôtel Neuf hinauf, bis wir an das Automatiktor kamen. Mit den Vorderrädern fuhren wir ganz dicht heran, aber es blieb fest verschlossen. Anscheinend reagierte das System nur auf Autoreifen. Erst als ich auf eine Klingel an der Mauer drückte, setzte sich die Mechanik knarrend in Bewegung.

Auf dem Landgut war alles wie gehabt. Der Portier mit dem weinroten Sakko tippte wieder an seine Mütze, als wir vorbeifuhren. Fats salutierte, ernsthaft, wie ein Offizier. Erhobenes Kinn, herausgestreckte Brust, die flache Hand an der Stirn. Es fehlte nur das Zusammenschlagen der Hacken.

Ich drehte den Fuß aus dem Pedal und hielt auf dem Parkplatz an. Auch Fats kam zum Stehen. Die Terrasse war voller Hotelgäste. Ein Ober bediente gerade die beiden Damen mit den identischen Kleidern. Zwei Tassen Tee, hätte ich gewettet. Die Gäste hatten uns noch nicht bemerkt.

Auf einem abgesägten Baumstumpf neben dem Entree saß das Mädchen vom Frühstück und rauchte eine Zigarette. Als sie mich erkannte, hob sie die Hand und klimperte mit den Fingern. Ich fand sie noch hübscher als am Morgen.

Fats, der unsere Begrüßung mitbekommen hatte, stieß einen James-Brown-Schrei aus und sang: »I feel good«.

»Durst?«, fragte ich ihn.

»A *Heineken*«, antwortete er.

Ein Heineken-Pils in Frankreich – dafür musste man ein reicher Mann sein. Ich winkte dem Mädchen. Sie trat ihre Zigarette aus und kam zu uns herüber.

»Wir würden gern eine Bestellung aufgeben«, sagte ich. »Oder bist du für heute durch mit der Arbeit?«

»Aber nein, was darf es denn sein?«

»*Heineken, bottles*«, sagte Fats und hielt zwei Finger hoch.

Überzeugt, dass Fats mitspielen würde, entschloss ich mich, eine Bitte an das Mädchen zu richten. Ich zwinkerte ihr zu.

»Kannst du uns die zum Whirlpool bringen?«

Sie zögerte. »Eigentlich ist am Pool kein Glas erlaubt.«

»Und eigentlich darfst du hier auch nicht rauchen«, sagte ich.

Sie sah uns schelmisch an und legte den Zeigefinger auf die geschlossenen Lippen.

Wie zu einem Schwur erhob Fats die Rechte.

Das Mädchen nickte. Auf den Zehenspitzen lief, ja schwebte sie davon.

»*Great chick*«, sagte Fats.

Der Pool befand sich etwa hundert Meter weiter im Garten und war über einen unbefestigten Weg erreichbar. Nur das allerletzte Stück musste man über den Rasen. Ich klickte die Füße in die Pedale ein und fing an zu treten. Natürlich wollte Fats nicht zurückbleiben. Er drehte wie wild an seinen Rädern. Wir rasten an der Meute vorbei, die auf der Terrasse eingedöst war.

Fats machte das Geräusch einer Hupe nach.

»*Attention, attention!*«, schrie ich.

Die Rentner erstarrten in ihren Stühlen. Eine der beiden Schwestern ließ ihre Untertasse ins Gras fallen.

Wir fuhren den Weg hinunter, dann das Stück übers Gras, und hielten beim Whirlpool an. Ich stieg ab. Aus dem Augenwinkel beobachtete ich, wie schwierig es für Fats war, alleine von seinem Handbike abzusteigen. Ich hielt ihm die Arme hin, aber er wollte nichts davon wissen. Mit den Armen drückte er seinen Körper nach vorn.

Erst als er sah, dass der Pool einen unpraktischen Einstieg hatte, nahm er meine Hilfe an. Wie ein verletzter Affe legte er mir die Arme um den Hals. Ich schleppte ihn zu den Stufen und half ihm ins Wasser hinein.

Es war ein großer Pool. Auch wenn wir uns einander gegenübersetzten, blieb noch jede Menge Platz. Er zog sein T-Shirt aus. Ich tat es ihm gleich. Die Worte GALIBIER und HELL lagen wie ein Radsportgedicht nebeneinander im Gras.

Die Bedienelemente für den Whirlpool befanden sich auf Kopfhöhe neben mir. Die Anordnung der Knöpfe sah kompliziert aus. Ich drückte einfach irgendeinen. Sogleich spürte ich in meinem Rücken harte Wasserstrahlen pulsieren. Unter Fats' Körper stiegen enorme Luftblasen auf. Er machte große Augen.

»*French garlic*«, wieherte er und wedelte mit den Händen.

»*Heineken, messieurs.* Ich setze sie bei dem Koboldzimmer auf die Rechnung.«

Das Mädchen ließ die beiden Flaschen über unseren Köpfen baumeln, es war fast wie bei einem Spiel auf dem Jahrmarkt. Gierig langten wir nach dem Bier.

»*Join us, baby*«, rief Fats dem Mädchen übermütig zu. Sie schüttelte den Kopf.

»Tut mir leid, ich muss noch Kobolde putzen.« Mit dem leeren Tablett ging sie über den Rasen zurück zum Schloss.

Ich drückte mit der Öffnung der Bierflasche auf einen anderen Knopf. Der Pool fing zu brausen an. Fats' Beinstümpfe wurden an die Oberfläche getrieben. Mir fiel auf, wie schlecht die Haut zusammengenäht war. Überall wildes Fleisch.

»Hier setze ich mich morgen Nachmittag wieder rein«, sagte ich. »Und du?«

Fats schwieg kurz. »Ich hätte schon Lust«, sagte er dann, »aber ich habe für morgen ein lächerlich teures Hotel in der Normandie gebucht. Ich will zu den Kreidefelsen, mir anschauen, wie die Alliierten da seinerzeit an Land gegangen sind. Und dann zu einem amerikanischen Friedhof. Diese unzähligen weißen Kreuze, da möchte ich ein Mal im Leben dran vorbeigefahren sein.« Er ließ sich mit dem Kopf unter Wasser sinken.

Jemand kam über den Rasen zu uns. An seinem ungleichmäßigen Gang erkannte ich ihn. Der Mann mit dem rosa Pullover.

»Alles nach Wunsch?«, fragte er.

»Durchaus«, antwortete ich.

Fats kam langsam und prustend wieder an die Wasseroberfläche.

»Dürfte ich Sie vielleicht bitten, zukünftig nicht mehr mit den Rädern über unseren Rasen zu fahren? Er ist gerade erst frisch gedüngt worden. Ach, und es wäre schön, wenn Sie den Whirlpool nicht zu lange auf dieser hohen Stufe laufen lassen würden. So verbraucht er nämlich sehr viel Energie. Merci.«

Er entknotete die Ärmel seines rosa Pullovers und ließ sie neben seinem Bauch baumeln.

Fats schaute dem Mann nach. »Was für ein Motherfucker. Stell das Ding noch mal eine Stufe höher, auf zehn.«

»Und das alles für nur 200 Euro am Tag«, sagte ich.

Absichtlich drückte ich alle Knöpfe gleichzeitig. Das Bad fing an zu dampfen und Strudel zu bilden. Fats zog seine Sporthose aus und warf sie zu seinem Handbike. Da wollte ich nicht zurückstehen. Die brausenden Wassermassen des Whirlpools hoben uns empor.

Wie zwei weiße Babys trieben wir auf den Fluten.

Platten

Hinter der Tür erklang Hundegebell und Gejaule. Krallen schrammten von innen über das Holz. Ich ließ die Klingel los und trat ein paar Schritte zurück.

Eine Frauenstimme.

»Smollie!«

Der Hund kläffte noch lauter.

»Smollie, aus!«

Die Tür des hölzernen Sommerhauses ging auf. Die Frau, die auf einer Kokosmatte stand, beugte sich vor, um den Hund im Zaum zu halten. Ihr blondes, ungekämmtes Haar hatte sie zu einem Pferdeschwanz zusammengebunden. Sie hatte große, fragende blaue Augen und einen stämmigen Körper, mit dem sie gerade noch in ihren rosa Trainingsanzug hineinpasste.

Sie richtete sich auf. Auf ihrer Brust stand das Wort LOVE.

»Was ist?«, fragte sie, während sie den Hund an seinem Halsband festhielt. Es war ein Bullterrier – an dem schweinsähnlichen Kopf erkannte ich diese Rasse immer sofort.

Zu Schulzeiten war ich auf einem Klassenfest mal von so einem Hund gebissen worden. Er war zu mir gekommen, als ich gerade in mein Mettbrötchen hineinbeißen wollte. Als ich ihn zu verscheuchen versuchte, biss er mich in die Hand. Seitdem mache ich um Bullterrier lieber einen großen Bogen. Und um alle anderen Hunde eigentlich auch.

»Ich, äh, bin gerade beim Fahrradfahren«, sagte ich.

»Ja, das sehe ich«, antwortete die Frau und musterte völlig ungeniert meine nassen nackten Beine.

Mein Fahrrad stand hinter mir ihm Regen an einem Gartenzaun.

»Ich habe einen Platten. Flickzeug habe ich dabei, aber leider keine Pumpe. Kann ich mir vielleicht eine leihen?«

Die Frau blies die Wangen auf und dachte nach. »Ich schau' mal gerade.«

Im Flur lag gelbes Linoleum, das sich an den Leisten gewellt hatte und hoch stand. Die Tür zum Schlafzimmer stand offen. Mein Blick fiel auf ein Bett mit zwei Schlafsäcken.

Die Frau schleppte den Hund an seinem Halsband ins Schlafzimmer und sperrte ihn dort ein. Sofort fing das Viech wieder zu bellen an.

»Der war schon so bösartig, als wir ihn bekommen haben. Eigentlich sollte er eingeschläfert werden«, sagte die Frau.

Ich nickte.

Sie öffnete einen Schrank, der neben der Garderobe stand. Im untersten Fach standen ein paar Müllsäcke, die randvoll mit Klamotten gefüllt waren. Sie schob sie zur Seite und beugte sich weit ins Schrankinnere vor. Der untere Teil ihres weißen Rückens wurde frei.

»Na, komm schon raus, Alte«, sagte sie. Triumphierend zerrte sie eine Fahrradpumpe heraus und hielt sie hoch. Eine Standpumpe, bei der das Rohr auf eine Holzplatte geschraubt war.

»Prima. Damit klappt es bestimmt«, sagte ich.

Ich stellte die Pumpe hin, zog den Griff hoch und drückte ihn wieder herunter. Ein paar Staubflusen wirbelten an der Fußbodenleiste entlang.

»Komm doch sonst kurz rein mit dem Rad. Das gießt ja in Strömen.«

»Danke, das ist nett. In einer Viertelstunde bin ich fertig.«

»Schau halt mal«, antwortete sie. »Ich bin noch eine Weile hier.«

Ich drehte das Fahrrad um und stellte es mit Sattel und Lenker auf den Boden. Es passte gerade noch in den kleinen Flur. Erst mal das

Profil des Reifens abtasten. Wenn eine Glasscherbe oder ein scharfkantiger Stein der Missetäter war, hatte ich das Loch bestimmt gleich gefunden. Das Schaltwerk tickte beim Drehen des Rads leise vor sich hin, der Reifen glitt durch meine Hand. Nichts. Überall schön glatt.

Die Frau war ins Wohnzimmer gegangen und hatte mir den Rücken zugewandt. Sie hatte stämmige Hüften, und unter der rosa Trainingsjacke lugte ein appetitliches Fettröllchen hervor. Um ihre blonden Haare hing eine Wolke von Zigarettenrauch.

Ich holte das Fahrradflickset aus dem Trikot, nahm zwei Reifenheber heraus und steckte sie zwischen Mantel und Felge. Vorsichtig zog ich den Schlauch heraus.

Mit einer Dose Cola in der einen und einer Zigarette in der anderen Hand kam die Frau zu mir zurück. Sie blies den Rauch aus.

»Geht's?«, fragte sie.

Ich hatte einen Adapter auf das Ventil geschraubt und pumpte ein paar Stöße Luft in den Schlauch.

»Ja, alles gut. Mal sehen, ob ich das Loch finde.«

Im Schlafzimmer schlug der Hund an.

»Verdammt, Smollie, halt's Maul!«

Bei dem Gebell konnte ich das Ausströmen der Luft nicht hören. Ich hielt den Schlauch ans Ohr. Dabei merkte ich, wie er zwischen meinen Fingern langsam schlaffer wurde.

»Schönes Häuschen. Noch Ferien?«, fragte ich.

Die Frau tat ihre noch brennende Kippe in die Coladose.

»Nein, mein Mann und ich wohnen hier das ganze Jahr über. Ist eigentlich nicht erlaubt. Offiziell ist es ein Sommerhaus, aber solange sich niemand beschwert, was soll's.«

In ihrer Trainingshose klingelte ein Mobiltelefon. Durch den Stoff sah ich das Display aufleuchten. Die Frau stellte die Dose auf ein Ablagebrett unter dem Spiegel und ging dran.

»Babs, hallo. Wo steckst du?«

(…)

»Stau? Wo denn?«

(…)

»Du weißt aber, dass es gleich anfängt, oder?«

Sie ging wieder ins Wohnzimmer und sprach dort weiter: »Ja, beeil dich, ich krieg' das Ding nicht wieder zum Laufen.«

Der Hund hatte sich endlich wieder eingekriegt. Ich pumpte noch einmal Luft in den Schlauch und hielt ihn ganz nahe an mein Ohr.

»Nur dass du dich nicht wunderst, da ist ein Mann bei uns im Flur. Er hatte keine Fahrradpumpe.«

(…)

»Ja, sehr witzig, Babs.«

Sie tigerte im Raum auf und ab, lachte laut.

»Nein, Jim ist nicht da. Der hat Bereitschaftsdienst. Er kommt so um neun. Ist gerade irgendwo in Dordt. Ein kaputter Fahrstuhl in einem Bürogebäude.«

(…)

»Okay, dann bis gleich.«

Sie steckte das Telefon wieder in die Hosentasche, zog das Gummi von ihrem Pferdeschwanz ab, schüttelte die Haare aus und band sie wieder zusammen. Dann verschwand sie von der Bildfläche. Ich hörte ein undefinierbares Gepolter, dann folgte ein lauter Knall. Sie hatte irgendwo draufgeschlagen.

»Scheißteil«, fluchte sie, mit lautem Zischen am Wortanfang.

Über meinem Kopf ertönte die Klingel. Sofort schlug der Hund wieder an. Weil die Frau aus dem Wohnzimmer nicht wieder auftauchte, beschloss ich, selbst zu öffnen. Sonderbar. Es war, als stünde genau die Frau, die gerade im Wohnzimmer herumlief, jetzt draußen vor der Tür, mit einem einzigen Unterschied: Ihr Trainingsanzug war rot. Auch auf ihrer Brust prangte das Wort LOVE.

Die Frau in Rot tat mit ausgestreckter Hand einen Schritt auf mich zu. »Hi, ich bin Barbara.«

Zwillingsschwestern. Genau wie ihre rosa Schwester trug Barbara das blonde Haar in einem Pferdeschwanz, und ihre Figur, der Teint, die Schneidezähne und die Augen waren ebenfalls gleich. Nur ihre Lippen waren bedeutend voller.

»Platter Reifen, was? Hab' ich schon von Erna gehört«, sagte sie.

Ich nickte. »Ja, ich bin aber gleich wieder weg.«

Barbara ging ins Wohnzimmer. Ich hörte, wie die beiden sich mit schmatzenden Küssen begrüßten. Vorsichtig steckte ich den Kopf durch die Tür.

»Entschuldigung, aber könnte ich vielleicht eine Schüssel mit Wasser haben? Dann würde ich das Loch leichter finden.«

Barbara ging in die Küche. Ich hörte, wie ein Schrank geöffnet und wieder geschlossen wurde. Sie kam mit einer Abwaschschüssel zurück.

»Wasser kannst du dir im Bad holen.«

Während ich die Schüssel zur Hälfte mit Wasser voll laufen ließ, hörte ich im Wohnzimmer die Stimmen der beiden Frauen, wiederholt unterbrochen von einem lauten Knall. Als würde jemand mit der flachen Hand irgendwo draufschlagen.

»Mein Gott, ich glaube, jetzt hat es schon angefangen.«

»Scheißteil.«

Die Stimmen der beiden Schwestern waren kaum voneinander zu unterscheiden.

Der Schlauch lag jetzt in der Waschschüssel, die auf dem Boden stand. Nachdem ich etwa ein Viertel inspiziert hatte, sah ich eine dünne Girlande von Luftbläschen aufsteigen. Das Loch war gefunden. Ich öffnete das Ventil, ließ die Luft entweichen und presste kurz die Zähne in das Gummi, um die Stelle zu markieren.

»Könntest du uns vielleicht kurz helfen?«

Die beiden Schwestern standen nebeneinander in der Tür. Rosa und rot, die Farben bissen sich, aber auf eine angenehme Weise.

»Natürlich. Wobei denn?«

»Wir kriegen den Computer nicht zum Laufen, und wir müssen uns gleich etwas ansehen«, antwortete die Frau in Rosa.

Ich folgte den Zwillingen ins Wohnzimmer. Der Raum war dunstig, die Fenster waren beschlagen.

Auf einem Campingtisch stand ein Monitor mit einer vergilbten Tastatur. Die Kabel an der Rückseite führten zu einem Computer, der auf dem Boden stand.

»Ah, ein älteres Modell«, sagte ich.

»Ja, wir benutzen den eigentlich nie. Wir gucken eigentlich mehr fern.«

Der Computer war bereits eingeschaltet. Ein Schnarrgeräusch war zu hören, der Lüfter für die Kühlung drehte sich.

»Dieses Brummen ist ja schon mal ein gutes Zeichen«, bluffte ich. Zu Hause rief ich schon einen Handwerker an, wenn nur eine Lampe ausgetauscht werden musste.

Der Monitor zeigte kein Bild. Ich kniete mich hin und kontrollierte die Anschlüsse der Verbindungskabel zwischen Monitor und Computer. Die schienen in Ordnung zu sein. Auf dem Boden lag eine Steckdosenleiste, an die verschiedene Geräte angeschlossen waren. Aus einem der Stecker war ein Stück herausgebrochen, man konnte die Kabel sehen. Ich stand auf und zog an dem Stromkabel. Der Bildschirm flackerte.

»Da ist der Stecker kaputt, würde ich sagen.«

Die Zwillinge schauten mich schafsköpfig an. Alles klar. Ich sollte das Problem für sie lösen.

»Habt ihr einen Schraubenzieher?«

»Gute Frage. Vielleicht im Besteckfach«, sagte Erna. Sie ging in die Küche.

Ich schaltete den Computer ab und zog den Stecker heraus.

»Wartet ihr auf eine wichtige Mail?«, fragte ich Barbara.

»Nein, Ernas Ex ist unerwartet verstorben.«

»Oh, das tut mir leid, herzliches Beileid«, sagte ich, obwohl ich das Ganze nicht begriff.

»Ach, macht nichts«, rief Erna, die mit einem Schraubenzieher in der Hand aus der Küche zurückkam. Sie hielt mir das Werkzeug hin.

Ich schraubte den Stecker auf. Einer der Anschlüsse hatte sich gelöst. Ob es daran lag? Sorgfältig schob ich das Ende des Kupferdrahts in das kleine Loch zurück. Während ich die Schraube wieder festdrehte, fragte ich mich, worin wohl der Zusammenhang bestand zwischen dem Computer und dem Tod von Ernas Ex.

Die Schwestern saßen auf dem Sofa und warteten auf das Bild.

»Jetzt sind schon zwanzig Minuten rum. Es ist zehn vor eins«, sagte Barbara.

Dann mal Hoffen auf Gottes Segen. Ich steckte den Stecker in die Steckdose und drückte auf den Einschaltknopf des Rechners. Geratter. Auf dem Bildschirm erschien der Name des Computerherstellers.

»Ha, sieh an. Ein Bild. Er geht wieder«, triumphierte ich.

»Babs, tipp du mal das www und so weiter ein«, sagte Erna. »Und wenn der Kaffee fertig ist, rufe ich dich, Mr. Haushaltsheld.«

Ich ging wieder zu meinem Rad im Flur. Aus der schwarz-roten Flickdose nahm ich ein Stück Schmirgelpapier und rieb ein paar Mal damit über das Loch.

»Sehr gut«, kam es aus dem Wohnzimmer. »Oh, guck mal, wir müssen einen Code eingeben. Der steht ganz unten auf der Karte drauf, Babs. Z-4-R-V-6-4-P-P.«

Es wurde still im Haus. Ob der Computer jetzt hart arbeiten musste?

Ich griff nach der Tube und schraubte den roten Deckel ab. Sofort quoll ein bisschen durchsichtiger Klebstoff heraus.

Gummilösung. Ich musste immer erst kurz daran riechen. Früher hatten wir hinter dem Haus meiner Eltern in den Büschen gehockt und eine Tube Simson-Fahrradkleber von einem zum Nächsten gereicht. Ein paar tiefe Atemzüge durch die Nase, und schon spürte man diesen angenehmen Schwindel im Kopf. Nach einer Weile ließen wir uns rücklings ins Gras fallen und erzählten uns gegenseitig schmutzige Sachen. Wir krümmten uns vor Lachen, bekamen Lachkrämpfe, gegen die wir nicht mehr ankamen. Wir machten weiter, bis die kleine Tube leer war. Wir schnitten sie sogar noch auf, um nicht das letzte Tröpfchen Klebstoff ungenutzt zu lassen.

»Ja, es funktioniert!«, rief Erna.

Aus den Computerlautsprechern kam Musik. Getragene Akkorde einer Kirchenorgel, bei der alle Register gezogen waren. Ich schmierte Vulkanisierungsklebstoff auf den Schlauch und den Flicken und pustete die Oberfläche ein wenig trocken. Mit beiden Daumen drückte ich dann den Flicken gut fest. Dabei spitzte ich die Ohren, um kein Wort vom Gespräch der Zwillinge zu verpassen. Was guckten sie sich da an?

»Ganz schön voll. Das kann eine Weile dauern.«

Der Flicken saß fest. Ich schloss den Schlauch der Pumpe an das Ventil an und pumpte ein bisschen auf. Die Stelle schien dicht zu sein.

Die Orgelmusik war verstummt. Aus dem Zimmer erklang jetzt »You'll never walk alone« von Gerry and the Pacemakers.

»Welcher Idiot hat diese Musik denn ausgesucht? Das singt doch Lee Towers immer, wenn Feyenoord mal gewinnt. Dabei ist er immer für Sparta gewesen.«

Inzwischen konnte ich die Stimmen der beiden Zwillinge etwas besser auseinanderhalten. Gerade hatte die in Rosa gesprochen; sie beendete ihre Sätze in einem etwas melodiöseren Tonfall als Barbara.

Schauten sie sich die Wiederholung eines Fußballspiels an? Dann war das jetzt bestimmt der Einmarsch der Mannschaften. Aber wer war dieser Typ, über den sie da sprachen?

Das letzte Stück des Reifens musste mit extra viel Kraft über den Rand gedrückt werden. Ich setzte einen Reifenheber zwischen Mantel und Felge an. Jetzt gut aufpassen, dass ich den Schlauch nicht wieder kaputt machte, sonst konnte ich von vorn anfangen. Es klappte. Der Reifenrand flutschte wie von selbst über die Felge.

»Kaffee ist fertig. Magst du dich kurz zu uns setzen?«

Ich lugte um die Ecke. Barbara stand mit der Kaffeekanne da und zeigte auf das Sofa.

Dort saß Erna; sie hatte die Beine unter dem Po angewinkelt und hielt den Blick unablässig auf den kleinen Bildschirm gerichtet. Viel Platz war nicht mehr auf dem Sofa. Ich versuchte, sie beim Sitzen möglichst nicht mit dem Schenkel zu berühren. Barbara nahm auf der anderen Seite neben mir Platz.

»Da ist seine Schlampe.« Erna zeigte auf den Bildschirm.

»Guck dir mal dieses Kleid an. Schön viel Sicht auf alles«, sagte Barbara. »Die bleibt halt immer eine Hure, sogar an einem Tag wie diesem.«

Auf dem Computerbildschirm waren Leute in Sitzreihen zu sehen, die mit ernsten, bedrückten Gesichtern vor sich hin starrten. Sie waren fein angezogen. In der ersten Reihe kramte eine Frau mit einem schwarzen Hut in ihrer Handtasche.

Barbara legte mir freundschaftlich die Hand auf den Schenkel und beugte sich vertraulich zu mir hinüber. Sie zeigte auf ihre Schwester. »Ernas Ex ist letzten Dienstag verstorben. Wir haben diese Trauerkarte hier bekommen. Es stand drauf, man könnte dem Begräbnis auch über Internet beiwohnen. Mit einem Code.«

Sie zeigte mir die Trauerkarte.

»Bizarr. Und es funktioniert sogar«, sagte Barbara.

Die erste Reihe der Aula kam ins Bild. Wieder erkannte Erna jemanden. »Die Schnalle hat sich die Lippen botoxen lassen. Jede Wette.«

Auf den Knien beugte sie sich vor, um den Kaffee in die drei Becher zu gießen, wodurch ich freie Sicht auf ihre Brüste hatte. Sie machte keine Anstalten, sie zu verhüllen.

»Zucker, Milch?«, fragte sie.

»Ja, gern beides«, sagte ich.

Sie gab mir einen Becher, der bis zum Rand mit glühend heißem Kaffee gefüllt war, und ging in die Küche, um Zucker und Milch zu holen. Vorsichtig pustete ich auf die Oberfläche.

Barbara fing an zu flüstern. »Jetzt im Nachhinein hasst Erna ihn. Aber er war eigentlich ein netter Typ. Ich war auch ein paar Mal mit ihm im Bett. Das weiß sie natürlich nicht.«

Ich blies noch einmal auf die Tasse. Zu kräftig. Ein bisschen Kaffee schwappte über den Rand.

»Mr. Haushaltsheld hat gekleckert, bring mal einen Lappen mit, Erna!«, rief Barbara. Dann wandte sie sich wieder an mich, abermals im Flüsterton: »Es war vielleicht der geilste Typ, mit dem ich je gevögelt habe. Die verrücktesten Sachen haben wir gemacht.« Sie schaute zur Küche. »Hol doch noch eine Rolle Schokokekse aus dem Schrank, Erna.«

Sofort rückte Barbara wieder an mich heran. »Er hat mir erzählt, dass meine Schwester immer so prüde war. Hat sich nichts getraut im Bett. Ein paar Mal stupide auf und nieder, und das war's dann.«

In der Küche schlug eine Schranktür zu. Mit einem Tuch und einer Rolle Kekse kam Erna ins Wohnzimmer zurück. Sie warf Barbara die Keksrolle zu.

Der Sarg kam ins Bild. Er stand im vorderen Teil der Aula. Ein schlichtes Modell aus hellem Holz.

»Prima Kiste. Von mir aus können sie die jetzt langsam mal abfackeln.« Mit dem Tuch in der Hand setzte Erna sich neben mich. Sie nahm mir den Becher aus der Hand, wischte die Unterseite ab und gab ihn mir zurück. Geschickt tupfte sie noch die Stelle zwischen meinen Schenkeln ab.

Links von mir spürte ich durch den rosa Trainingsanzug hindurch ihren warmen Körper. Die Schwestern rochen beide nach demselben, zu reichlich aufgetragenen Parfum. Irgendetwas Geißblattartiges.

»Arsch«, sagte Erna, als die Kamera auf den Sarg zoomte, wo ein Foto des Toten angebracht war.

»Ach, Erna, du bist doch eigentlich gut mit ihm ausgekommen«, sagte Barbara.

»Ja. Bis er anderen Weibern an die Wäsche gegangen ist.«

Barbara kniff mich in den Schenkel.

In der Aula ging ein Mann zum Mikrofon. Er zitterte und brauchte zum Laufen einen Stock.

»Sein Vater«, erklärte Barbara für mich.

»Mein Gott, wie faltig der alte Bock inzwischen im Gesicht ist«, sagte Erna.

Der Mann hielt eine Rede über früher. Über die sorglose Jugend. Offenbar stand er dort am Sarg seines einzigen Kindes. Zwischendurch machte die Kamera verwackelte Aufnahmen von den Zuhörern.

Erna: »Aha. Oma Fer ist ein bisschen kahl geworden.«

Barbara: »Ist ja winzig, die Mütze.«

Erna: »Daaltje hat Max wieder ein neues Kleid aus der Tasche geleiert.«

Erst als die Haushälterin ins Bild kam, fielen auch ein paar freundliche Worte.

»Eine scheinheilige Bande ist das. Die wussten alle genau, dass John mit anderen rumgemacht hat, während er mit mir zusammen war«, sagte Erna.

Barbara hustete auffällig.

»Woran ist dein Ex denn gestorben?«, fragte ich.

»Er hat im Beatrixhafen gearbeitet. Da sind ein paar dicke Stahlplatten umgestürzt, und er ist nicht rechtzeitig vom Fleck gekommen. Auf der Stelle tot.«

Sie schaute wieder zum Bildschirm. In der Aula wurde alles für den Schlussakt vorbereitet.

»Ich brauch' 'ne Kippe«, sagte Erna. Sie stand auf und ging in die Küche.

Auf einer Bahre wurde der Sarg nach vorne gerollt. Die Luke ging auf.

»Komm, Erna. Er wird gleich in das Loch geschoben.«

Der Bestatter bat die Anwesenden, sich zu erheben. Auch Barbara stand auf. Sie zog ihre Hose hoch.

»Erna, kommt schon, gleich ist er weg.«

Mit einer Zigarette im Mund kam Erna zurück. Sie blieb hinter dem Sofa stehen und legte die Hände direkt neben mir auf die Rückenlehne. Ihre Zigarette zündete sie noch nicht an.

In der Aula wurde eine CD angestellt. Ich kannte das Stück, es war von U2, nur der Titel fiel mir nicht ein.

Es war, also könnte Erna meine Gedanken lesen. »Dachte ich mir schon. ›I still haven't found what I'm looking for‹. Das hat er jede Woche ein paar Mal saulaut im Auto gehört. Voll der Ohrenbluter.«

»Schön romantisch«, meinte Barbara.

Vier Träger in schwarzen Anzügen stellten sich neben dem Sarg auf, an jeder Seite zwei. Auf ein Zeichen des Bestatters nahmen sie ihre Hüte ab. Es folgte ein kurzer Moment der Stille. Dann nickte einer der vier mit dem Kopf. Sie umfassten die Griffe und schoben den Sarg an die Öffnung.

Ich spürte wieder Barbaras warmen Schenkel an mich drängen.

Erna stand immer noch hinter dem Sofa. »Stellt die Flammen mal schön hoch!«

Barbara tastete nach meiner Hand. Sie strich mit ihren Fingern über meine. Polierte Nägel. Als ich zu ihr schaute, sah ich, dass sie geweint hatte. Sie blickte unverwandt nach vorn, zu den Leuten auf dem Bildschirm, die geduldig auf das Zeichen zum Verlassen des Saals warteten.

Die Luke zum Ofen wurde langsam geschlossen.

Erna murmelte etwas Unverständliches.

Der Bestatter ergriff das Wort: »Nachdem wir nun auf so schöne Weise Abschied von John genommen haben, bitte ich Sie, der Familie ins Foyer zu folgen, wo wir alle zusammen noch etwas trinken können. Im Namen der Familie danke ich Ihnen jetzt schon herzlich für Ihre Anwesenheit. Dieser Dank gilt auch all jenen, die der Einäscherung über das Internet beigewohnt haben.«

Erna stand auf und drückte auf den Power-Knopf des Computers. Mit einem kurzen Aufflackern erlosch das Bild.

Barbara war aus dem Raum gehuscht. In der Küche hörte ich den Wasserhahn lange laufen.

»Ich geh' dann mal meinen Reifen aufpumpen.«

Im Flur pumpte ich den geflickten Reifen mit ein paar kräftigen Luftstößen prall auf. Am Vorderreifen konnte ich auch noch ein bisschen nachpumpen.

Mit zögerlichen Schritten kam Barbara in den Flur und lehnte sich mit dem Rücken an die Wand. Ich drückte mit Daumen und Zeigefinger den Vorderreifen zusammen. Ein paar Mal Pumpen ging noch.

Barbara schaute zu, wie ich im Stehen den Griff der Pumpe betätigte, dabei in den Knien federnd. Erna trat neben sie. Sie war etwas kleiner als ihre Schwester, wie ich jetzt erst bemerkte.

Als die Reifen hart genug waren, drehte ich mein Fahrrad um. Dabei ließ ich es etwas zu ruppig auf den Rädern landen. Das Hinterrad federte ein paar Mal vom Boden hoch und hinterließ dabei Abdrücke auf dem Linoleum.

»Danke für die Luft und den Kaffee.«

»Danke dir, Mr. Haushaltsheld, für das mit dem Computer«, antwortete Erna.

Barbara sah mich an, als wollte sie mit ihrem Blick tief in mich dringen. Aber wozu? Wollte sie noch einmal mit mir ihr Geheimnis besiegeln?

Auf den grün angelaufenen Gartenfliesen klickte ich meine Füße in die Pedale. Erna stand in der Tür. Ich fuhr den Weg zurück und auf die Straße. Jetzt erschien auch Barbara, am Fenster. Die beiden Schwestern konnten sich gegenseitig nicht sehen.

Barbara malte mit dem Finger etwas in den Kondensbeschlag auf der Scheibe. Ich erkannte es, es war ein Herz. Dann wischte sie mit der Hand darüber, wie ein Fensterputzer mit seinem Gummiwischer.

Erna stand immer noch in der Türöffnung. Sie zog den Reißverschluss ihrer rosa Trainingsjacke bis unters Kinn hoch. Ich winkte zur Hausecke, die sich genau zwischen der Tür und dem Fenster befand. So machte man das vermutlich, wenn man einem Zwillingspärchen zum Abschied zuwinkte. Ein Gruß durch die Mitte.

Rosarot.

Der Bullterrier schoss an Erna vorbei. Er rannte zur Straße hinauf und kam bellend hinter mir her.

Kurve

Es war, als würde ich die ganze Welt durch eine Plastikbrottüte hindurch betrachten. Bäume wie grüne Tupfer, der Himmel wie eine graue Decke.

Ein Tropfen lief mir über die Schläfe. Mir tränten unablässig die Augen. Es gelang mir, mit einem kurzen Blick auf den Tacho am Lenker die Geschwindigkeit abzulesen: 69 Stundenkilometer. Schnell schaute ich wieder auf den vor mir liegenden Asphalt. Mein Blick war verschwommen.

Abfahrten waren großartig. Dabei wurde das Fahrradfahren auf seinen Kern reduziert: Mut. Mut, schnell zu fahren. Mein Körpergewicht lastete schwer auf meinen Handgelenken. Die Bremsen zu ziehen, kam nicht in Frage. Gute Abfahrer bremsten schon vor der Kurve ab, indem sie mit dem Oberkörper genau so viel Wind abfingen wie nötig. In der Kurve nahmen sie dann wieder ihre aerodynamische Sitzposition ein und beschleunigten auf diese Weise.

Abfahren heißt, ein Gleichgewicht zwischen Kopf und Bauch herzustellen, zwischen härter und sanfter, zwischen treten und bremsen. Jeden Augenblick konnte der Temporausch einen packen und mitreißen. So weit durfte man es nie kommen lassen.

Von meinem Hotel in Spoleto aus war ich auf gut Glück losgefahren. Die Gegend in diesem Teil von Umbrien war glühend und rau. Die erste Stunde meiner Tour war ich auf gut unterhaltenen Straßen durch kleine Dörfer geschlingert. Daran, gleichmäßig in einem durchzufahren, war nicht zu denken. Ich musste immer wieder das Tempo drosseln, wegen parkender Autos, aufgerissenen Asphalts, freilaufender Hunde und Marktständen.

Auf den letzten Kilometern war die Landschaft immer leerer geworden. Die Straßen hatten keine Markierungen mehr, und Verkehr gab es auch kaum.

Ich blinzelte wieder mit den Augen, um die Geschwindigkeit ablesen zu können. 71 Stundenkilometer. Ich beugte mich weiter vor; mit der Nasenspitze berührte ich jetzt fast den Lenker. Die Kurven verliefen hier schön; ich konnte sie gut schneiden und ausreichend einsehen, für den Fall, dass Gegenverkehr kam.

Am Straßenrand stand ein Schild, das eine Linkskurve ankündigte. Ich fühlte mich meiner Sache sicher. Der Asphalt war trocken, ich konnte mich gleich gut in Schräglage bringen.

Ein erfahrener Berufsrennfahrer hatte mir mal erzählt, wie man gut durch eine Kurve kam. Nie kurz vor sich auf den Boden schauen, war seine Devise. Unebenheiten im Streckenbelag registrierten die Augen viel besser aus größerem Abstand. Wenn man ein Loch im Boden erst ein paar Meter vor dem eigenen Vorderrad bemerkte, hatte man es nicht richtig gemacht. Das hätte man viel eher sehen müssen.

Da war die Kurve auch schon. Das linke Knie drückte ich nach außen. So musste es sein. In rasendem Tempo duckte ich mich. Hände in die Lenkerbügel. Schräg legen. Hüfte zur Straße. Nicht mit dem Hintern ruckeln. Linkes Pedal ganz hoch, damit es die Straßendecke nicht berührte.

Es ging gut.

Die Kurve war etwas schärfer, als ich erwartet hatte.

Keine Panik.

Erhöhte Hirnaktivität. Nicht bremsen. Ich sah den rostigen Pfosten des Verkehrsschilds; ich sah, dass das Gras um den Pfosten höher war als sonst in der Böschung; ich sah ein paar Meter weiter einen weißen

Leitpfosten aus Plastik mit einem Reflektor; ich sah, dass das Schild mit drei Kreuzschlitzschrauben befestigt war.

Verdammt. Ich war zu schnell.

Ich richtete den Oberkörper auf, um mehr Wind abzufangen. Unsicher rutschte ich auf dem Sattel nach hinten. Ich versuchte, mehr nach innen zu lenken, wurde aber im Gegenteil weiter nach außen gedrückt. Es war alles gut. Kein Problem. Keine verrückten Manöver jetzt. Ich hatte noch genug Zeit, um einzugreifen.

Ich sah die geschlängelten Risse im Asphalt unter mir; ich sah den Farbunterschied zwischen den verschiedenen kleinen Steinen auf dem unbefestigten Seitenstreifen.

Wegen der hohen Geschwindigkeit musste ich zum äußeren Rand der Kurve hin ausweichen. Ich schaute nach vorn. Kein Gegenverkehr. Glück gehabt.

Ich war jetzt halb durch die Kurve durch. Obwohl ich den Oberkörper aufgerichtet hatte, blieb meine Geschwindigkeit zu hoch. Bremsen wäre unvernünftig, dann würde das Rad unter mir wegrutschen. Es war nur noch ein Meter Asphalt rechts von mir. Ich musste zusehen, dass ich mehr in die Mitte kam. Doch lieber die Bremsen ziehen?

Ich sah den Rollsplitt, direkt vor mir auf der Straße. Kleine lose Steinchen.

Bremsen?

Nein.

Oder doch.

Ich bremste und riss am Lenker.

Zu spät.

Es war still. Merkwürdig still. Das Sausen des Windes war verstummt. Ich sah mich um. Ich lag in der Böschung, auf einem Bett von stechenden Zweigen, auf der einen Seite die Asphaltstraße, auf der anderen das Tal.

In meiner linken Schulter spürte ich einen stechenden Schmerz. Wie von einem Dolchstich. Vorsichtig zog ich den Arm näher an den Körper. Bei der Bewegung spürte ich, wie Dornen über meine Haut kratzten.

Ich lag auf dem Rücken in einem Strauch, das Gesicht zum Himmel gewandt. Langsam hob ich das Kinn auf die Brust. Meine Arme, aber auch meine Beine, waren von roten Kratzern übersät. Ich bekam den linken Arm nicht weiter hoch. Der rechte war noch in Ordnung.

Ich tastete an meine Wange und schaute dann auf meine Finger. Blut.

Ich streckte den Arm nach unten aus, um den Boden zu ertasten. Es gelang mir nicht. Die Zweige mit den Dornen waren im Weg. Und wieder spürte ich einen tückischen Stich in der linken Schulter.

Schlüsselbein gebrochen? Wie viele Radrennfahrer hatte ich nach einem Sturz nicht schon an diesen Knochen fassen sehen?

Durch das hohe Tempo war ich gut drei Meter vom Weg abgekommen. Ich drehte den Kopf in die andere Richtung und stellte fest, dass die Böschung beängstigend steil ins Tal abfiel. Ich war an einer sehr ungünstigen Stelle gelandet. Ich brauchte Hilfe. Alleine kam ich auf keinen Fall aus diesem Strauch heraus.

Ich versuchte, grob abzuschätzen, von wie vielen Dornenzweigen ich wohl umschlungen war. Fünfzig, vielleicht sogar sechzig. Ich probierte, einen abzureißen, aber er war so stark und störrisch, dass er immer gleich wieder in seine alte Position zurückfederte. Ich versuchte es mit einem anderen, aber auch den bekam ich nicht ab.

In der Ferne hörte ich ein Auto. Dem Geräusch des Motors nach zu urteilen, hatte der Fahrer gerade einen Gang höher geschaltet. Ob er mich gleich hier liegen sehen würde? Ich war von ziemlich viel Gestrüpp bedeckt.

Das Motorgeräusch kam näher. Ich hob die unverletzte Hand, winkte und fing an zu rufen. »*Help, help!*«

Durch das Gestrüpp hindurch erkannte ich einen roten Wagen. Mit italienischem Nummernschild.

»Aiuto!«, rief ich im schönsten Schulbuch-Italienisch.

Als der Wagen durch die Kurve kam, übertönte das Dröhnen des Motors mein Geschrei. Das Heck eines Lieferwagens verschwand langsam von der Bildfläche. Auf der Stoßstange erkannte ich einen Aufkleber des AC Milan. Einer aus dem Norden, der es eilig hatte.

Es war später Nachmittag, die Sonne versteckte sich hinter einer grauen Wolkendecke. In meiner Schulter hämmerte das Blut, das nicht durch das Gelenk hindurchzukommen schien.

Mein Rad hing ebenfalls in dem Busch, neben mir und auf den ersten Blick ohne Schäden. Erst jetzt sah ich, dass meine eine Schuhplatte noch an dem Pedal saß. Sie musste beim Sturz von meinem Schuh abgerissen sein.

Mir wurde bewusst, dass ich auf mich selbst gestellt war. Die Gegend war dünn besiedelt. Die Wahrscheinlichkeit, dass hier bald wieder ein Auto vorbeikommen würde, war klein.

Mein blaues Trikot wies zahlreiche dunkle Flecken auf. In zwei Rottönen. Ein helles Rot, von dem Blut meiner Schnittwunden. Und ein violettes. Erst jetzt sah ich, dass ich von Brombeeren umgeben war. Ich pflückte eine ab und steckte sie mir in den Mund. Schön süß. An Hunger würde ich zumindest vorläufig nicht sterben.

Der Wind wurde stärker. Den dunklen Wolken nach zu urteilen, zog Regen auf. Unter dem Schweiß bekam ich eine Gänsehaut. Es würde hier doch wohl mal ein Fußgänger vorbeikommen? Ein Naturliebhaber, der eine lange Wanderung unternahm, um die Stille zu finden? Oder gab es hier in der Gegend keine Touristen?

Vor nicht allzu langer Zeit hatte ich in einer Zeitschrift etwas über ein Paar gelesen, das bei einem Urlaub in Australien mit seinem Mietwagen in der Wüste liegengeblieben war. Winzige Stecknadelköpfe in einer überwältigenden Natur. Rettungskräfte in Hubschraubern mussten die

Augen eines Sperbers haben, um Menschen ausfindig zu machen, die hier gestrandet waren. Die beiden waren nicht rechtzeitig gefunden worden.

Dummerweise hatte ich mein Handy im Hotel gelassen. Nicht nötig, hatte ich gedacht. Ich wollte ja nur eine kleine Runde drehen.

Wenn gleich wieder jemand hier vorbeikam, musste ich irgendwie dessen Aufmerksamkeit auf mich lenken. Zum Beispiel, indem ich mein Trikot auszog und damit winkte. Aber das würde ich nicht schaffen. Wegen der unbiegsamen Brombeerzweige konnte ich kaum meinen Oberkörper bewegen, und wenn ich den linken Arm auch nur ein kleines Stück verlagerte, kam ich vor Schmerz fast um.

Ob sie in meinem Hotel Alarm schlagen würden, wenn ich heute Nacht immer noch nicht zurück in meinem Zimmer war? Aber es konnte genauso gut sein, dass sie sich um das Wohl und Wehe ihrer Gäste nicht kümmerten oder sich in Diskretion übten. Das Geld für meinen Aufenthalt hatten sie auch schon. Ich hatte für ein langes Wochenende im Voraus bezahlt.

In der Ferne hörte ich wieder ein Auto, diesmal kam es den Berg hinauf. Der Fahrer pflegte einen sportlichen Fahrstil, er schaltete mehrfach und gab zwischendurch Gas. Durch die hohe Umdrehungszahl gab der Motor ein aufbrausendes Geräusch von sich.

Ich fing frühzeitig zu schreien an. Diese Chance durfte ich mir nicht entgehen lassen. Vielleicht fielen kurze Rufe eher auf.

»He! He! He! He! He!«

Der Wagen preschte in hohem Tempo durch die Kurve.

Es war eindeutig: Meine Hilferufe waren ungehört verhallt. Das Motorgeräusch wurde von den Flanken der umliegenden Hügel zurückgeworfen und ebbte ab.

Ich versuchte noch einmal, einen dicken Zweig von meinem Körper wegzudrehen. Es gelang mir nicht. Wie eine harte Peitsche federte er zurück.

Da lag ich also. Hilflos, auf Dornenzweige gebettet. Jetzt noch ein Feuer darunter, und ich war die Jungfrau von Orléans. Ich legte den Kopf schräg und schaute zu meinem Fahrrad hinüber. Mit den Fingern kam ich vielleicht an den Trinkflaschenhalter heran.

Ja, mit dem Zeigefinger konnte ich den Boden der Flasche berühren. Ich streckte mich. Die Flasche brauchte noch einen kleinen Stoß. Ich riss einen trockenen Zweig von dem Strauch ab und stieß mit der Spitze von unten an den Flaschenboden, so dass die Flasche sich aus der Halterung löste. Sie fiel oben auf die Zweige und rollte zu mir hinüber.

Glück gehabt.

Als ich den süßen Durstlöscher im Mund schmeckte, wusste ich: Diese Flasche konnte meine Rettung sein.

Ich hatte nur eine einzige Chance. Wenn das nächste Auto kam, musste ich die Flasche über den Strauch hinweg auf die Straße schleudern und hoffen, dass der Fahrer sie bemerkte. Und dass er dann alarmiert war und auf die Bremse trat.

Ich nahm noch einen letzten Schluck, nicht zu viel, denn ich brauchte das Gewicht der Flüssigkeit, um gut damit werfen zu können.

Mittlerweile war es bestimmt eine Stunde her, dass der letzte Wagen vorbeigefahren war. Es fing an zu dämmern. Ich zitterte unablässig, und in meiner Schulter pochte das Blut. Wie eine Granate lag die Flasche in meiner Hand.

In der Ferne, zwischen den Berghängen, meinte ich das Geräusch eines Motors zu vernehmen. Immer wieder verstummte es, kehrte dann aber zurück, jedes Mal etwas deutlicher.

Eine einzige Chance. Ich wusste es.

Es kam bei diesem Wurf aus dem Arm auf gutes Timing an. Lieber etwas zu früh als zu spät, sonst sah der Fahrer die Flasche vielleicht gar nicht. Wenn es schiefging, musste ich am Ende noch die Nacht in diesem Strauch verbringen.

Es war ein eher helles Brummen, vermutlich setzte der Fahrer bei der Abfahrt die Motorbremse ein. Anscheinend kein großer Wagen.

Mit geschlossenen Augen schätzte ich das Motorgeräusch ab. Vermutlich war das Auto noch etwa einhundert Meter entfernt. Ich kontrollierte, ob die Flasche richtig verschlossen war und warf sie mehrmals ein kleines Stück hoch, um mich an das Gewicht zu gewöhnen.

Das Motorgeräusch kam immer näher. Ich musste die Flasche hinübergeschleudert haben, kurz bevor das Auto in mein Blickfeld kam. Ich wartete noch einen Augenblick.

Durch die Zweige sah ich das Licht eines Scheinwerfers.

Jetzt.

Ich streckte den Arm aus, holte tief Luft und schleuderte die Flasche über den Strauch. Ich schaute ihr nach. Von der Geschwindigkeit und der Höhe her passte es.

Als das Auto durch die Kurve kam, schaute ich kurz direkt in den dünnen Lichtkegel. Was war mit dem zweiten Scheinwerfer? Kaputt?

Nein. Es war ein Motorrad.

Der Motorradfahrer riss an seinem Lenker, um der Flasche auszuweichen, die mit einem klatschenden Geräusch ein paar Meter vor seinem Vorderrad aufgekommen war. Der Verschluss ging auf, und der Inhalt spritzte hoch. Durch die Zweige sah ich, wie der Fahrer bremste. Er geriet ins Schlingern und hatte alle Mühe, nicht zu stürzen. Kurz vor der Böschung kam er zum Stillstand.

Ich fing an zu rufen. »*Aiuto! Sono qui, aiuto!*«

Ich winkte mit dem Arm, in der Hoffnung, dass meine Hand über dem Strauch vielleicht von oben zu sehen war. Der Fahrer stellte die Füße auf den Boden. Er stand jetzt ein paar Meter von mir entfernt.

»*Qui, qui!*«, rief ich erleichtert.

Der andere stieg von seiner Maschine ab, schob sie in die Böschung und drückte mit dem Stiefel den Ständer heraus. Dann klappte er das Visier seines Helms hoch. »*Stronzo. Faccia di cazzo!*«

Seine Stimme klang wütend. Er versuchte, näher an mich heranzukommen. Dann rief er etwas auf Italienisch. Soweit ich ihn verstand: dass er jetzt auch tot hätte sein können.

»*Scusi*«, antwortete ich und machte mit der Hand eine hilflose Geste.

Der Motorradfahrer stand direkt vor dem Strauch. Ich hob so weit wie möglich den Kopf.

Funkelnde Augen, Schnurrbart über fleischigen Lippen. Versteinertes Gesicht.

Das Licht des Motorrads schien durch den Strauch.

Ich zeigte auf mein Schlüsselbein, verzog den Mund zu einer Schmerzgrimasse und machte dann das Geräusch eines Knochenbruchs nach. »Krk!«

»*Broke?*«, fragte der Motorradfahrer.

Ich nickte.

Der Mann taxierte meine Körperhaltung.

»*One moments*«, sagte er.

Er ging zu seinem Motorrad und hängte den Helm an den Lenker. Unter dem Sattel zog er ein Lederetui hervor. Ich hörte das Klirren von Werkzeug.

Er kam mit einer Zange zurück. Entschlossen fasste er unter einen der Brombeerzweige und schnitt ihn durch.

»*Grazie*«, sagte ich.

Während ich regungslos liegen blieb, schnitt der Motorradfahrer nach und nach die Zweige vor meinem Gesicht weg.

»*Grazie mille.*«

Er schnitt weiter. Zwischendurch wischte er sich den Schweiß von der Stirn und zog den Reißverschluss seiner Jacke ein Stück auf. Er trug ein rotes T-Shirt mit großem Ausschnitt. An einer Kette baumelte ein Kreuz vor seiner Brust.

Dann fing er an, die Zweige rund um meinen Oberkörper wegzuschneiden. Allmählich bekam ich mehr Bewegungsfreiheit. Mit dem rechten Arm begann ich ihm zu helfen: Ich hielt die Zweige einen nach dem anderen hoch, er schnitt sie durch, ich warf sie weg.

Schließlich versuchte ich, einen letzten großen Zweig von meinen Beinen wegzubekommen. Der Italiener nahm ihn mir ab. Endlich kam ich hoch. Erleichtert wand ich mich aus dem Strauch heraus, wobei ich mir an den Waden noch ein paar tiefe Kratzer zuzog.

Dann war ich frei.

Der Motorradfahrer hockte sich neben mich und nahm die Schnittwunden an meinen Oberschenkeln in Augenschein.

»No good.«

Ich klickte meinen Helm auf und legte ihn neben mich auf den Boden. Mit den Fingern betastete ich meine Wange. Ein tiefer Schnitt.

Der Motorradfahrer griff in die Tasche seiner Jacke, gab mir ein rotes Bauerntaschentuch und tippte mit dem Finger an seine Wange. Ich faltete das Tuch ein paar Mal in der Mitte und drückte es auf die Wunde.

Während ich mir die Wange abtupfte, erklang aus der Jacke des Motorradfahrers ein fröhlicher Klingelton. Die sinnliche italienische Melodie weckte in mir den Gedanken an einen Strandtag. Der Motorradfahrer holte das Telefon heraus und drückte auf einen Knopf. Er hörte ausgiebig zu und sagte selbst wenig. Ab und zu ein »*si*« und eine kurze Frage. Sein Gesicht verdüsterte sich. Er schaute auf die Uhr.

»*Okay, vengo subito.*«

Er drückte das Gespräch weg.

»Was ist los?«, fragte ich.

Er schwieg und dachte nach.

»*Hospital.* Meine Frau ist gerade in die Notaufnahme gekommen. Ich muss los.«

Er wischte mit dem Daumen die Regentropfen vom Display.

»Sie ist schwanger. Das Kind scheint zu früh zu kommen.«

»In welchem Monat ist sie?«

»Siebenundzwanzigste Woche. Es ist noch viel zu früh. Sie liegt im Krankenhaus von Spoleto, ich muss schnell hin.«

Dass er es jetzt eilig hatte, war verständlich. Aber hier, in der mittlerweile dunklen und menschenleeren Einöde, durfte ich auch meine eigenen Interessen nicht aus dem Auge verlieren. Seine Frau war vermutlich schon in guten Händen. Man überwachte ihren Herzschlag, kalte Stethoskope glitten über ihren Bauch, eine volle Infusion hing an einem Haken bereit.

»Kann ich mitfahren ins Krankenhaus?«

»Was? Hinten drauf auf dem Motorrad? Nein. Sorry.«

Er zog den Reißverschluss seiner Jacke hoch. Dann schaute er wieder auf die Uhr und schüttelte den Kopf.

»Warum denn nicht?«, fragte ich.

»Na, weil das nicht geht«, sagte er knapp und bestimmt.

»Du lässt mich doch hier nicht zurück, oder?«

»Der Sattel ist zu klein für uns beide.«

Ich warf einen Blick auf das Motorrad. Der Sattel war tatsächlich nicht der größte. Wie bekam ich ihn jetzt dazu, mich trotzdem mitzunehmen? Ich klopfte leicht an mein Schlüsselbein und stöhnte, um deutlich zu machen, dass es wehtat.

»Wetten, dass du dafür belohnt wirst?«, fragte ich.

»Wie meinst du das?«

Der Motorradfahrer sah mich verwirrt an.

»Du trägst ein Kreuz. Du bist doch katholisch, oder?«

Die Augen des Mannes wanderten unruhig hin und her. Er schaute wieder auf seine Uhr, dann auf sein Telefon. Er murmelte etwas Unverständliches.

»Gut, dann los. Hoffen wir altmodischer Weise mal drauf, dass es mit Gottes Hilfe gut geht.«

Ich gab ihm das Taschentuch wieder. Resolut warf er es in die Böschung.

Ich versuchte, den Schmerz in meinen Muskeln zu ignorieren, presste den linken Arm an den Bauch und ging die paar Schritte zu dem Motorrad hinüber. Der Mann setzte seinen Helm auf und drückte die Maschine vom Ständer hinunter. Er schwang das Bein über den Sattel und gab mir ein Zeichen. Mit der unverletzten Hand griff ich an seine Schulter, zog mich auf den kleinen Sattel und stellte die Schuhe auf die Fußrasten. Der Sattel war schräg nach vorn geneigt, wodurch ich an ihn heranglitt. Mein schmerzender Arm wurde zwischen meiner Brust und seinem Rücken eingeklemmt.

»Alles klar?«

Ich hob den Daumen.

Der Mann klappte sein Visier zu und ließ den Motor an.

»Fass ruhig um meine Taille«, rief er.

Verlegen legte ich den Arm um seinen Bauch.

Vorsichtig gab er Gas. Langsam fuhren wir los, fort von der Stelle, wo mein Rad lag. Zum Glück außer Sichtweite. Morgen konnte ich es holen, mit einem Kleinbus vom Hotel. Hoffentlich wurde es über Nacht nicht gestohlen.

»*How many kilometres?*«, fragte ich.

»*Quattordici. Pain?*«

»*Little bit*«, sagte ich. Ich spürte einen stechenden Schmerz im Arm.

Wegen des knatternden Motors konnten wir einander kaum verstehen. Die Maschine war schon eine alte Dame, wie ich an dem Logo auf dem Tank sah. Eine Moto Guzzi.

Der Fahrer wiegte seinen Oberkörper hin und her.

»*You the same*«, rief er.

Ich wusste, was er meinte: sich in die Kurve legen, den Oberkörper mit der Maschine zusammen in Schräglage bringen.

Der Asphalt glänzte vom Regen. Kurz vor der nächsten Kurve krallte ich die Finger ängstlich in die Jacke des Motorradfahrers. Ich schloss die Augen. Wir neigten uns nach links, die Maschine lag schräg in der

Kurve. Es fühlte sich genauso an wie auf dem Fahrrad. Ich lehnte mich zur Seite und drückte mich fest an den Fahrer.

Er nahm die Kurve mit hoher Geschwindigkeit. Durch die Wimpern sah ich, dass sein Knie dabei nur ein paar Zentimeter über dem Boden hing. Eine einzige unbedachte Bewegung von mir, und wir lagen beide hier auf der Straße. Ich schloss die Augen wieder und überließ mein Schicksal ganz seinen Fahrkünsten.

Es kam eine weitere Kurve. Und noch eine.

Als ich merkte, dass unsere Neigungswinkel kleiner wurden, öffnete ich die Augen wieder. Ohne Probleme kamen wir gerade aus der letzten Kurve. Jetzt lag eine lange gerade Strecke ins Tal vor uns.

Der Fahrer sah sich nach mir um. Er klappte das Visier hoch. Ich sah, dass er lächelte. Jetzt, da wir unterwegs waren, schien die Anspannung wegen der Schwangerschaft seiner Frau von ihm abgefallen zu sein.

»Du hast deinen Helm vergessen«, rief er.

Der lag noch in der Böschung.

»*Stupido!*«, rief ich zurück.

Der Fahrer klappte das Visier wieder herunter, schaute nach vorn und rutschte auf dem Sattel ein Stück zurück. Vielleicht saß er normalerweise etwas weiter weg vom Lenker.

Ich rückte auch ein Stück zurück. Ein heftiger Stich in der Schulter. Ich unterdrückte einen Schrei. Der Mann gab mehr Gas. Ich schaute ihm über die Schulter. Hundertzehn Stundenkilometer, auf einer engen Straße, im Regen. Sicheres Fahren sah anders aus.

Um deutlich zu machen, dass ich ihm dankbar war, versuchte ich, ein bisschen Kontakt zu ihm aufzubauen.

»*The baby is your first child?*«, fragte ich.

»*Yes, primo*«, antwortete der Mann mit Blick zur Seite.

Wir fuhren gerade in eine weite Kurve hinein. Er nahm kaum Gas zurück.

»*Vacanze?*«, schrie er.

»*Yes, yes.*«

»Solo?«

»*Solo, with the bike, yes.*«

Wir kamen an einem Schild mit der Aufschrift SPOLETO vorbei. Noch vier Kilometer.

Der Motorradfahrer fasste das offenbar als Ansporn auf, um kräftig Gas zu geben. Er rückte wieder ein Stück auf dem Sattel zurück. Ich rückte mit. Noch ein Stück, und ich würde hinten herunterfallen.

Als der Tacho auf einhundertzwanzig Stundenkilometer stand, schaute der Fahrer sich um, biss sich auf die Zungenspitze und grinste. Mir blieb nichts übrig, als mich ordentlich festzuhalten.

Bei einer Ampel musste er bremsen. Wir waren fast da, ich sah die Stadt schon vor uns liegen, an den Hügel geschmiegt. Der Fahrer hob den Daumen und schaute mich durch sein Visier fragend an.

Ich nickte.

»*Nervous?*«, fragte ich.

»*My wife is strong.*«

»*What's her name?*«

»*Raffaella.*«

Grün. Ich umfasste wieder seine Taille. Wir fuhren durch die Straßen von Spoleto. In einer Seitenstraße erkannte ich das Aushängeschild meines Hotels. Ich hatte das dringende Bedürfnis, ein paar Schmerztabletten einzunehmen und mich ins Bad zu legen.

In der engen Straße hallte der Lärm des Motors laut nach. Die Schaufensterscheiben warfen unser Spiegelbild zurück: ein Radsportler mit Fahrradhose, der einen Motorradfahrer in glänzender Ledermontur umschlungen hielt.

Der Straßenbelag wurde holpriger. Weniger Asphalt, mehr Pflastersteine. Ich bewegte vorsichtig das Schlüsselbein, um abzuschätzen, wie schlimm es war. Ein Bruch, eine schwere Prellung?

Der Motorradfahrer fuhr jetzt nur noch im Schritttempo und hielt dann direkt vor dem Eingang des Krankenhauses. Er hielt mir den Arm hin, so dass ich mich abstützen konnte, als ich von der Maschine stieg. Dann stellte er das Motorrad auf den Ständer, nahm seinen Helm ab und klemmte ihn sich unter den Arm. Zusammen gingen wir hinein. Zwei rauchende Patienten mit Infusionsständern schauten uns nach.

Die Sorglosigkeit des Motorradfahrers war verflogen. Mit dem Daumen drehte er kleine Kreise auf dem Display seines Telefons. Am Hauptschalter erzählte er schnell, warum er und ich jeweils hier waren. Ab und zu sah er mich an, während er die Geschichte herunterrasselte.

»Hier links um die Ecke können Sie Platz nehmen. Wir sind so schnell wie möglich bei Ihnen«, sagte der Rezeptionist in ruhigem Italienisch zu mir.

»*Grazie*«, sagte ich abermals.

Der Motorradfahrer eilte weiter zur Entbindungsstation.

»Viel Glück mit deiner Frau«, rief ich ihm durch den Gang hinterher. »Und mit dem Kleinen.«

Unter den Beinen seiner Motorradhose ragte ein Jeanssaum hervor. Stonewashed.

Auf dem Schalensitz neben mir saß eine Frau mit einem Geschirrtuch um den Daumen. Blut schimmerte hindurch. Ihr Blick fiel auf meine zerschrammte Haut. Sie runzelte die Brauen.

»*Bicicletta*«, sagte ich.

Sie hielt ihren provisorisch verbundenen Daumen hoch und machte mit der anderen Hand eine Schnittbewegung.

»*Pancetta*.«

Eine Krankenschwester kam mich holen und brachte mich in das Behandlungszimmer. Während sie sich um meine Kratzer und Schrammen kümmerte, konzentrierte ein Arzt sich auf meine Schulter. Die Brille saß ihm schief auf der Nase. Er klopfte mit den Fingern auf das Gelenk.

»No *broke*«, sagte er.

Dann verließ er den Raum. Die Schwester holte Verbandszeug, säuberte meine Schrammen und tat Jod auf die Wunden. Während sie meinen Arm vorsichtig in eine Schlinge legte, musste ich an mein Rad denken, das jetzt ein paar Kilometer entfernt in den Sträuchern lag. Ich hatte es im Stich gelassen. Wir würden heute Nacht getrennt schlafen, mein Rad und ich.

Die Schwester setzte sich an einen kleinen Schreibtisch und füllte Formulare aus. Ich musste meine Personalien angeben. Dort, wo ich unterschreiben sollte, machte sie ein Kreuz. Zum Glück konnte ich das auch mit rechts.

»No *bici, this week*«, sagte sie und setzte einen strengen Blick dazu auf.

Ich zwinkerte ihr freundlich zu und trat in den Gang hinaus.

Ich war schon eine ganze Stunde hier, wie ich an der Uhr sah.

Am Schalter fragte ich nach der Entbindungsstation.

»*Primo piano*«, sagte die Frau, die mir zuvor schon geholfen hatte.

Ich nahm den Aufzug in den ersten Stock. Wieder ein Schalter. Eine Schwester schaute von ihrem Computerbildschirm auf. Hinter ihr saßen ein paar Männer im Gang. Der Motorradfahrer war nicht unter ihnen. Sie fragte, was sie für mich tun könne. Ich suchte nach den richtigen Worten, aber mein Italienisch-Wortschatz reichte nicht aus.

»Ist hier ein Motorradfahrer auf Ihrer Station?«

Sie sah mich verständnislos an.

»*Uomo moto*. Moglie …« Ich deutete einhändig einen runden Bauch an.

»His *name?*«

Ich kannte nur den Namen seiner Frau. »*Sua moglie Raffaella.*«

Sie tippte im Zwei-Finger-System etwas in ihre Tastatur und schaute auf den Bildschirm.

»Raffaella Cellini. Raffaella Vanoni. Raffaella di Napolitano.«

Ein fragender Blick. Ich konnte mir eine von drei Raffaellas aussuchen.

Hinter der Glasscheibe der Geburtshilfe-Station waren Ärzte, Schwestern und ein paar Frauen mit dickem Bauch in Begleitung ihrer Männer zu sehen.

»*Raffaella twentyseven weeks*«, sagte ich und deutete wieder einen imaginären Bauch an.

»*O dio …*« Sie biss sich kurz auf die Unterlippe.

»*Dangerous?*«, fragte ich.

Sie nickte, mehr zu sich selbst als zu mir. Dann zeigte sie auf mich.

»*Family?*«

»*No, friend.*«

»*Passaporto? ID?*«

Ich schüttelte den Kopf und dachte an das Seitenfach meines Koffers, wo ich die wichtigsten Dokumente verstaut hatte.

»*Passaporto in hotel*«, sagte ich.

Die Schwester setzte ein trauriges Gesicht auf. »*Closed*«, sagte sie. Meinte sie, dass es eine geschlossene Abteilung war?

In dem Raum hinter der Glasscheibe sah ich ein paar Brutkästen stehen. Die Schwester hatte schon recht, wenn sie mich nicht hineinlassen wollte. Mit den vielen Wunden und der Armschlinge sah ich nicht gerade frisch und gesund aus. Und vielleicht hatte mich auch eher Neugier als Anteilnahme hergeführt. Ich trat zur Seite, damit der Mann, der hinter mir gewartet hatte, sie etwas fragen konnte.

Als ich erneut durch die Glasscheibe schaute, sah ich bei einem der Brutkästen den Motorradfahrer stehen. Ich erkannte ihn an seiner Statur. Er trug ein blaues Haarnetz und einen Mundschutz. Gerade fuhr er sich mit den Händen über das Gesicht.

Zögerlich erhob ich die Hand. Ob er mich an meinem Trikot erkennen würde?

Ja, auch er hob die Hand.

Wir sahen einander kurz an.

Ich hob den Daumen.

Er schüttelte den Kopf. Die Glasscheibe hatte eine Struktur, durch die man alles leicht verzerrt sah. Ich kniff die Augen zusammen.

Sein Daumen zeigte nach unten.

Wolle

Die Ampel stand auf Rot. Der Fahrradkurier neben mir schob seine Sonnenbrille ins Haar und wischte sich mit dem Handschuh über die Stirn.

»Busy?«, fragte ich.

»*Busy as hell*«, sagte der Junge und zog die Schnalle des Kurierrucksacks auf seinem Rücken fester.

Immer noch rot. Hinter uns brummten drei gelbe Taxis in einer Reihe.

Ich kontrollierte den Reifendruck meines Vorderrads, das ich gerade bei einer Tankstelle aufgepumpt hatte. Unter den Blicken des Kuriers drückte ich den Daumennagel in das Profil. Steinhart. Mit diesem Rad konnte ich problemlos in den Abend starten. Die Reibung mit dem Asphalt der Stadt würde auf ein Minimum beschränkt bleiben.

»*High pressure, man*«, sagte er.

»*Yeah*«, erwiderte ich, in etwas zu jovialem Tonfall. »*High pressure for the high priest of bop.*«

Amüsiert nahm ich das Stirnrunzeln meines Gegenübers zur Kenntnis.

Wie sollte ich ihm auch die Euphorie erklären, die ich empfand, seit ich auf dem Flughafen JFK gelandet war? Das war unmöglich. Bei meinem letzten New-York-Besuch musste ich noch auf einem Leihfahrrad mit Damensattel herumgurken. Diesmal war im Gepäckraum mein eigenes Rennrad mitgeflogen. Und es war nach dem Hohepriester der

Jazzpianisten benannt, der viele Jahre in New York gelebt hatte. Thelonious, nach Thelonious Monk.

Grün.

Der Fahrradkurier nickte kräftig, so dass ihm die Sonnenbrille wieder auf die Nase rutschte, und flitzte auf seinem abgetakelten Fixie davon. Den ganzen Tag über würde er in ein und demselben Gang durch das Schachbrettmuster der Straßen rasen.

Ein dunkelvioletter Abendhimmel hing über den Wolkenkratzern der 6th Avenue. *Magic hour over Manhattan.* Ich manövrierte Thelonious sorgfältig zwischen zwei geparkten Lieferwagen hindurch und stieg auf. Ich war schnell auf Tempo gekommen und schwamm jetzt noch etwas unsicher im Verkehrsstrom mit.

Wieder eine rote Ampel. Bremsen. Um nicht einen Fuß aus dem Pedal ausklicken zu müssen, hielt ich mich am Dach eines wartenden Taxis fest, über der hinteren Tür. Der Kunde auf dem Rücksitz las die Titelseite des *Wall Street Journal.* Er trug eine große Uhr am Handgelenk. Ich konnte die Zeiger ablesen: drei Minuten nach neun.

Der Verkehr zog langsam an. Ich trat im Rhythmus von »Monk's Mood«, einer Ballade in Moll. Das Stück hatte ich schon seit Wochen im Kopf. Die heulenden Tenorklänge von Charlie Rouse in der mittleren Stimmlage, in sich gekehrt, auf der Suche nach Halt im Schema der Akkorde.

Mein erstes Ziel war Greenwich Village, eine gute Gegend, um Second-Hand-Jazzplatten aufzuspüren. Was gäbe es Schöneres, als am ersten Abend ein Sammlerstück zu kaufen und damit ins Hotel in SoHo zurückzufahren?

In einer schmalen Seitenstraße der Bleecker Street musste ich einer plötzlich geöffneten Autotür ausweichen. Eine Frau mit einem Lampenschirm unter dem Arm stieg aus, ohne zu gucken. Ich trat weiter in die Pedale. Aus dem Augenwinkel sah ich hinter einer schmuddeligen

Scheibe ein paar Plattenhüllen hängen. Ich wechselte mit dem Fahrrad auf den Bürgersteig, um dann kurz vor dem Laden zu bremsen.

Jazz. Ich hatte mich nicht getäuscht. Ich drückte die Nase ans Schaufenster und betrachtete die Hüllen. Ein Original des Saxofonisten Willis Jackson, Prestige-Label, anscheinend die erste Pressung. *Testifyin' Time* von Bundy Green, erschienen bei Argo. Nicht im allerbesten Zustand, die Ränder der Hülle waren abgewetzt. Oscar Peterson. Den brauchte ich nicht. Der dicke Oscar mochte ja zehn Mal so schnelle Finger haben wie Monk, aber mit seinen überraschenden Rösselsprüngen von den weißen zu den schwarzen Tasten war dieser ihm haushoch überlegen.

Der Eigentümer des Ladens kam mit einem Stapel LPs nach draußen. Auf der Hülle, die obenauf lag, klebte ein oranger *Sales*-Aufkleber. Er stellte die Platten neben der Tür in einen Kasten.

Unsere Blicke begegneten sich. Der Mann nickte mir freundlich zu. Dann schaute er auf mein Fahrrad.

»*Wow, that's a nice frame.*«

»*Thanks.*«

Er hatte krause Locken und einen langen Spitzbart, in dessen Ende eine Perle eingeflochten war.

»Was für eine Marke ist das?«

Ich zeigte auf die hellgrauen Buchstaben auf dem Sitzrohr des Rahmens. Der Ladenbesitzer ging in die Hocke. Den Namen des italienischen Rahmenherstellers sprach er mit dem knurrigen italoamerikanischen Akzent aus, mit dem auch Joe Pesci in dem Mafia-Film *Goodfellas* redete:

»*Pay-go-ready!*«

»*Pegoretti*«, sagte ich, mit möglichst italienischem Klang.

Ich ließ die Finger über die dünnen, schwarzen Streifen gleiten, die feinsäuberlich nebeneinander über die Rahmenrohre liefen und an Notenlinien erinnerten.

»Das Rad ist eine Hommage an den Jazzpianisten Thelonious Monk. Pegoretti lackiert seine Rahmen immer selbst.«

Der Mann nickte. »*Blue Monk, man, Blue Monk!*« Er fing die Melodie zu pfeifen an. Ein auf den ersten Blick simpler Blues, basierend auf einer stufenartigen Reihe von hellen Noten.

Fasziniert starrte er den Rennradrahmen an, während er an der Perle seines Spitzbarts drehte.

»Möchtest du eine Tasse Tee?«, fragte er. Er sah mich an. Matte Augen in einem blassen Gesicht.

»Ja, gern. Ich kann nur mein Rad nicht anschließen.«

Seine Nikotinfinger ließen von der Perle ab. Er winkte mir: »Ach, stell Thelonious ruhig rein. Nach hinten, drei Stufen runter und dann bis zum Ende durchlaufen. Da, wo auch mein Fahrrad steht.«

Ich hob das Rad über die Stufe vor dem Laden und schob es durch den schmalen Gang zwischen den links und rechts aufgestellten Holzkästen voller LPs. Es roch nach Patschuli, diesem penetranten Duft, der bei den Hippies in den sechziger Jahren so beliebt gewesen war.

»*Campagnolo forever*«, sagte der Eigentümer in meinem Rücken.

Er musste einen Blick für Fahrräder haben, sonst hätte er das Geräusch meines Schaltwerks nicht erkannt. Unten an der Treppe sah ich sein eigenes Rad stehen. Oder zumindest sah ich etwas, das von der Form her wie ein Fahrrad aussah. Der gesamte Rahmen war mit Wolle überzogen. Sämtliche Rahmenrohre waren umwickelt, die Räder sogar komplett zugesponnen. Keine Speichen mehr zu sehen. Als hätte eine Spinne mit verschiedenfarbigen Wollfäden aus ihrem Hinterleib kreuz und quer Streifen über das Rad gezogen. Auch im Dreieck des Rahmens spannte sich ein feinmaschiges Netz.

»*My little Bianchi*«, sagte der Eigentümer liebevoll.

Durch die Vermummung hatte ich die klassische italienische Marke nicht erkannt.

»Her *name* is Loulou.«

»Schön«, log ich. Ein Fahrrad musste aus Stahl sein. Ein echter Kerl.

Ein Rad voller Wolle, wie grässlich. Wer dachte sich so etwas aus? Ein viel zu softes Material.

Ich lehnte Thelonious' Stahlrahmen an Loulous Wolle. Ein schönes Paar, die beiden. Da wurde bestimmt noch mehr draus.

Der Eigentümer war schon wieder nach vorn gegangen. Er stellte einen alten Teekessel auf den in einen offenen Schrank eingepassten Herd und entzündete das Gas.

Ich schlenderte an den Plattenkästen entlang. Gene Ammons lehnte an Art Blakey, der sich seinerseits an den Bauch von John Coltrane drückte. ABC. Dann kam das D mit Miles Davis, in inniger Umarmung mit Duke Ellington, gefolgt von den Chicago-Tenören Von Freeman und Johnny Griffin.

Der Kessel fing zu pfeifen an, das Wasser kochte. Der Eigentümer goss das heiße Wasser in zwei Becher mit grünen Pfefferminzblättern. Aus einer quadratischen Pappdose mit chinesischen Schriftzeichen entnahm er ein paar winzige schwarze Kügelchen und gab sie in den Tee.

Eine genau durchkomponierte Rezeptur.

Der Eigentümer brachte mir einen der Becher und ging dann zu dem Kasten mit der Aufschrift *new arrivals*. Behände spazierten seine Fingerspitzen über die oberen Ränder der aneinandergedrückten Hüllen. Schließlich zog er eine heraus, entnahm ihr vorsichtig die Platte und legte sie auf den Teller. Er beugte sich vor, pustete zwei Mal auf die Nadel und dirigierte den Tonarm über die LP. Langsam senkte sich die Nadel in die Anlaufrille.

Ein Technobeat und ein Keuchen von Männern. Nach ein paar Sekunden wusste ich es.

»›Tour de France‹ von Kraftwerk«, sagte ich.

»Genau, von 1983. Damals war ich zehn.«

Kraftwerk. An das Stück und den Videoclip erinnerte ich mich noch gut. Vier Männer, die hintereinander auf Rädern fuhren, maschinenhaft.

Wir schlürften unseren Tee. Kunden waren sonst keine im Laden. Mit großer Sorgfalt drückte der Eigentümer die Pfefferminzblätter in seinem Becher nach unten.

»Fährst du viel auf, äh … Loulou?«

»Nur ab und zu einkaufen.«

Heimlich spuckte ich ein paar bitter schmeckende Blätter zurück in den Becher. An der Innenseite meiner Unterlippe hatte ich schon ein paar Bläschen. Ich traute dem Tee nicht.

»Das mit der Wolle auf dem Rad ist von meiner Mutter. 1978 sind meine Eltern nach East Harlem gezogen, in eine große Wohnung in der Nähe des Jefferson Park. Nachdem mein Vater gestorben war, hatte sie Angst, noch alleine zu schlafen. Irgendwann bin ich dann zu ihr gezogen. Noch Tee?«

»Nein, danke.«

Neben meinem Becher lag ein Stapel Visitenkarten, im runden Schallplatten-Design. PHIL'S PLACE, stand darauf. SECOND HAND RECORDS, OLDIES BUT GOLDIES.

Ich nahm eine der Karten und hielt sie hoch.

»Bist du Phil?«, fragte ich.

»*Yep, over the hill.*«

Ich ging zu den Kästen mit Jazz-LPs und zog ein altes Riverside-Album heraus. Monk mit Mulligan, dem Baritonsaxofonisten. Vorsichtig zog ich die Innenhülle mit der Platte aus der dickeren Papphülle. Ein Geruch wie aus einem Zeitungsarchiv stieg auf, von Papier, das wohl schon ein ganzes Menschenleben lang treue Dienste geleistet hatte.

Ich legte das matte Vinyl auf einen der Plattenspieler, setzte einen Kopfhörer auf und drehte am Lautstärkeregler. Monk fing sofort an, fanatisch auf die Tasten einzuhämmern. Ich sah ihn vor mir, wie in dem Dokumentarfilm *Straight, No Chaser*. Monk, wie er vor Livepublikum spielte und Dampf abließ. Mit Glanzzylinder und langem, dunklem Mantel. Er sah aus wie ein schwarzer orthodoxer Jude, voller Unruhe. Nach seinem Solo stand er auf und drehte mit geschlossenen Augen manische kleine Runden. Er kreiselte sich in eine Trance hinein, ließ sich von den unterschwelligen Impulsen seiner Musik mitreißen. Unfertig, suchend, voll von stürmischem Swing. Mit geschlossenen Augen durch ein Weltall voller Dissonanzen rauschen – das konnte nur Monk.

Dann rissen die wilden Akkorde ab, weil mir die Kopfhörer von den Ohren gezogen wurden. Ich sah mich um. Phil lachte mich an.

»Das ist schlecht für die Ohren, in der Lautstärke.«

»Monk kann man gar nicht laut genug hören.«

Phil ging weiter zu einem anderen Kasten mit Platten und zog eine Single heraus. Auf der Hülle war ein zerzauster Typ mit Glitzerkäppie und großer Sonnenbrille, sternförmige Gläser. Er saß zwischen verschiedenen Keyboards und blickte streng in die Welt hinaus.

»Sun Ra. Einfach irre Musik«, sagte Phil.

Er legte die Single von Sun Ra auf einen Plattenteller und schob einen Regler hoch. Nach kurzem Knistern kam eine Kakophonie von wüstem Jazz und atonaler Elektronica aus den Lautsprechern an der Decke. Mit geschlossenen Augen stand Phil mitten in seinem Laden und zuckte mit dem Kopf.

Sun Ra hatte mit seinen Musikern in einer Kommune gelebt. Für ihn war die Erdkugel nur ein kleiner, unbedeutender Teil des Kosmos gewesen. Über seine spirituelle Musik hatte er Kontakt mit der Milchstraße gesucht. Der Jupiter war einer seiner Lieblingsplaneten gewesen. Dort konnte man es gut aushalten. Das irdische Dasein hatte Ra nicht genug inspiriert.

»*Space is the place!*«, sang Phil mit. »*Space is the place.*«

Erst nach ein paar Minuten öffnete er die Augen wieder. Er schaute mich glasig an, nahm die Nadel von der Platte und ging zu seinem Gasherd.

»Toll, oder? Die ist für dich. Ich lege sie für dich zur Seite.« Er schob die Platte wieder in die Hülle.

»Das ist nett«, sagte ich.

Die Platte von Monk lief immer noch. Ich hängte den Kopfhörer an einen Haken. Leise und nasal drang das Baritonsaxofon von Mulligan durch die Ohrpolster.

Phil stellte einen frischen Becher Tee für mich auf die Ladentheke. Ich traute mich nicht, schon wieder nein zu sagen. Warum tat man diese ekligen Blätter nicht einfach in einen Beutel mit einem Faden dran?

»Machst du hier Urlaub?« Phil sah mich an, hielt sich dabei lange den Becher an die Lippen, trank schließlich einen Schluck. Ein Fetzen Pfefferminz blieb an seinem Schneidezahn kleben.

»Ja, fünf Tage. Ich wollte mein Rad hier vor Ort gebührlich einweihen. New York war für Thelonious die Live-Location schlechthin.«

Phil stand auf und ging vor die Tür. Durch die schmutzige Scheibe sah ich, wie er den Plattenkasten vom Bürgersteig nahm und in den Laden brachte. »Das war's für heute. Ich mach' dicht«, rief er.

Ich schaute auf die Uhr über der Kasse. Fünf vor zehn. Es war schon dunkel geworden.

»Aber bleib ruhig sitzen. Hör dir noch eine Platte an. Wenn du den Stecker vom Kopfhörer rausziehst, kannst du die Musik schön laut über die Boxen hören.«

Ich ging noch einmal den Kasten von Monk durch und fand eine Riverside-LP von 1958, in ziemlich gutem Zustand. *At the Five Spot*. Eine seiner besten Live-Platten aus einem Jazzclub in Manhattan. Die Innenhülle war noch das Original: ein knittriges, pergamentartiges Papier, durch das das blaue Label darunter hindurchschien, so dass ich die

Titelauflistung lesen konnte. Das erste Stück war »Light Blue«, das zweite »Coming on the Hudson«, das dritte »Rhythm-A-Ning«.

Phil löste einen Gurt neben der Tür. Der Rollladen sauste hinunter. Kaum dass die Lichter der Stadt nicht mehr in den Raum fielen, war es in dem Plattenladen auf einen Schlag so gut wie komplett dunkel. Nur eine Stehlampe bei der Ladentheke spendete noch Licht, und hinten bei den Rädern hing eine nackte Birne von der Decke.

Ich zog den Stecker des Kopfhörers aus der Wandinstallation. Sofort kam Monk zurück, in voller Glorie. Bei den ersten Takten seines Solos wirkte er noch vorsichtig, schien wie ein Mann mit schwachen Augen die Breite des Wegs abzutasten. Aber als er merkte, dass das Akkordschema ihm keine Grenzen setzte, stob er in alle Himmelsrichtungen davon. Ein ungekünstelter Notenbrei strömte aus den Lautsprechern.

Monk hob ab.

Phil zählte das Geld in seiner Kasse. Es ging schnell, nur ein paar wenige Scheine verschwanden in seiner Hosentasche. Es herrschte nicht gerade ein stürmischer Andrang in diesem Plattenladen. Über die Lautsprecher war bei jeder Umdrehung der Riverside-LP ein tückisches Knacken zu hören. Schade. Sonst hätte ich sie gekauft.

Inzwischen war Monk beim zweiten Stück angekommen. War diese Platte vielleicht auch eine Hommage an Pannonica de Koenigswarter, die New Yorker Jazz-Baronin, die zeitlebens eine Schwäche für streunende Katzen und Musiker gehabt hatte? Angehörige beider Gattungen waren regelmäßig in ihrem Apartment mit Blick auf den Hudson River ein- und ausgegangen. Am Ende seines Lebens hatte Pannonica sich Monks angenommen, hatte den Sonderling und Pianisten umsorgt wie ihren eigenen Sohn. Um sein Essen und sein Bett hatte er sich keine Sorgen mehr machen müssen. Und wenn ein Jazzclub mit dem Auto zu erreichen war, hatte die Baronin ihn mit ihrem klapprigen Bentley zu seinem Auftritt gefahren.

Phil hatte gegenüber von Loulou und Thelonious auf einer alten Bank Platz genommen und sich einen Joint angezündet. Hellgraue Rauchschwaden umschlängelten die nackte Glühbirne, deren fahles Licht auf seinen Kopf fiel. So unvorteilhaft beleuchtet, machte er einen erschöpften Eindruck.

Er nahm einen kräftigen Zug von seinem Joint und behielt den Rauch vor dem Ausatmen lang in der Lunge. Noch ein Zug. Er lehnte sich zurück. Ich schaute auf die sich drehende Platte. Die Nadel glitt geschmeidig durch die Rille des letzten Stücks. Mit den Fingern trommelte ich den schnellen Rhythmus mit, den der Drummer auf einem seiner Becken anschlug.

Im Hinterraum setzte Phil sich wieder aufrecht hin. Mit den Händen kam er gerade noch an den Lenker meines Rads heran. Er fasste eine der Bremsen, zog sie an und begutachtete, wie die Bremsbeläge sich auf die Felgen des Vorderrads setzten. Dann wiederholte er die Übung, wobei er zwischendurch kleinere Züge von seinem Joint inhalierte.

Ich mag es nicht, wenn jemand Fremdes an meinem Rad herummacht. Thelonious war genau auf meine Maße justiert. Das Rad war auf mich ausgerichtet und ich auf das Rad. Sollte ich etwas sagen? Ich stand auf und ging nach hinten. Phil drückte gerade seine Kippe in einem gläsernen Aschenbecher aus. Er sah mich an. Das Weiß in seinen Augen war rot geworden.

»Im Herbst will ich eine ganz lange Fahrradtour machen. Von New York nach San Francisco. *Travelin' light*. Zwei kleine Seitentaschen, ein Schlafsack, ein bisschen Kleinkram, etwas Geld, meine Mandoline. Und dann mal schauen, wie weit ich komme. Ich habe noch nie eine große Reise unternommen. Meine Eltern haben es immer vorgezogen, in der Stadt zu bleiben. Höchstens mal einen Tagesausflug nach Upstate New York. Mein Vater wollte nicht zu weit weg von seiner Arbeit, und meine Mutter schlief nicht gern in einem fremden Bett. Sie hat im Dunkeln Angst. Darum bin ich auch bei ihr eingezogen. Aber sie macht sich immer so viele Sorgen um mich. Will immer wissen, wo ich stecke. Sie findet es unheimlich, alleine in dem großen Haus.«

Aus dem Nichts heraus fing Phil an zu schluchzen. Seine Schultern bebten. Mit einem Gemurmel entschuldigte er sich und ging nach hinten zum WC. Ich sah, wie der grüne Halbmond des Schlosses rot wurde.

Es lief immer noch das letzte Stück. Monk war wieder beim Thema angekommen. Das Klavier klang dumpf. Vielleicht saß Staub auf der Nadel. Ich setzte mich Thelonious und Loulou gegenüber auf die Bank und schaute die Wollverzierung an. Was für eine mühselige Fleißarbeit es gewesen sein musste, sämtliche Rohre des Rads mit Wollfäden in allen möglichen Farben zu umwinden. Beide Laufräder waren komplett zugeschnürt; verrückterweise erinnerten sie an die aerodynamischen Scheibenräder der Profis bei Zeitfahr-Wettbewerben. Das wäre was: Zeitfahrspezialisten wie Fabian Cancellara und Bradley Wiggins, die beim Prolog der Tour de France auf Rädern mit einem Design aus Wolle herumfuhren.

Phil kam von der Toilette zurück und setzte sich neben mich. Er schnäuzte seine Nase in ein paar Blatt Klopapier, knüllte sie zusammen und behielt das Knäuel in der Hand.

»Entschuldige, es fällt mir nicht leicht, über meine Mutter zu sprechen.«

»Macht nichts. Ich versteh' schon. Die eigene Mutter zu versorgen, ist eine enorme Herausforderung.«

»Genau.«

Er drückte sich das Klopapier-Knäuel an die Nase.

»Tee?«, fragte er.

»Äh, nein, danke.«

Monk war bei seinem letzten Akkord angekommen. Er ließ die Hände auf den angeschlagenen Tasten liegen, wodurch die Obertöne lange nachklangen. Dann ging der Ton in das Rauschen der Auslaufrille über.

Der Tonarm hob sich, und der Tonabnehmer schwenkte automatisch zur Seite.

Aber ich war nicht in New York, um drinnen auf einer verschlissenen Bank herumzusitzen. Ich wollte über den berühmten Asphalt der Avenues hinwegbrausen.

»Ihr wohnt doch in East Harlem, deine Mutter und du? Vor ein paar Jahren war ich mal im Smoke, diesem Jazzclub an der Ecke von Broadway und 106th Street. Das ist doch in der Gegend.«

Phil zog ein paar Mal an seinem Joint, steckte sich kurz die schwarze Perle von seinem Spitzbart in den Mund und schüttelte dann den Kopf.

»Smoke, sagst du? Kenn' ich nicht.«

»Harold Mabern, der Pianist, spielt da heute Abend drei Sets. Jetzt ist es gegen elf. Das letzte Set könnten wir noch mitbekommen, denke ich.«

Ich sah, wie er nachdachte.

»Mach dir keine Sorgen, es wird nicht spät werden.«

»Das klingt gut«, meinte Phil. Er kam zu mir und rieb mir ein paar Mal über die Schulter. »Dann kann ich mit.«

Unter dem kalten Wasserhahn machte er seinen Joint aus. Aus einem Korb neben der Kasse nahm er eine Wollmütze und setzte sie sich auf den Kopf. Dann drückte er mir die Single von Sun Ra in die Hände. »Nicht vergessen.«

Ich bedankte mich und steckte die Single unter mein Trikot, zwischen die Träger meiner Fahrradhose.

Phil schaltete den Hauptschalter aus. Durch den dunklen Raum gingen wir zu den Rädern. Ich ertastete Thelonious, er Loulou. Wir verließen den Laden durch die Hintertür. Als wir auf dem Bürgersteig waren, schnallte Phil sich eine Lampe um den Arm. Ich selbst hatte keine Beleuchtung dabei. Vergessen mitzunehmen.

Phil bestieg Loulou, glitt mit seiner Hand auf dem Oberrohr vor und zurück, tätschelte drei Mal das Wollnetz des Vorderrads und schlug ein Kreuz.

Wir fuhren los.

Der Asphalt hatte die Wärme des Tags gespeichert, nur der Wind war etwas frischer geworden. Phil fuhr vor mir. Ich bemerkte, wie die Fußgänger sich nach ihm umdrehten. Ein Wollrad sahen sie hier auch nicht täglich vorbeikommen.

Wir fuhren eine Route, die ich nicht durchschaute. Ständig bogen wir irgendwo ab, manchmal mussten wir ein Stück zu Fuß über den Bürgersteig. Etwas eindeutiger wurde der Weg erst, als wir am Central Park entlang Richtung Nordwesten fuhren. Ich betrachtete Phil von der Seite. Mit seinem flatternden Spitzbart erinnerte er mich an eine Figur aus *Herr der Ringe*, als wäre er direkt dem Billboard eines Broadway-Theaters entstiegen.

Wir fuhren bis zur 110th Street. Ab jetzt konnten wir an der Nordseite des Central Park weiterfahren. Nach der Kreuzung mit dem Broadway mussten wir nur noch ein paar Blocks weiter südlich, um zur 106th Street zu gelangen. Die Bebauung war jetzt flacher. In diesem Teil Manhattans gab es mehr Wohnungen als Büros. Viele Geschäfte und Kneipen waren noch offen.

Rechts vor mir erkannte ich die Fassade des Smoke.

»Hier«, rief ich Phil zu.

Wir stiegen ab, schoben die Räder auf den Bürgersteig und sahen uns um, wo wir sie abstellen konnten. Vor dem Eingang des Smoke stand ein Türsteher, ein hochgewachsener schwarzer Mann mit einer Mütze über einem freundlichen Gesicht.

»Sir, wir wollten zu dem Konzert. Kann man die Räder hier irgendwo unterstellen?«

Der Türsteher lachte donnernd. »Seid ihr etwa mit Rennrädern hier? Sorry, aber hier kommen Geschäftsleute her, japanische Touristen. Alle in feinen Anzügen.«

Ich schaute an mir herunter. Nackte Waden, weiße Sportsocken, silberne Radschuhe. Und neben mir stand ein Freak mit einem langen

Spitzbart im T-Shirt, der ein Fahrrad aus Wolle dabeihatte. Kein Wunder, dass der Türsteher reserviert reagierte. Es war schließlich sein Job, irgendwelche Spinner gar nicht erst hineinzulassen.

»Wo kommt ihr beiden her? *From outer space?*«

Der Türsteher stampfte ein paar Mal mit dem Fuß auf den Boden, um sein krachendes Gelächter zu unterstreichen.

Phil wirkte verunsichert. Von ihm war nicht viel Unterstützung zu erwarten. Mir fiel ein, dass ich die Single von Sun Ra noch unter dem Trikot stecken hatte. Ich zog sie hervor und zeigte dem Türsteher die Hülle. »*From outer space, yes. You're right.* Wir sind Ra-Fans der ersten Stunde.«

Auf den Namen Ra sprang Phil an. Er fing an, das Stück zu summen, dass er schon im Laden zur Platte mitgesungen hatte.

»*Space is the place!*« Der Türsteher sang auch mit. Feierlich stellte er sich auf den Bürgersteig, hob die Hände zum Himmel und drehte die Hüften. Ich erkannte die Tanzbewegung wieder: Genau so hatte ich Sun Ra selbst einmal tanzen sehen, als er zu später Stunde mit seinem Orchester im Jazzbunker in Rotterdam aufgetreten war.

Ich steckte die Platte wieder unter mein Trikot, damit ich seiner Vorstellung applaudieren konnte.

Der Türsteher war umgekippt. Ich spürte es genau.

»*Guys*, ihr kennt Sun Ra? Dann gehört ihr zum Club. Augenblick mal.«

Er ging zu einem Taxi und öffnete die hintere Tür. Ein asiatisch aussehender Mann und eine weiße Frau stiegen aus. Sie trug Stilettos und wirkte damit einen Kopf größer als er.

»*Welcome to Smoke, Sir Hiu-Kee.*«

Der Türsteher beugte sich mit dem Oberkörper leicht vor und begleitete die Frau über den Bürgersteig zur Tür. Der Mann gab ihm ein Trinkgeld und ging mit der Frau hinein. Schließlich drehte der Türsteher sich wieder zu uns um.

»Sun Ra, *unbelievable.* Hört mal, ich würde euch ja gern helfen mit den Rädern, aber es ist ziemlich voll, und der Club ist klein.«

Ich schaute mich um. Etwa zehn Meter weiter stand ein Laternenpfahl. Ideal war es nicht, er stand eigentlich ein Stück zu weit vom Eingang entfernt.

»Weißt du was, wir machen die Räder an der Laterne dort fest, aber nehmen die beiden Vorderräder mit rein. Ein Fahrrad mit nur einem Rad klaut ja wohl niemand.«

Phil nickte.

»Könnten Sie da ein Auge drauf haben?«, fragte ich den Türsteher.

»Und wenn sie in den Kosmos hochfliegen, spring' ich hinterher«, sagte er lachend.

Phils Hängeschloss war – wie hätte es anders sein können – mit Wolle umwickelt. Wir ketteten die Rahmen von Thelonious und Loulou aneinander, mit dem Laternenpfahl dazwischen. Dann gingen wir mit unseren losen Vorderrädern wieder zu dem Türsteher hinüber. Kopfschüttelnd riss er zwei Tickets ab.

»Lass mich mal für dich mitzahlen, im Tausch gegen die Platte«, sagte ich.

Phil strahlte, leicht verlegen. Mit den Vorderrädern in der Hand gingen wir hinein.

»Einen Tisch oder an die Bar, *mister biker?*«, schrie ein Mädchen mir ins Ohr.

»An die Bar«, rief ich.

Das letzte Set war schon in vollem Gange. Jede Menge Leute. Die Bedienung wies uns zwei Barhocker an der Seite der kleinen Bühne an, nah bei der Tür zur Toilette, und gab uns die Getränkekarte.

Ich bestellte zwei Bier, *large.*

Ich nahm nur einen Schluck, während Phil sein Glas in einem Zug leer trank. Ein Rest Bier lief ihm vom Mund zum Kinn. Er stellte das Glas auf den Tresen, wischte seinen Spitzbart ab und leckte an der Perle.

Auf der Bühne spielte der Pianist Harold Mabern mit seinem Trio.

Ich hatte ihn zum ersten Mal im B14 in Rotterdam gesehen, Ende der siebziger Jahre, im Quartett des Altsaxofonisten Frank Strozier. Ich erinnerte mich noch an seine enormen Hände. Richtige Kohlenschaufeln. Ich sah genau vor mir, wie er damit zugange gewesen war, sie in die Tasten gekrallt hatte.

Phil bestellte beim Barmann noch zwei Gläser Bier.

Ich schaute auf das Vorderrad, das er sich zwischen die Knie geklemmt hatte. Es war erstaunlich, wie penibel mit der Wolle verschiedene Motive ausgestaltet waren. Erst jetzt erkannte ich an vier Stellen innerhalb des Rads ein und dasselbe Motiv wieder, eine Art altmodisches Wappen, ausgeblichen von der Sonne. Es erinnerte an die Darstellung von Waffen auf mittelalterlichen Fahnen.

Ich tippte Phil auf die Schulter und zeigte auf die Symbole.

»Ja, schön, oder? Hat meine Mutter sich ausgedacht. Ich weiß nicht, was es bedeutet. Irgendwas von früher.«

Der Schlagzeuger setzte zu einem Solo an. Wir mussten die Stimme heben, um uns verständlich zu machen.

»Deine Mutter ist eine echte Künstlerin.«

»Danke. Ja, mit Wolle kann sie prima umgehen. Sie wirft auch nicht den kleinsten Rest weg. Sehr sparsam. Sie ist auf dem platten Land aufgewachsen, zwischen Schafen und Kühen.«

»Wie lange braucht sie, um so ein Rad zu bespannen?«

»Äh, eine Woche, denke ich. Höchstens. Guter Drummer übrigens, wie heißt der?«

»Joe Farnsworth.«

Farnsworth trommelte mit den Besen gerade ein kompliziertes rhythmisches Muster auf der Snaredrum. Aus dem Saal wurde er angefeuert, noch schneller und lauter zu spielen.

»*Yeah man, right!*«, rief Phil.

Der Alkohol hatte ihn aufgelockert.

Ich stellte mir vor, wie er nachher wieder zu seiner Mutter nach Hause kommen, sie zudecken und ihr langsam über den dünnen Haarschopf streichen würde.

»Ich stelle mir das ja doch sehr mühsam vor, täglich für die eigene Mutter sorgen zu müssen. Würdest du da nicht manchmal gern ausbrechen?«

Ich hatte einen empfindlichen Punkt getroffen. Phil drehte sich zu mir um. Er sprach jetzt noch lauter. »Wenn eine Person ihr ganzes Leben für dich sorgt, dann musst du in ihren letzten Jahren umgekehrt auch für sie da sein. Und weiter will ich darüber nicht reden. Nicht hinter ihrem Rücken. Das fühlt sich an wie Verrat. Verstehst du das?«

Ohne etwas zu entgegnen, nahm ich einen kräftigen Schluck Bier. Ich hätte nicht von seiner Mutter anfangen sollen. Phil wandte sich wieder der Bühne zu, wo der Kontrabassist und der Pianist jetzt wieder mit dem Drummer zusammenspielten. Ich sah Phils Augen unruhig hin und her flitzen. Als Zugabe spielte die Band eine jazzige Version von Stevie Wonders »Sir Duke«. Der Saal klatschte im Takt mit. Phil nicht.

Nach dem Applaus verließen der Bassist und der Drummer die Bühne und kamen zur Bar. Pianist Harold Mabern schwatzte von seinem Klavierhocker aus mit einem japanischen Fan, der ihn während des Konzerts ständig fotografiert hatte. Er signierte für ihn seine letzte CD. Auf der Seite des Smoke hatte ich gelesen, dass Mabern hier der Hauspianist war. Er musste mittlerweile gut über siebzig sein. Er hatte schon mit Leuten wie Miles Davis, Wes Montgomery und Lionel Hampton zusammengespielt.

Mabern trank sein Wasser aus und kam zur Bar hinüber. Er warf uns einen Blick zu und deutete dann mit hochgezogenen Brauen auf das wollene Vorderrad zwischen Phils Knien.

»Spielst du moderne Harfe oder so?«

Phil lachte verlegen. »Nein, wir sind mit dem Fahrrad hier und haben sicherheitshalber die Vorderräder mit rein genommen. Ein halbes Rad wird schon niemand klauen.«

Mabern hob das Rad zwischen Phils Knien hoch.

»*Are you nuts?*«, fragte er und ließ seine großen Finger sanft über die Wolle gleiten.

»Das ist echte Handwerkskunst«, verteidigte ich Phil, »von seiner Mutter.«

Mabern zeigte auf mein Vorderrad.

»Und deins?«

Ich hielt das Rad an der Nabe hoch und drehte es. »Mavic Cosmic Carbone. Läuft doch großartig, oder?«

Mit ernstem Blick betrachtete Mabern die Bewegung des Rads.

»Und wo ist der Rest?«, fragte er.

»Draußen an einem Laternenpfahl«, sagte ich.

»Sein Rad ist nach Monk benannt«, meldete sich Phil zu Wort.

Mabern nickte voller Bewunderung. »*My friend Thelonious, high priest of bop. Nuff said.*«

Der Japaner tippte Mabern auf die Schulter. »Noch ein letztes Foto, Sir?«

Der Barmann legte mir den Kassenbon hin. Ob wir zahlen wollten. So lief das hier. Gleich kam noch ein weiteres Set, für neue Gäste. Ich schaute auf die Uhr. »Wie spät wolltest du noch mal zu Hause sein, Phil?«

»So gegen zwölf.«

»Shit, es ist schon halb eins durch. Dann müssen wir uns jetzt wirklich beeilen.«

Ich warf einen Zwanzig-Dollar-Schein auf die Bar. Der Ober durfte das Wechselgeld behalten.

Wir hielten uns die Räder über die Köpfe und bahnten uns einen Weg durch die Menge nach draußen. Der Türsteher hielt den Ausgang für uns frei und führte draußen auf der Straße wieder seinen Sun-Ra-Tanz auf.

»Eure Räder sind noch da. Gerade frisch vom Mars zurück.« Sein dröhnendes Gelächter übertönte den Autoverkehr.

Ich gab ihm einen Fünf-Dollar-Schein.

Phil öffnete das um die Laterne gelegte Fahrradschloss. Wir steckten die Vorderräder wieder in die Rahmen. Thelonious und Loulou waren wieder komplett.

»Wo ist dein Hotel?«, fragte er.

»In SoHo.«

»Ich muss in den Osten. Du kannst ein Stück mit mir mitfahren. An der Ecke des Jefferson Park fährst du dann runter, auf der 1st Avenue. Da gibt es einen schönen Fahrradweg.«

Er nahm die Beleuchtung aus der Tasche und befestigte sie mit Klettband an seinem Arm. Wir winkten dem Türsteher und fuhren den Broadway hinauf.

»Fahr du mal rechts von mir, das ist sicherer«, sagte Phil. »Mich sieht man besser.«

Wir fuhren zurück zur 110th Street und bogen rechts ab. Wir kamen an ein paar Bänken vorbei, an denen Skater ihre Kunststücke übten.

Nach vier Häuserblocks bekam die 110th Street einen Namen: Tito Puente's Boulevard. Das passte jetzt gut: Tito Puente war The King of the Timbales, ein berühmter Perkussionist, aufgewachsen in Spanish Harlem.

»Magst du Latin, Phil?«

»Nein, ich stehe mehr auf den Free Jazz der sechziger und siebziger Jahre. Und ich sammle alles von Ravi Shankar.«

Den kannte ich. Platten voller Sitargeleier aus Indien.

Phil machte ziemlich Tempo. Trotz der Wolldämpfung klapperten permanent die dünnen Schutzbleche an seinem Rad. Er schaltete auf ein kleineres Ritzel und trat ordentlich in die Pedale.

»Bleibt deine Mutter abends immer wach, bis du nach Hause kommst?«, fragte ich.

Phil antwortete nicht.

Einmal links ab, dann wieder rechts.

Vor uns kam der Jefferson Park in Sicht. Die Bäume sahen aus wie dunkle Wolken auf Stämmen.

Phil bremste abrupt. Erst schoss ich ein paar Meter über die Stelle hinaus, dann machte ich kehrt und kam zu ihm zurück.

»Das hier ist die 1st Avenue. Hier musst du nach rechts.«

»*Thanks, man.*«

Unbeholfen klopfte Phil mir auf die Schulter. Ich tat dasselbe bei ihm.

»Hier, nimm mal mein Licht. Ich hab' zu Hause noch eins herumliegen. Das erspart dir eine Menge Ärger mit der Polizei.«

Als er das Klettband löste, fiel der rote Lichtschein auf sein Gesicht. Mit dem dünnen Haar und den roten Augen sah er aus wie ein Albino mit langem Bart. »*Have a nice stay*«, rief er.

Während ich mir die Lampe um den Arm band, schaute ich ihm nach. Der Weg zum Hotel war leicht zu finden: einfach ein paar Kilometer die Straße hinunter. Phil schaute sich nicht mehr um. Im Schein der Straßenlaternen sah ich ihn davonfahren. Jetzt war er schon fünfzig Meter entfernt.

Ein Mann auf einem Wollfahrrad.

Im Stehen, das Rad zwischen den Beinen, zögerte ich. In was für einem Haus wohnten Phil und seine Mutter wohl? Ich schaltete die Fahrradlampe aus und fuhr ihm hinterher. In der Dunkelheit konnte er mich unmöglich erkennen. Ich hielt gut hundert Meter Abstand. Mit der linken Hand schaltete ich, so dass meine Kette auf ein kleineres Ritzel fiel. Sanft und geräuschlos setzte ich meine Fahrt fort.

Phil bog rechts ab und verschwand damit aus meinem Blickfeld. Ich stieg in die Pedale, um schnell zu der Ecke zu kommen und ihn nicht aus den Augen zu verlieren.

Kein Phil zu sehen. Verdammt. Ich hatte den Anschluss verloren. Soweit ich sehen konnte, kam aber auch so bald keine Seitenstraße. Ich verringerte mein Tempo und schaute zu den Häusern links und rechts. Schöne, stattliche Wohnhäuser mit monumentalen Eingängen.

Rechts fiel eine Tür zu. War Phil dort hineingegangen? Ich fuhr zu dem Haus hinüber und entdeckte ihn gerade noch im Flur. Er schob sein Rad in den Fahrstuhl. Als er sich umdrehte, duckte ich mich hinter ein Auto. Hatte er mich gesehen?

Der Eingangsbereich sah gepflegt aus. Viel Marmor und dicke, mit Goldfarbe gestrichene Pfeiler. Hinter einem Schreibtisch saß ein Nachtportier, der beim Licht einer altmodischen Scherenlampe die Zeitung las.

Ich trat ein paar Schritte zurück und schaute an der Fassade hinauf. Im dritten Stock ging das Licht an. Vor dem Fenster hing eine dreieckige Gardine, mit der Spitze nach unten. Wolle. War es dasselbe Familienwappen wie in Phils Rädern? Nach ein paar Minuten ging das Licht wieder aus. Kurz wartete ich noch.

Kein Phil, keine Mutter.

Ich ging zu Fuß mit dem Rad zum Eingang. Die gläsernen Schiebetüren öffneten sich automatisch. Ich zögerte kurz, ob ich als Fremder mit dem Rad hineindurfte, aber der Nachtportier winkte mich schon zu sich.

»*Hello, Sir, can I help you?*«

Ich hatte mir nicht überlegt, was ich eigentlich sagen sollte. Einer Eingebung folgend, zog ich das Klettband vom Oberarm und reichte dem Portier die Lampe. »Die hab' ich mir von Phil geliehen. Könnten Sie ihm die morgen zurückgeben?«

»Ja, natürlich, Sir. Er ist gerade erst hereingekommen. Soll ich ihn schnell anrufen?«

»Nein, lassen Sie mal. Sonst wecken Sie womöglich noch seine Mutter.«

»Seine Mutter?«

»Ja, seine Mutter. Sie wohnen doch zusammen hier, oder?«

»Es tut mir leid, Sir, aber Phils Mutter ist schon seit Jahren tot.«

Ich dachte nach. Der Portier redete weiter.

»Sie hat hier dreißig Jahre gewohnt. Mit ihrem Mann. Er war Geschäftsmann, hat Webmaschinen verkauft, weltweit. Nach seinem Tod ist sie nicht mehr vor die Tür gegangen. Alles blieb an Phil hängen. Aber eines Abends kam sie dann doch hier an meinem Schreibtisch vorbei, adrett gekleidet, mit Wollhut. Zwei Tage später wurde sie im East River gefunden.«

Es entstand ein kurzes Schweigen.

»Woher kennen Sie Phil, wenn ich fragen darf?«

Ich erzählte von unserer Begegnung in dem Plattenladen.

»Sind Sie heute Abend zusammen ausgegangen?«

Ich nickte.

»Dann hatte Phil den Abend seines Lebens. Sonst ist er immer allein zu Hause.«

Ich legte die Lampe vor dem Portier auf den Tisch.

»Grüßen Sie ihn.«

»Von wem, Sir?«

»Von Thelonious.«

»*The-lo-ni-ous*«, wiederholte der Portier, während er den Namen langsam auf den Umschlag eines Rätselheftes notierte. »*All right, see you.*«

Ich nickte freundlich und ging mit meinem Fahrrad nach draußen. Auf dem Absatz schaute ich mich noch einmal nach der Wohnung um. Das Licht war nicht wieder angegangen. Nur undeutlich sah ich den Umriss der Gardine. Er erinnerte mich an Phils Spitzbart.

Mit ein paar kräftigen Pedaltritten machte ich auf der *bike lane* der 1st Avenue Tempo. Wegen der hohen Fahrtgeschwindigkeit konnte ich die Reklamesprüche in den Geschäften nicht mehr scharf sehen. Ich beugte mich vor, um den Luftwiderstand möglichst zu verringern. Die Plattenhülle von Sun Ra pikste mich in die Haut.

Auf nach SoHo.

Auf der Prince Street schlich sich die melancholische Melodie von »Monk's Mood« in meinen Kopf: vereinzelte Noten, die ihren Platz auf den Linien erst noch finden mussten. Ich trat schneller, um noch bei Grün über die nächste Ampel zu kommen. Die schwarzen Notenlinien flatterten auf, und die Noten lösten sich von ihnen ab, flogen fort, über die Avenue hinweg, vergeblich auf der Suche nach einem Halt.

TEIL II

Nebel auf dem Ventoux

Rotz. Ich musste den Rotz aus meiner Nase loswerden. Die rechte Hand diente mir als Taschentuch. Ich schnaubte. Kräftig. Dann hatte ich die Nasenlöcher wieder frei, und die frische Septemberluft prickelte mich hinter den Augen.

Ich schüttelte den Rotz von den Fingern ab und schaute zur Seite. Das Tal lag schon ein gutes Stück unter mir. Die ersten fünf Kilometer des Mont Ventoux hatte ich geschafft. Ungefähr ein Viertel der Strecke.

Ich nahm einen Schluck aus meiner vorderen Trinkflasche. Der faulig-süßliche Geschmack des Durstlöschers hing mir tief in der Kehle.

Ein Mietwagen, in dem mein zehnjähriger Sohn Sonny saß, fuhr neben mir her. Er hatte das Fenster heruntergelassen und lehnte sich nach draußen.

»Die Steigung beträgt hier sechs Prozent, Papa, und gleich werden es zehn«, sagte er ruhig, im Ton eines Nachrichtensprechers, der den Zuschauer über die Fakten des Tages informiert.

»Okay, danke«, sagte ich. Die Trinkflasche hatte ich wieder in die Halterung gesteckt.

Freunde in den Niederlanden hatten mich gewarnt. Nach den ersten sechs Kilometern käme eine scharfe Haarnadelkurve nach links, danach finge der steile Anstieg auf den Mont Ventoux erst richtig an.

Noch hundert Meter bis zur Kurve.

Der Mont Ventoux ist der bei weitem höchste Berg in der Provence. Fast 2.000 Meter.

Seine Spitze hatte ich bislang noch nicht gesehen. Als ich in dem Dorf Bédoin losgefahren war, war der Gipfel von einer hartnäckigen Wolke eingehüllt gewesen.

Meine Knie kamen abwechselnd hoch, um gleich wieder Richtung Asphalt abzusinken. Zwischen meinen Beinen hindurch sah ich, wie die Kette vorne auf dem kleinen Kettenblatt lag und hinten auf dem drittgrößten Ritzel. 24 Zähne vorn, 23 hinten. Wenn mir der Gang unterwegs zu schwer wurde, konnte ich noch zwei Mal auf eine leichtere Übersetzung schalten, auf das 26er- oder das 29er-Ritzel.

Noch fünfzig Meter, dann musste ich schalten, kurz vor der Haarnadelkurve.

Diese Klettertour war mein Geschenk an mich selbst. Ich wurde fünfzig. So etwas musste man gebührend feiern. Ohne Torte, ohne Besuch. Auf einem Fahrrad. Mit allenfalls ein paar Freunden um mich. Benny und Rob wollten mit. Sie wollten zusehen, wie ihr Freund auf dem Ventoux ins Schwitzen kam. Vom Auto aus. Benny war ohnehin mit allem einverstanden, Hauptsache, wir gingen am Wochenende gut essen. Er saß am Steuer des brandneuen Renault, den wir am Flughafen von Nizza gemietet hatten.

Rob saß mit Sonny hinten drin. Fahrradfahren war nicht sein Ding. Er ging lieber ein Mal in der Woche eine Runde joggen, ein Mal um sein Wohnviertel in Amsterdam herum.

Sonny war bei meinem Fest der Ehrengast. Er filmte mit seiner eigenen kleinen Videokamera. Zu Hause würde er dann am Computer einen Geburtstagsfilm für mich zusammenbauen.

Mit dem Auto hatte Benny die Kurve schon erreicht. Ich sah Sonnys immer noch aus dem Fenster gelehnten Kopf hinter den Felsen verschwinden.

Schnell noch einen Schluck. Ich zog die Trinkflasche wieder aus der Halterung und drückte sie zusammen. Der Strahl schoss mir in den Mund. Es war zu viel. Die überschüssige Flüssigkeit klatschte auf den Asphalt. Bestimmt genau der Schluck, der mir gleich noch fehlen würde, auf den letzten Kilometern bis zum Gipfel.

Der Motor des Autos drehte höher. Es wurde steil, das war deutlich.

Obwohl ich ganz außen in der Kurve fuhr, nahm die Spannung in meinen Oberschenkeln innerhalb von ein paar armseligen Metern spürbar zu. Meine Trittfrequenz nahm merklich ab. Vor mir lag das berüchtigte Waldstück. Zahllose Radfahrer, die sich nach Erholung sehnten, waren hier nach einer kilometerlangen Kletterpartie schließlich doch mutlos abgestiegen. Der Abschnitt erinnerte mich an die dünnen Wälder, die ich früher für meine Modelleisenbahn gebastelt hatte. Auf einen Streifen Leim neben den Schienen hatte ich Sand gestreut und eine Handvoll Plastiktannenbäumchen hineingedrückt, zwischen denen die Lokomotive hindurchfahren konnte.

Mein Begleitfahrzeug ließ sich ein Stück zurückfallen und fuhr jetzt wieder neben mir. Sonny filmte meine ersten Meter im Wald aus nächster Nähe. An dem ausklappbaren Tisch vor sich hatte er eine Fotokopie der Steigungsgrade pro Kilometer festgepinnt.

»Papa, das hier ist der Wald, oder?«

Keuchend nickte ich.

»Gleich werden es zehn Prozent«, sagte er, ohne die Kamera von mir abzuwenden.

Ich schaltete in einen leichteren Gang, was meinen Beinen etwas Erholung verschaffte. Die Kette war hinten vom 23er- auf das 26er-Ritzel geklettert. Dies war der sechste Kilometer des Anstiegs auf den Ventoux. Fünfzehn Kilometer lagen noch vor mir. Das 29er, meinen Rettungsring, hatte ich noch nie benutzt. Ich hob es mir als Reserve auf.

In den siebziger Jahren war der Belgier Lucien Van Impe ein begnadeter Radrennfahrer gewesen. Er hatte die ideale Statur für einen Kletterer. Sechs Mal hatte er die Bergwertung der Tour de France gewonnen. Sobald die Straße anstieg, sah man Van Impe mit geschmeidigem Tritt an die Spitze des Pelotons ziehen. Ich wusste noch gut, wie er einmal nach dem Ende einer bleischweren Bergetappe von seinem Fahrrad gesprungen war: frisch wie der junge Frühling. Während man ihm ein Mikrofon vor den Mund hielt, nahm der Mechaniker seines Teams sich des Fahrrads an. Mit aus der Hosentasche heraushängendem Putztuch schaute er sich das Ritzelpaket am Hinterrad an und sah, dass Van Impe den größten Zahnkranz gar nicht benutzt hatte. Es war keinerlei Kettenschmiere drauf. »Lucien ist in guter Form, sein 22er ist noch ganz sauber«, meldete der Mechaniker triumphierend der Fernsehkamera.

Mein 29er sollte auch so lange wie möglich sauber bleiben. Es ist ein simples Spiel mit der eigenen Willenskraft. Solange du nicht aufs 29er wechselst, kommst du hoch. Dann bist du ein ganzer Kerl. Es war gar nicht daran zu denken, aufs 29er zu schalten. Dann hätte ich nichts mehr übrig. Dann müsste ich absteigen. Und absteigen konnte ich nicht. Durfte ich nicht. Das hätte ich meinen Freunden, aber vor allem mir selbst nicht erklären können.

Allmählich bekam ich die eigene Atmung etwas besser unter Kontrolle. Vor mir lag der steile Abschnitt, der mit sanften Kurven durch das Waldstück führte. Es gab keinen einzigen flachen Meter. Im Gegenteil, weiter oben wurde es immer schlimmer. Da kamen die Passagen mit zehn Prozent Steigung.

»*Bonjour, ça va?*«

Vor Schreck schwenkte mein Vorderrad einen halben Meter nach rechts.

Ein stämmiger Mann mit vergnügtem Gesicht fuhr ganz dicht an mir vorbei. Sein Tempo war bedeutend höher als meines.

»*Oui, oui*«, antwortete ich keuchend.

Über den kurzgeschorenen Nacken lief ihm ein Schweißrinnsal in das hellgelbe Trikot. *Cacahuettes* las ich auf der Rückseite. Das Wort stand über der Abbildung einer Dose Erdnüsse. Welcher Idiot trug schon ein Trikot von einem Erdnusshersteller? Erdnüsse. Eine schlechtere Ernährung war für Rennradfahrer gar nicht denkbar. Zu trocken, zu fett, zu süß.

Cacahuettes gewann mit jedem Tritt in die Pedale etwa zwanzig Zentimeter Vorsprung. Jetzt nicht anstacheln lassen, sondern im eigenen Tempo weiterfahren. Sollte er ruhig einen schwereren Gang fahren. Ich ließ den Erdnussmann ziehen.

Zehn Prozent Steigung. Das war zweieinhalb Mal so viel wie bei der Van Brienenoordbrug, der großen Bogenbrücke in Rotterdam, die ich zum Trainieren schon oft hinauf- und wieder hinuntergefahren war.

Es war zehn Uhr abends. Sonny und ich lagen in einem geräumigen Doppelbett, in einem Hotel in dem Dorf Mazan, fünfzehn Kilometer vom Mont Ventoux entfernt. Benny und Rob waren ebenfalls auf ihren Zimmern. Wir hatten in dem Restaurant im Erdgeschoss zu Abend gegessen. Sonnys Kopf lugte gerade noch unter den Laken hervor. Er hatte seine Videokamera auf den Nachtschrank gelegt, neben seine Armbanduhr mit Stoppfunktion.

Mit schläfrigen Augen schaute er mich an.

»Papa, warum musst du eigentlich auf den Berg hoch?«

»Weil es einer der schwierigsten Berge überhaupt ist.«

»Warum nimmst du dann nicht einen einfachen?«

»Ich will mal schauen, ob ich diesen schaffe.«

»Und wenn du ihn nicht schaffst?«

»Dann ärgere ich mich, aber es ist auch nicht so schlimm.«

»Wirklich wichtig ist es also nicht.«

»Na ja, ich fand es schon eine schöne Idee, zum fünfzigsten Geburtstag mit dem Rad einen ganz hohen Berg hinaufzufahren.«

»An deinem zwanzigsten Geburtstag wäre es viel einfacher gewesen, denke ich.«

»Das denke ich auch, ja ...«

Einen Berg hinaufzuwollen, bedeutet, Spott zu treiben mit der Schwerkraft. Es hat schon seinen Grund, warum Straßenbauer dafür sorgen, dass ihre Wege sich so lange wie möglich durchs Tal schlängeln. Erst wenn es wirklich nicht mehr anders geht, kriecht der Asphalt wie Efeu an den Bergflanken hoch.

Auf dem Fahrrad muss man für die schweren Kletterstrecken bisweilen mit Krämpfen in den Beinen büßen. Im schlimmsten Fall gibt das Herz ein Warnsignal ab, und der Tod schaut kurz um die Ecke. Das ist dem britischen Radrennfahrer Tommy Simpson passiert, kurz unter dem Gipfel des Mont Ventoux, bei einer Tour-de-France-Etappe im Jahr 1967. Er fiel erschöpft von seinem Rad und bat die Umstehenden, ihm wieder in den Sattel zu helfen. In der sengenden Hitze schlingerte er über den Asphalt. Dann fiel er um. Der Tour-Arzt war schnell zur Stelle. Er bemühte sich nach Kräften, Simpson durch Mund-zu-Mund-Beatmung am Leben zu erhalten.

Es hat nicht sollen sein. Im Hubschrauber auf dem Weg ins Krankenhaus ist er gestorben. In seinem Körper stellten sie Alkohol und Amphetamine fest.

Simpsons Tod war eine Mahnung an alle Rennfahrer, die Raubbau an ihrem Körper betrieben. Und doch ist Angst ein schlechter Ratgeber. Ohne Schmerzen kommt man den Mont Ventoux einfach nicht hinauf. Einen Berg muss man anzugreifen wagen. Man darf sich nicht von der Natur zur Schnecke machen lassen.

Abgesehen vom Geknatter des Motors unseres Renault war es still in dem Waldstück. Auch Vögel waren in den Bäumen nicht mehr zu hören. Cacahuettes fuhr ein Stück weit vor mir. Er ging aus dem Sattel und stellte sich in die Pedale.

Ich fuhr in gemächlichem Tempo. Elf Stundenkilometer. Ich musste Druck auf den Pedalen halten, sonst bekam ich Probleme mit dem Gleichgewicht.

Das 29er-Ritzel. Nur einmal mit der rechten Hand schalten, und es würde gleich viel leichter gehen. Nein. Bleiben lassen. Einatmen, treten, ausatmen, treten, einatmen, treten, ausatmen.

Weiter vorn fuhr Cacahuettes immer noch im Stehen. Das konnte in diesem Wald niemand lange durchhalten. Eine feuchte Kälte, bei der die Muskeln gnadenlos leergesaugt wurden.

Eine Fliege landete auf meinem Oberarm. Das Insekt rieb die Vorderbeine aneinander. Faule Trittbrettfahrerin. Ich pustete in ihre Richtung, das Tier nervte mich. Die Fliege ließ sich von dem Windzug nicht stören und blieb sitzen. Das Viech musste weg. Ich pustete noch einmal kräftiger. Sie flog in den Wald davon.

»Wie viel Kilometer stehen bei dir, Papa?«, rief Sonny. Das Begleitfahrzeug fuhr jetzt ein paar Meter vor mir.

Ich drückte auf einen Knopf am Fahrradcomputer.

»Sechs komma drei!«

Kurz blieb es still im Wagen. Sonny starrte auf das angepinnte Papier mit der Route und den Prozent-Angaben zur Steigung.

In der Böschung lag eine eingedrückte Getränkedose. Ich erkannte das grün-blaue Markenlogo: Sprite. Viel zu süß für den Ventoux. Davon kriegte man bloß Durst.

Sonny steckte wieder den Kopf aus dem Fenster. »Du bist jetzt fast bei den zehn Prozent.«

Es kam mir vor, als hätte Sonny den Asphalt eigenhändig steiler eingestellt. Ich trat jetzt viel schwerer als noch vor einer Minute.

»Wie lang?« Mehr als zwei Worte bekam ich nicht heraus.

»Was?«, fragte Sonny.

Ich keuchte und musste kurz warten, bis ich es schaffte, die Frage um ein Wort zu verlängern.

»Wie lang zehn?«

Der Kinderkopf verschwand im Wageninneren.

Ich fuhr etwa neun Kilometer in der Stunde.

Na los. So schwierig war das doch nicht. Einfach mit den Fingern an der Zahlenreihe entlang. Sag schon. Wie lang? Wie lang zehn?

»Ich glaube, nach etwa einem Kilometer werden es wieder neun Prozent, Papa«, hörte ich ihn endlich rufen.

Der Asphalt bestand hier aus lauter kleinen schwarzen Steinchen. Die Straßendecke sah auf den ersten Blick glatt aus, aber zwischen den einzelnen Steinchen waren immer ein paar Millimeter Luft. Im Grunde fuhr ich immer nur von einem Steinchen zum nächsten. Und dazwischen trat ich ins Leere.

Es fehlte nicht mehr viel, und ich würde mir einbilden, über Kopfsteinpflaster zu fahren.

Ich zerrte die vordere Trinkflasche aus der Halterung und nahm ein paar kräftige Schlucke. Flüssigkeit. Herrlich. Beim Schlucken ließ ich ein paar Atemzüge aus. Prompt war der Rhythmus futsch. Nur mit Mühe behielt ich die Kontrolle über das Rad.

Schnell drückte ich die Flasche in die Halterung zurück.

Mein Tempo blieb unregelmäßig. Es gab keinen Ausweg mehr, die Strecke wurde immer steiler. Das 29er? Nein. Nein.

Immer noch nichts als Asphalt und Bäume. Noch kein Gipfel.

Bei meinem Start im Zentrum von Bédoin waren gerade ein paar Männer in flatternden Regenjacken auf dem Fahrrad nach unten gedonnert gekommen. Zurück vom Gipfel. Sie hatten rot angelaufene Gesichter und angetrocknete Spucke in den Mundwinkeln.

»*Froid?*«, fragte ich und zeigte nach oben.

»*Ça va, ça va!*«, riefen sie, mit Gesten, die alles besagen konnten.

Es war September; in dem Fahrradladen von Bédoin, wo ich meine Reifen aufgepumpt hatte, hingen große Fotos eines weißen Mont Ventoux. Auf dem Weg wurden Radfahrer bei einem heruntergelassenen Schlagbaum von einem Gendarm aufgehalten. Der Bergpass war *fermé*. Das passierte hier manchmal auch in Monaten, in denen man es nicht erwartet hätte. Die Natur zickte ab und zu herum.

»Pap, du schaffst es!« Sonny hatte wieder den Kopf aus dem Auto gesteckt. »Du hast doch deinen Glücksmagneten dabei, oder?«

Ich griff an meine Rückentasche und ertastete zwischen zwei Beuteln Flüssignahrung die kleine Stahlscheibe. Ich hob den Daumen.

Robert Gesink, das Naturtalent des damaligen Team Rabobank, hatte diesen Berg 2008 erklommen, von seiner weniger steilen Seite aus, bei einer Etappe der Fernfahrt Paris–Nizza. Er legte ein enormes Tempo vor. Nachdem die Spitzengruppe das Dorf Malaucène hinter sich gelassen hatte, mussten die Kletterer allesamt passen. Einzig dem Australier Cadel Evans gelang es, sich an Gesinks Hinterrad zu heften. Er gewann schließlich den Sprint um den Etappensieg gegen den Niederländer.

Bei der Tour de France 2000 war der Italiener Marco Pantani allein an der Spitze gefahren. Mit einer mächtigen Kraftanstrengung war es dem Träger des Gelben Trikots, Lance Armstrong, gelungen, den Italiener einzuholen und am Schlafittchen zu packen. Seite an Seite waren sie das letzte Stück zum Gipfel hinaufgefahren. Das Tempo der beiden war mörderisch gewesen. Pantani in seinem aufgedrehten, leichten Stil, mit elegantem, rundem Tritt. Und neben ihm die amerikanische Fahrradmaschine, manisch, mit verstohlen herüberschielenden Augen und kreidebleichem Gesicht. Oben, beim Finish, drückte Pantani sein Vorderrad als Erster über die Ziellinie. Hinterher wollte der Amerikaner gern von allen hören, wie großzügig er gewesen war. Weil er selbst auch hätte gewinnen können.

Gesink, Evans, Pantani, Armstrong.

Ich musste aufhören, an die Profis zu denken. Ich war selbst, seit heute, im sechsten Jahrzehnt meines Lebens. Ein armer alter Mann, der unbedingt beweisen musste, dass er für diese Kletterpartie noch stark genug war. Der seinem Sohn zeigen wollte, dass er einen bärenstarken Vater hatte. Im Gegensatz zu anderen Vätern, die mit Fettwülsten vor dem Fernseher saßen.

»Geht es?«, fragte Sonny, nach einer langen Phase der Stille. »Es geht noch sechs Kilometer durch diesen Wald.«

Sechs Kilometer. Ich dachte an meine feste Trainingsroute in der Gegend von Rotterdam und stellte mir vor, wie es wäre, wenn die dortige flache Strecke plötzlich eine Steigung von zehn Prozent hätte.

»Ja. Schwer.«

»Was sagt dein Kilometerzähler?«

»Dreizehn ... komma ... sieben.«

»Dann sind es hier ... 8,7 Prozent.«

Die Landschaft veränderte sich nicht nennenswert. Ich hatte den Eindruck, immer dasselbe Stück entlangzufahren. Als wäre ich in eine Zeitschleife hineingeraten. Ewig fahren, nie ans Ziel kommen.

»Zehn Prozent«, hörte ich aus dem Wagen.

Ich pustete einen Schweißtropfen von meiner Nasenspitze weg und trank noch einen Schluck aus der Flasche. Sie war schon zu drei Vierteln leer. Ich musste aus dem Sattel gehen, um im Rhythmus zu bleiben. Als ich mich wieder in den Sattel zurücksinken ließ, war es, als ob jemand an meinem Trikot ziehen würde.

Schleifte irgendetwas? Ich schaute auf mein Vorderrad. Die Bremsbeläge berührten die Felge nicht. Und hinten? Nein, hinten auch nicht.

Wer in dem Waldstück des Ventoux forciert, muss weiter oben dafür büßen. Wird behauptet. Ich durfte mich nicht übernehmen. Dann würde ich es nicht schaffen.

Heimlich an der Seite des Autos festhalten? Wie herrlich das wäre. Nur eine einzige Umdrehung der Pedale auslassen. Was für einen Unterschied das machen würde, in den Beinen und im Kopf.

Ich fuhr in eine Kurve hinein. Wurde es danach weniger steil? Ich blickte auf. Ein Stück weiter vorn, rechts am Straßenrand, stand ein Mann neben seinem Rennrad. Er trug ein gelbes Trikot. Cacahuettes. Er war abgestiegen. Der Erdnussmann packte es nicht mehr. Was hab' ich gesagt? Zu schnell gestartet. Er hing über seinem Rad. Auf seinem

Rücken war ein Schweißfleck, auf Höhe der Erdnussdose. Jetzt war ich ganz nahe bei ihm. Von dem rot angelaufenen Kopf lief Cacahuettes der Schweiß herunter. Auf dem Asphalt lag eine Kotzpfütze, die genauso gelb war wie sein Trikot. Eine gute Reklame für Erdnüsse.

»Bonjour!«, rief ich, so laut ich konnte. Danach musste ich extra tief Luft holen, aber das war es mir wert.

Cacahuettes schaute erschrocken auf. Die hohlen Augen eines Hilflosen. Und wieder dieses Erdnussgelb, jetzt auch als Schleim, der ihm aus dem Mund lief.

Er entgegnete nichts. Ich schaute mich nicht mehr um.

Ich fuhr ein schönes Tempo. Es war ein fantastischer Wald. Ein prächtiger Asphalt. Und auf dem 26er fuhr es sich prima.

»Hier sind es neun Prozent, Papa.« Das Begleitfahrzeug fuhr jetzt wieder neben mir.

Nur neun? Prima. Seit ich die abgekämpfte Visage von Caca gesehen hatte, wurde ich mit allem fertig.

Unter meinen Rädern flitzte in großen Blockbuchstaben der Name Landis hindurch. Auf den Asphalt getünchte Buchstaben blieben lange lesbar, auch wenn der Name selbst schon wieder in Vergessenheit geriet. Dies hier war eine Ermutigung für den amerikanischen Radrennfahrer Floyd Landis, der damals, vor ein paar Jahren, noch nicht beim Doping erwischt worden war. Ein Fan hatte einen Eimer mitgeschleppt und vor der Etappe mit einem breiten Pinsel die sechs Buchstaben auf die Straße geschrieben. Landis – bestimmt war in Kürze wieder Platz für ihn im nachsichtigen Peloton.

Ich schaute in den Himmel. Inzwischen war er bewölkt. Sicherheitshalber hatte ich Armlinge dabei, für den Fall, dass es auf den letzten Kilometern noch kalt und windig wurde. Vom Tal aus war ich mit meinem sommerlichen, feuerwehrroten Acqua-e-Sapone-Trikot losgezogen.

Das Waldstück wurde immer kahler, ich konnte jetzt zwischen den Bäumen hindurchgucken. Viel Ablenkung war nicht zu finden. Keine wegspringenden Hirsche oder Alpenmurmeltiere. Musste ich hier schon tiefer Luft holen, um genug Sauerstoff zu bekommen?

Das Auto fuhr nun schon eine Stunde lang neben mir her, im ersten Gang. Benny saß hinter dem Steuer. Er musste sich zu Tode langweilen bei diesem Schneckentempo.

Jetzt war es noch ungefähr ein Kilometer bis zum Chalet Reynard, einem Parkplatz auf 1.440 Metern Höhe mit einem Restaurant daneben. Erfahrene Mont-Ventoux-Bezwinger hatten mir erzählt, dass es an der Stelle zum ersten Mal etwas weniger steil ist. Man kann ein bisschen zu Atem kommen, bevor man die letzten sechs Kilometer durch eine kahle Mondlandschaft klettern muss.

Benny fuhr jetzt an mir vorbei, in etwas schnellerem Tempo. Wollte er vor mir her fahren?

Im nächsten Augenblick hörte ich ein trockenes Reißgeräusch.

»*Fuckin' hell.*« Bennys Stimme.

Das Auto war mit dem vorderen Teil der Motorhaube über den Rand der Straße gerutscht. Dahinter erstreckte sich eine tiefe Schlucht.

Es sah gefährlich aus. »Sonny, steig aus, Sonny, raus da!«

Sonny machte die hintere Tür auf und sprang auf den Asphalt. Rob kam ihm nach. Zusammen standen sie am Straßenrand.

Wo war Benny? Noch im Wagen?

Nein. Er war auch ausgestiegen und stand jetzt neben Rob und Sonny. Ich trat langsam weiter.

»Fahr ruhig weiter, Wil, wir kriegen das hin«, hörte ich Rob rufen. Sie standen zu dritt auf dem unbefestigten Randstreifen.

»Geht es?«, rief ich zurück. »Alles in Ordnung mit Sonny?«

»Ja, wir kommen schon zurecht, fahr mal weiter.«

»Okay. Wir sehen uns gleich oben«, rief ich über die Schulter zurück und trat weiter in die Pedale.

Ein Wagen mit französischem Kennzeichen kam den Berg hinab. Am Steuer saß ein älterer Mann, auf dem Beifahrersitz eine Frau. Ich signalisierte ihnen mit einer Handgeste, dass sie langsamer fahren sollten. Der Mann drosselte das Tempo.

Nach der nächsten Kurve konnte ich unseren Renault wieder sehen. Ein Meter weiter, und das Auto wäre in die Schlucht gestürzt. Der Ernst der Lage wurde mir jetzt erst richtig bewusst.

Rob hatte mir zugerufen, ich sollte weiterfahren. Aber wusste er überhaupt, in was für einer gefährlichen Position sich das Auto dort befand? Bei der kleinsten Gewichtsverlagerung stürzte es womöglich doch noch nach unten.

Ich trat weiter in die Pedale, aber mein Tempo nahm ab. Der französische Autofahrer hatte an der Unfallstelle angehalten. Er und seine Frau standen bei Rob und Benny und gestikulierten lebhaft. Sonny war nirgends zu sehen.

Der Weg stieg immer noch an, aber ich spürte es nicht mehr. Ich fuhr Rad. Punkt. So oft ich konnte, spähte ich zwischen den Bäumen hindurch nach unten, in der Hoffnung, Sonny wieder zu entdecken. Der Franzose kniete jetzt vor dem Renault und schaute darunter. Dann folgten wieder Gebärden.

Mein Radcomputer zeigte vierzehn Kilometer an. Noch sieben Kilometer bergauf. Wenn die Wolken weg waren, sah ich in ungefähr einem Kilometer vielleicht den weißen Gipfel des Bergs, mit dem berühmten Observatorium aus weißem Stein, das wie ein arrogant erhobener Mittelfinger in den Himmel zeigte.

Der Gipfel. Niemandem war damit gedient, wenn ich jetzt umkehrte. Kurz einen Fuß auf die Straße setzen und dann weiter, das war in meinem Alter schon drin. Aber bei einer Kletterpartie umkehren, das hatte ich noch nie getan.

Und dann brannte in meinem Kopf eine Sicherung durch. Ein kleiner Defekt in meinem Gehirn. Es roch sogar verbrannt. Was war ich für ein Sack, dass ich einfach weiterfuhr? Wie konnte ich meinen zehnjährigen Sohn an so einer gefährlichen Böschung zurücklassen?

Meine Füße kamen auf den Pedalen zum Stillstand. Ich zweifelte noch, doch mein Lenker drehte sich schon nach links, gefolgt vom Vorderrad.

Die Abfahrt ging wie von selbst. Komisches Gefühl, nicht mehr treten zu müssen. Innerhalb von ein paar Sekunden steigerte sich meine Geschwindigkeit von 7 auf 30 und dann auf 50 Stundenkilometer. Ich musste bremsen, um sicher in die Haarnadelkurve zu kommen.

Mit quietschenden Bremsen kam ich bei unserem Renault zum Stillstand. Sonny stand immer noch an derselben Stelle, auf dem unbefestigten Seitenstreifen am Rande der Schlucht. Er hatte seine Kamera in der Hand und sah völlig gelassen aus.

Ich klickte meine Schuhe aus den Pedalen und setzte meine Füße zum ersten Mal wieder auf den Boden. Dann legte ich das Fahrrad in die Böschung auf der Bergseite. Durch den abrupten Übergang vom Radfahren zum Laufen zitterten meine Beine. Meine Oberschenkel fühlten sich schwer und dick an.

Ich ging auf Sonny zu. »Alles in Ordnung?«

Er streckte den Daumen in die Luft. Von Angst keine Spur.

»Aber du hast jetzt doch angehalten, was?«

Das stimmte. Ich hatte angehalten.

Rob, Benny und das französische Paar standen mitten auf der Straße. Das Mietauto war an der Unterseite fürchterlich zerschrammt. Das linke Vorderrad hing über den Rand.

»Wie wollt ihr ihn da wegbekommen?«, fragte ich.

»Wenn wir uns mit ein paar Mann hinten dranhängen, und jemand legt den Rückwärtsgang ein, dann schaffen wir es. Dann macht er einen Satz von dem Rand weg«, sagte Benny, der sichtlich mitgenommen war.

Niemand machte Anstalten, den Plan umzusetzen. Es war aber auch niemand verletzt. Es ging nur noch darum, einen blöden Mietwagen zu retten. Ich wollte wieder aufs Rad. Weiterfahren. So tun, als hätte ich nie angehalten.

»Ich mach' das schon«, sagte ich. »Steckt der Schlüssel noch?«

»Ja«, antwortete Benny.

Sonny war vollauf mit den Knöpfen an seiner Videokamera beschäftigt. Ich ließ ihn. Dort, wo er am Straßenrand stand, konnte nichts passieren.

Vorsichtig schlüpfte ich auf den Beifahrersitz des Renault. Es war schon ein komisches Gefühl, die ganze Operation von hier aus durchführen zu müssen.

»Anlassen, dann die Handbremse lösen und aus dem Leergang in den Rückwärtsgang schalten«, rief Benny.

Ich ließ den Motor an. Die drei Männer zogen mit ihrem ganzen Gewicht an dem Wagen.

»Ich löse jetzt die Handbremse und lege dann sofort den Rückwärtsgang ein, okay?«

»Okay«, kam es zurück.

»Also los«, überbrüllte ich das Motorgeräusch. Ich legte den Rückwärtsgang ein und gab ein bisschen Gas. Mit Gewalt zog der Motor das frei hängende Rad auf den Asphalt. Sofort rollte der Renault rückwärts.

»Bremsen, bremsen!«, rief Benny.

Das Auto rollte immer schneller rückwärts und schlingerte dabei von links nach rechts. Vom Beifahrersitz aus konnte ich nur mit einer Hand lenken. Ich schaffte es nicht, mit dem linken Fuß an die Bremse zu kommen.

Mein Bein zitterte. Ich hörte, wie die Reifen wegrutschten.

Das ging schief. Der Mietwagen war nicht unter Kontrolle zu bekommen. Ich konnte nur warten, was passierte.

»Bremsen!«

Mein Fuß fand die Bremse. Ich trat das Pedal bis zum Anschlag durch. Das Auto geriet ins Schlittern. Ich schaute zurück. Durch meinen letzten Griff ins Lenkrad glitt der Renault jetzt auf den Wagen der Franzosen zu. Gegenlenken. Zu spät. Das gab gleich einen großen Knall. Ich schloss die Augen und krampfte mich zusammen. Noch ein paar Meter.

Mit einem trockenen Rumms prallte unser Wagen gegen den der Franzosen. Dann stand er still.

Ich suchte mit den Augen nach Sonny. Er stand nach wie vor auf dem Seitenstreifen, die Videokamera in der Hand. Ich zog die Handbremse und sprang aus dem Wagen.

»Geht es?«, fragte ich.

»Warum hast du denn nicht gebremst, Papa?«

»Ich konnte ihn nicht halten.«

»Ja, hier sind es 9,7 Prozent.«

Die Spur der Schlitterpartie war gut zu sehen. Schwarze Streifen, die im Zickzack über die gesamte Straßenbreite liefen.

Die Franzosen sowie Rob und Benny standen bei den Fahrzeugen. Es grenzte an ein Wunder. Der Zusammenprall war hart gewesen, aber im Lack war nicht der kleinste Kratzer zu erkennen. Jetzt erst sah ich, dass der Franzose dasselbe Auto hatte wie wir. Die Wagen standen jetzt mit dem bei beiden gleich flachen Heck aneinander.

»Das hätten wir uns etwas genauer überlegen sollen«, sagte Benny.

Sonny stand neben mir. Ich wühlte mit meinen Fahrradhandschuhen durch seinen Haarschopf.

Die französische Frau schaute erbost in die andere Richtung. Sie wollte hier weg. Ihr Mann nahm noch einmal das Heck seines Wagens in Augenschein.

»*Mon anniversaire, moi cinquante,* Mont Ventoux *avec mon fils et maintenant* Bumm«, sagte ich zu ihr.

»*Ah oui*«, sagte sie, mäßig interessiert, während sie ihren Mann anschaute, der auf den Knien sein Auto inspizierte.

»Das hätte böse schiefgehen können«, sagte Benny.

»Wenn das Auto in den Graben gefallen wäre, hätten wir ein Problem gehabt«, sagte Sonny. Er lächelte.

Rob, Benny und ich wechselten Blicke. Unser aller Erleichterung war deutlich spürbar.

»Na, dann steig' ich mal wieder aufs Rad, in Ordnung?« Ohne eine Antwort abzuwarten, stellte ich mein Rad wieder auf den Asphalt, schwang mich in den Sattel und klickte meine Füße in die Pedale ein.

Ich fuhr wieder. Es ging leichter als vor dem Absteigen. Es war, als hätte ich zwei frische Beine unter den Leib montiert bekommen. Als hätte ein Masseur mir die Müdigkeit und den Schrecken aus den Knochen herausgeknetet.

Ich musste etwas essen. In der Rückentasche meines Trikots steckte ein Beutel mit Flüssignahrung. Als ich mit der Linken danach suchte, trafen meine Fingerspitzen auf ein rundes Stück Metall. Der Glücksmagnet. Mit einem Bild des Schutzheiligen Christophorus. Kurz vor dem Wochenende hatte ich das Ding auf Anraten Sonnys von dem Stahlaschenbecher in meinem alten Mercedes abgenommen. »Bringt Glück«, hatte er gesagt.

Mit den Zähnen riss ich den Beutel auf und sog den Inhalt in mich hinein. Ein Gel mit bitterem Koffeingeschmack. Den leeren Beutel stopfte ich zurück in die Trikottasche. Ich nahm noch ein paar Schlucke aus meiner vorderen Trinkflasche. Leer.

Der Weg war hier weniger steil. Ich konnte sogar noch ein paar Gänge höherschalten. Das Grün wurde immer weniger, bald kam ich über die Baumgrenze hinaus. Nach einer weiten Kurve sah ich in der Ferne ein Restaurant liegen. Das musste das Chalet Reynard sein. Es sah geschlossen aus. Sie hatten die Straße verbreitert, um den Restaurantbesuchern einen Parkplatz bieten zu können.

Hier, außerhalb des Waldes, traf der Wind auf keinen Widerstand mehr. Es wurde kälter. Ich zog meine Armlinge hoch bis zu den Achseln. Etwa hundert Meter weiter fing die Tour durch die Mondlandschaft an.

Die Straße führte jetzt wieder schräg nach oben. Noch sechs Kilometer klettern.

Die berühmten schwarz-gelben Markierungspfosten an der Talseite der Straße glitten an mir vorbei. Hörte ich den Motor des Renault hinter mir? Ich schaute mich um. Benny saß hinter dem Steuer, immer noch mit diesem unruhigen Blick in den Augen. Er fuhr ein Stück vor, so dass wir auf gleicher Höhe waren. Sonny ließ sein Fenster herunter und streckte den Kopf nach draußen. Er hatte ganz rote Wangen.

»Auf den letzten Kilometern sind es elf Prozent, Papa«, sagte er.

Nebelschwaden wehten mir entgegen. Ich keuchte. Ging aus dem Sattel. Setzte mich wieder. Fuhr wieder im Stehen. Es war ein Ankämpfen gegen den heftigen Wind. Allmählich wurde es neblig. Benny machte die Scheinwerfer an. Durch Sonnys offenes Autofenster hörte ich ihn mit Rob sprechen. »Lebensgefährlich. Ich kann fast nichts mehr sehen.«

Es wurde immer dunkler. Verrückt. Es war erst halb vier nachmittags, aber es kam mir vor, als würde ich in die Nacht hineinfahren. Man hatte gerade noch zwanzig Meter Sicht.

Das Auto ließ sich zurückfallen.

»Du schaffst es schon, Papa«, hörte ich Sonny sagen. Dann verklang das Motorgeräusch nach und nach. Ich hörte nur noch das Sausen des Windes und mein eigenes Keuchen.

Das 29er kam mir wieder in den Sinn. Weg damit. Oder nein. Es einfach tun. In einen leichteren Gang schalten. Was scherte es mich noch? Die Kette sprang auf das größte Ritzel. Das war mein leichtester Gang. Es half. Ein bisschen.

Ich nahm den zweiten Beutel Gel aus meiner Trikottasche. Ich spritzte mir den Inhalt in den Mund, bis der Beutel leer war, und musste sofort würgen. Eigentlich sollte man in dieser Höhe nur noch auf Wasser und Luft fahren. Mitten in diesem kahlen Meer von Steinen musste das reichen. Ich spuckte die Hälfte des Gels auf den Boden und nahm stattdessen ein paar große Schlucke aus meiner zweiten Trinkflasche.

Eine Aussicht hatte ich nicht. Ich beschwor vor meinem inneren Auge die Ansicht eines sommerlichen Mont Ventoux herauf, wie ich sie in einem Kartenständer in Bédoin gesehen hatte: ein Mann mit kurzer Hose und Bergschuhen, der durch sein Fernglas ins Tal hinabschaute, wo in bescheidener Schlichtheit der Kirchturm eines Dorfes emporragte. Schotteriges Geröll im Vordergrund. *Bienvenue à La Provence.*

Die Sicht nahm ab, auf etwa zehn Meter. Höchstens. Wie weit war es noch? Moment. Die Kilometeranzeige stimmte ja nicht mehr. Das doppelt gefahrene Stück musste ich abziehen.

Ich schnappte nach Luft. Die Luft enthielt hier oben weniger Sauerstoff. Es hatte schon Profis gegeben, die, nachdem sie den Gipfel erreicht hatten, beatmet werden mussten. Meine Räder schienen manisch kleine Runden in einem mit Helium gefüllten Riesenballon zu drehen.

In meinem Rücken hörte ich ein Auto. Ich schaute mich um und sah zwei altmodische Scheinwerfer mit gelbem Licht näher kommen. Ein Citroën aus den sechziger Jahren tuckerte im Schneckentempo durch den Nebel hinauf.

Hinter der beschlagenen Windschutzscheibe sah ich einen Mann, der förmlich die Nase ans Fenster drückte. Er trug ein weißes Radtrikot mit kurzen Ärmeln. Ich starrte wieder geradeaus vor mich. Wo genau war ich in dieser Mondlandschaft?

Der Citroën hupte. Die Hupe klang blechern. Das Licht der Scheinwerfer fiel auf meine angespannten Waden. Ich schaute mich wieder um. Der Mann am Steuer schwitzte wie ein Schwein. Mit der Frontseite einer alten *L'Équipe* – der rote Titelschriftzug war deutlich zu erkennen – wischte er das Kondenswasser von der Innenseite der Windschutzscheibe. Er erinnerte mich an Tommy Simpson. Eingefallene Augen in einem schmalen Gesicht. Die Radmütze falsch herum auf dem Kopf.

Die vordere Stoßstange stieß an mein Hinterrad. Ich erschrak und wäre fast umgefallen. Aus dem Sattel gekippt. Gleichgewicht. Die Scheinwerfer machten einen vagen Schatten auf dem Asphalt aus mir.

Ein idiotischer Anblick. Ich sah meinen langgezogenen Körper im Nebel hin und her schwanken. Der Kopf verschwand weiter vorn in den weißen Schwaden. Mir hing ein Tropfen an der Nase, von dem ich nicht wusste, ob es Rotz oder Nebel war.

Der Mann lehnte sich aus dem Fenster. Er konnte seinen Hals unendlich lang ausfahren und brachte seinen Mund ganz dicht an mein Ohr.

»*Please, put me back on my bike. Put me back on my bike*«, flüsterte er.

Er hatte eine Alkoholfahne.

»Geht nicht«, sagte ich, nach Luft schnappend.

Der Motor des Citroën knallte. Er lief auf absurd hohen Touren. Trotzdem überholte das Auto mich nicht, obwohl ich nur noch acht Stundenkilometer fuhr.

Wir irrlichterten über den Asphalt, er in seinem alten Auto, ich auf dem Rad.

»Wie weit?«, fragte ich.

Der Mann schüttelte seinen verschwitzten Kopf.

Links musste sich der Abhang befinden. Rechts sah ich ein paar Fußbreit der fahlgelben Steinmasse. Wie schön. Wie hässlich. Mein Leben reduzierte sich auf zwei drehende Pedale.

Der Citroën hinter mir stotterte und blieb dann liegen. Der Motor setzte aus.

»*Please*«, meinte ich noch ein letztes Mal zu hören, »*please, put me back on my bike …*« Die Stimme erstarb. Es wurde still.

Ich schaute zur Seite. Durch den Nebel sah ich einen Schemen auf den Knien ein paar steinerne Stufen erklimmen. Sie waren übersät mit Trinkflaschen, Bierdosen und Vespertüten. Es lagen auch Fotos und handschriftliche Zettel daneben. »*Miss you, Tom*«, stand auf einem großen Stück Karton, das im nächsten Augenblick vom Wind erfasst wurde. Und weg war es.

Der Schemen kroch über die Stufen zu einem Sockel, auf dem eine Marmorplatte thronte. In den Marmor war das Bild eines Radrennfahrers eingefräst. Das Denkmal glänzte im Nebel. Der Schemen wollte sich an dem Bild hochziehen, aber ihm fehlte die Kraft. Er rutschte mit den Schuhen ab.

Aus vollen Lungen schrie ich es hinaus. Durch die Nebeldecke wurde mein Schrei weiter getragen, als ich gedacht hätte.

»Tommy!«

Es gab keinen Nachhall, kein Echo. Ich hob die geballte Faust zu der Marmorplatte. Um Simpson und mir selbst Mut zu machen.

Verdammt, Tom. Nimm noch einen Schluck aus meiner Trinkflasche. Schluck zur Not eine Pille. Alle sind irgendwann mal an dem Punkt. Komm, wir fahren zusammen weiter. Ich lasse dich nicht im Stich. Ich halte dich aus dem Wind. Oben steht deine Frau, mit belegten Broten und warmem Tee. Wir sind fast da.

Das Bild verschwand im Nebel. Ich spuckte auf den Boden.

Höhenluft machte irre.

Ich ließ Tommy zurück. Fuhr allein weiter. Solo. Kein größeres Ritzel mehr in der Hinterhand. Ich fuhr einen Schlenker nach rechts. Schwerer Druck auf den Beinen. 29 Zähne bissen jetzt in die Kette. Kauen. Spucken. Noch einmal kauen. Ziehen. Keuchen.

Ich wusste es. Sonny hatte es noch gesagt. »Elf Prozent, Pap.« Sonny. Wo war Sonny?

Dies war die letzte Kurve vor dem Gipfel. Ich stand in den Pedalen. Sturm.

Nicht der kleinste Streifen Landschaft war zu sehen. Alles weiß vom Nebel.

Weiterfahren. Irgendwo hörte der Berg auf. Irgendwo war das Ziel. Elf Prozent. Ein Prozent mehr als zehn. Zwei mehr als neun. Ich musste weitertreten.

Hey, jetzt ging es leichter. Und noch ein bisschen leichter. War das der Gipfel? Die Pedale drehten sich schneller. Es war der Gipfel. Ich bremste erst, als ich sicher war, dass es nicht weiter bergauf ging. Nach einundzwanzig Kilometern Klettern stand ich auf dem Mont Ventoux. In fast zwei Kilometern Höhe. Ich stieg ab.

Ein peitschender, kalter Wind. Die Natur schwenkte ihr Zepter.

Jetzt kam auch der Renault an. Benny stellte den Motor ab. Sonny stieg aus und kam zu mir gelaufen. Er hatte keine Augen mehr, nur beschlagene Brillengläser. Und doch sah er fröhlich aus.

»Durch den Nebel konnten wir dich am Ende gar nicht mehr sehen«, sagte er.

Ich lehnte mein Rad an eine kleine Mauer, hinter der sich eine unermessliche Tiefe erstrecken musste. Dann hob ich meinen Sohn hoch. Labte mich an der Wärme seines kleinen Körpers.

»Was war deine Zeit?«

»Ungefähr zwei Stunden«, antwortete ich.

»Davon kannst du sieben Minuten abziehen, wegen des Unfalls. Hab' ich ausgerechnet mit meiner Stoppuhr.«

»Schön«, sagte ich.

Ach, die Zeit. Es gab hier oben keine Zeit. Zeit hatte hier keine Bedeutung. Alles, was ich wollte, war, diesen Körper voller Lebensenergie ganz fest an mich zu drücken.

»Du hast es geschafft, Pap.«

»Ja, gut, oder?«

»Mit Zwischenhalt«, sagte Sonny trocken.

Ich setzte ihn auf den Boden.

Am Rande des Gipfels, von dem aus man bei klarem Wetter einen weiten Ausblick über die Landschaft der Provence hatte, stand ein Stahlpfosten mit einem Schild. *Sommet du Mont Ventoux 1910 m.*

Das war's dann also. Mein fünfzigster Geburtstag auf einem Berg ohne Aussicht. Zu viel Wind für Geburtstagskerzen. Ich gehörte jetzt also auch zu dem Club der alten Männer, die allen körperlichen Einschränkungen zum Trotz den Mont Ventoux bezwungen hatten. »Glückwunsch, altes Haus«, sagte ich zu mir selbst.

Ich schaute zu Sonny. Er schlotterte.

»Ist dir kalt?«

»Ein bisschen.«

Ich machte den obersten Knopf seiner Jacke zu. Selbst zog ich die Windjacke über, die Rob mir zuwarf.

»Lass uns wieder runterfahren«, sagte ich.

Ich auf dem Fahrrad, Sonny in meinem Kielsog im Mietwagen.

In der Dämmerung begann ich mit der Abfahrt.

Tommy saß im Sattel seines steinernen Rads. Er schaute zum Gipfel. Noch etwa anderthalb Kilometer hatte er vor sich. Zu seinen Füßen lag immerhin genug Essen und Trinken.

Erst ab dem leeren Restaurant des Chalet Reynard wurde die Aussicht besser. Ich bog rechts ab und tauchte in den Wald ein.

Ich flitzte über eine schwarze Bremsspur hinweg. Mit der rechten Hand zeigte ich auf den Asphalt. Ob sie das in dem Renault hinter mir gesehen hatten?

»Du hast jetzt doch angehalten, was?«, hatte Sonny gefragt.

Ja. Ich hatte angehalten. Die Uhr hatte stillgestanden.

Alles war gut. Nächstes Jahr würde ich wieder auf den Mont Ventoux hinauffahren, beschloss ich. Dann ohne anzuhalten.

Tief über den Lenker gebeugt fuhr ich durch den Wald hinab. Meine Hände zitterten. Ich donnerte abwärts. In den steilen Abschnitten ging es ziemlich schnell. Mit vom Wind tränenden Augen sah ich den Tacho einmal kurz auf 85,1 Kilometer springen. Für Angst hatte ich keine Zeit.

Ich flog vom Mond zurück zu Mutter Erde.

Munkzwalm

Manche Ortsnamen vergisst man so schnell nicht wieder. Munkzwalm. Keine Stadt, kein Dorf, kein Weiler. Nein, Munkzwalm. Ein Streifen flämischer Lehmboden mit einer asphaltierten Durchfahrtsstraße. Links ein Haus, rechts ein Haus, ein Metzger, ein Bäcker, ein Stück weiter vorn noch ein Haus. Und in der Kurve eine Marienstatue, die vor lauter Einsamkeit rostige Tränen weint. Selbst die Bäume schämen sich so für das unbedeutende Munkzwalm, dass sie die Kronen hängen lassen. Die grünen Frühlingsblätter blühen wohlweislich trotzdem.

An einem Sonntagnachmittag im April parke ich mein Auto neben einem freistehenden Gebäude, das den Namen Café Taxi trägt. Noch gut eine Stunde, bis die Flandern-Rundfahrt hier vorbeikommt. Ich gehe hinein. Es ist etwa zwölf. Die Kneipe ist schon rammelvoll. Die einssechzig große Wirtin, mit einer Schürze, die bis zum Boden reicht, zapft Bier, dass es eine liebe Lust ist. An heiligen Radsporttagen wollen die Holländer gern zu den Belgiern gehören. Also sagen sie an diesem einen Tag *pintje* statt *pils*. Und *zeker en vast* für todsicher, obwohl es eigentlich *vast en zeker* heißt.

Die Kneipe heißt Taxi, aber niemand unternimmt irgendwelche Anstalten aufzubrechen. Alle wollen hierbleiben. Warten. Herumstehen. Der Fernseher krächzt vor sich hin. Die *Ronde* kommt näher. Erst etwas später geht es richtig los. Im Peloton ziehen sie sich die Jacken noch mal gut zu. Die Fahrer sind mit ihren Gedanken schon beim Kopfsteinpflaster auf dem Molenberg, der ersten Steigung des heutigen Tages.

Hinter den Gardinen des Cafés liegt die Rennstrecke, noch unbefahren, unschuldig. Ich schaue durch die Fensterscheibe und sehe die Rücken der wartenden Zuschauer. Regenmäntel. Lange, kurze, beigefarbene, braune, schwarze, schmutzige, gebügelte, Modelle für Frauen mit Schlitz und für Männer mit Taschen.

Die Köpfe, die aus den Regenjacken herausragen, schauen allesamt nach links. Als wäre in Munkzwalm eine akute Halskrampf-Epidemie ausgebrochen.

Ein Blick auf die große Uhr. Wenn sie richtig geht, und warum sollte die Uhr im Café Taxi nicht richtig gehen, werden die Rennfahrer in einer Stunde durch Munkzwalm hindurchfahren.

Eine Stunde. Nur noch eine Stunde. Eine Stunde, bis die Flandern-Rundfahrt hier vorbeikommt.

Immer mehr Kneipengäste zieht es nach draußen, an den Straßenrand. Das Fernsehen zeigt ein Bild des derzeit noch kompakten Pelotons. Ich erkenne einige Trikots, manchmal auch ein Gesicht unter einem Helm.

Die Kneipe wird immer leerer. Die Wirtin zwinkert mir zu und stellt ein zweites Glas Bier vor mich hin. Wenn es so weitergeht, bin ich hier gleich mit ihr alleine. Durch eine Schwingtür geht sie in einen anderen Raum. Vermutlich ist im hinteren Teil ihr Wohnbereich. Die Vorstellung, sich in einem Bett an ihren warmen Hintern zu drücken, ist verlockend. Aber halt, schon in einer Dreiviertelstunde kommen die Rennfahrer, und dann ist alles andere zweitrangig. Munkzwalmer Erotik im Café Taxi, das tut man sich am Tag eines Radrennens nicht an.

Ich bezahle mein Bier und gehe schnell nach draußen. In einer etwas zu modernen Winterjacke mische ich mich unters Volk. Es ist kalt. Nasskalt. Fahrradkalt. Im April zur Flandern-Rundfahrt braucht man keinen warmen Lehmboden zu erwarten. Um mich herum stampfen Männer mit den Füßen auf den Boden. Neben mir holt eine Frau mit einer Radmütze eine Bockwurst aus einer Plastiktüte und beginnt, manisch daran zu knabbern. Ein Stück weiter scharen sich die Leute in drei Reihen um einen kleinen Typen mit einem Transistorradio. Aus dem Lautsprecher kommt die Stimme eines Kommentators, der überdreht seinen Bericht herunterrattert.

Ein Mal im Jahr ist Munkzwalm wichtig. Ein Mal im Jahr wird hier gefeiert. Ein Mal im Jahr kommt Munkzwalm im Fernsehen. Weltruhm für Munkzwalm, wegen Kilometer 128 der Flandern-Rundfahrt.

Das Warten auf die Rennfahrer ist ein Fach für sich. Wer nie selbst bei der *Ronde* am Rand gestanden hat, weiß nicht, was das bedeutet.

Da ist der Hubschrauber. Das Geräusch des Propellers versetzt Munkzwalm in den Kriegszustand. Gelbe Fahnen mit Löwen schießen wie Bajonette in den Himmel, Spanntücher verraten die Liebe zu einem Helden. Die Bevölkerung von Munkzwalm wirft sich wie Kanonenfutter auf den Asphalt. Die Linsen der Fotoapparate spähen in die Ferne. Dort. Von dort müssten die Jungs doch allmählich kommen.

Ein einziger Fotoapparat ist auch auf uns gerichtet. Der Mann nickt uns zu. Klick. Er lässt sich nicht aus der Ruhe bringen. Wir, die Radsport-Gemeinde, sind vollauf damit beschäftigt, die Hälse zu recken.

Der Hubschrauber schwirrt über unseren Köpfen. Eine Frau mit Kind winkt ihm zu, für die Familie zu Hause. Motorradfahrer mit Sirenen rasen vorbei.

Da kommen sie, die Rennfahrer. Wie ein langes Chamäleon ändert das Peloton ständig seine Farbe und Form. Vierhundert Rennreifen singen für uns. Ein Sonntagskonzert.

Da kommen sie.

Da sind sie.

Das waren sie.

Es ist vorbei, ist schon wieder Vergangenheit.

Das war Munkzwalm. Wir sehen noch Schlammspritzer auf dem Hintern eines Nachzüglers. Er ist gestürzt und sitzt jetzt schief auf seinem Rad. Am Ellbogen ist die Haut aufgeschürft. Der Dreck von der *Ronde* ist in die Wunde gekommen. Aber er muss weiter. Er kann nicht warten.

Das Café Taxi füllt sich wieder.

Eine Mutter mit Kind fragt die Gastwirtin, ob sie im Bild zu sehen waren. Die Wirtin hat niemanden erkannt. Und ihre Kneipe war auch nicht im Fernsehen. Genauso wenig wie letztes Jahr.

Wir trinken wieder. Wir essen. Wir wärmen uns auf. Es sieht alles schön gemütlich aus, aber wir vermissen etwas. Fernsehen ist ein Surrogat: Man sieht alles, und das ist langweilig. Fernsehen ist wie Nacktheit ohne Dessous. Nicht alles zu sehen, ist mindestens genauso schön. Wir, die Radsport-Gemeinde, fantasieren uns lieber unser eigenes Rennen zusammen.

Das zweite Glas ist leer. Mit einem Augenzwinkern verabschiede ich mich von der Wirtin. Bis nächstes Jahr, lüge ich. Sie lacht und entblößt dabei die paar Zähne, die ihr geblieben sind. Mit dem Auto fahre ich über die Strecke. Wo wir gerade noch standen, ist jetzt niemand mehr.

Die Marienstatue hat aufgehört zu weinen. Eine anonyme Landschaft. Lehm, Asphalt, hier ein Haus, dort ein Haus. Munkzwalm wird langsam wieder zu Munkzwalm.

Radrenn-Porno

Der Laden von Federico Bahamontes ist geschlossen. Das Radsportgeschäft im historischen Zentrum von Toledo war nicht mehr gelaufen. Nach fast fünfzig Jahren hatte der spanische Gewinner der Tour de France von 1959 beschlossen, dass es genug war. Das Haus hat jetzt einen neuen Eigentümer: einen chinesischen Großhändler, der allen möglichen Krimskrams verkauft.

Ich erhielt die Nachricht von einem befreundeten Korrespondenten in Spanien, der mich 2009 bei den Aufnahmen für ein Filmporträt von »Baha« als Dolmetscher begleitet hatte. Ich fand es schade, dass der Laden dichtgemacht hatte. Veränderung ist etwas Gutes, aber manche Orte sollten einfach bleiben, wie sie waren.

Bahamontes besitzt den schönsten Beinamen, der jemals für einen Radrennfahrer ersonnen wurde: der Adler von Toledo. Zur Zeit meines Besuchs sah er, der damals schon 74 Jahre alt war, immer noch großartig aus. Schlank. Gepflegt und wohlriechend, fast schon parfümiert. Vornehmes graues Haar. Eine in Gold gefasste Brille auf der großen Nase.

Bahamontes hatte mich durch den Laden geführt. Ein heller Raum, in dem hauptsächlich Kinderfahrräder standen. Die Rennräder waren in der Minderheit. An einem Pfeiler hing ein großes Schwarz-Weiß-Foto. Zehntausende hatten ihm nach seinem Toursieg zugejubelt, auf dem zentralen Platz im Schatten der Kathedrale von Toledo. Im Sommer desselben Jahres hatte er dann seinen Fahrradladen eröffnet.

Seine Frau Fermina stand hinter der Kasse. Wie eine Marmorbüste. Starres Gesicht, das rot gefärbte Haar zurückgekämmt. Man konnte beim besten Willen nicht mit ihr warmwerden. Faustino, die feste Hilfskraft, war auch dort. Er war 1959 als dreizehnjähriger Junge in den Laden hineingelaufen und hatte gesehen, wie die Mechaniker hinten in der Werkstatt an den Rädern herumgeschraubt hatten. Die Technik der Rennräder hatte ihn vollkommen in den Bann geschlagen, und wenig später arbeitete er schon als Geselle im Laden.

Fünfzig Jahre lang war Faustino stets zu Diensten gewesen, mit einem Ventil, einer Schraube, einer Speiche, einem Sattel oder einem Fläschchen Kettenöl. Als ich dort war, hing sein linker Arm gerade in einer Schlinge. Beim Schließen eines Fensters hatte er sich eine Schnittwunde zugezogen. Ein Grund, zu Hause zu bleiben, war das für ihn nicht. Schließlich konnte er den Kunden auch einhändig zu einem neuen Fahrrad verhelfen.

Bahamontes selbst war nicht der Typ dafür, tagein, tagaus im Laden zu stehen. Es herrschte dort auch gar nicht so viel Betrieb. Also fuhr er lieber mit seinem schicken Mercedes raus. Er vertraute mir an, dass er vor allem um Faustinos Willen mit dem Laden weitermachte. Schließen wollte Bahamontes das Geschäft erst, wenn sein treuer Gehilfe in Rente ging.

Während Faustino und Frau Bahamontes wie atemberaubend lebensechte Schaufensterpuppen im Laden standen, nahm Bahamontes mich mit nach hinten. Erst saßen wir in seinem kleinen Büro. In dem Schrank in seinem Rücken stand ein steinerner Adler. Das Tier hatte die Flügel gespreizt und schien sich aus dem Flug heraus auf Bahamontes' Schulter niederlassen zu wollen.

An der Wand hingen Fotos von Bahamontes' Kletterpartien. Er war dafür bekannt, bei Bergetappen gern alleine auszureißen. Berühmt ist die Anekdote von der Tour de France 1954, bei der er auf dem Col de la Romeyere so weit vor seinen Konkurrenten lag, dass er oben auf dem

Gipfel abgestiegen sein soll, um in Ruhe ein Eis zu essen. Erst als die Nummer zwei oben angekommen sei, sei auch Bahamontes wieder auf sein Rad gestiegen.

Ganz so war es anscheinend doch nicht. Bahamontes erzählte mir, wie es sich wirklich abgespielt hatte: »Ich fuhr als Solist am Berg vorneweg, als ich von hinten angefahren wurde, von einem Begleitfahrzeug. Mein Schaltwerk war kaputt. Weil mein Teamchef nicht in der Nähe war, stieg ich ab. Zufällig stand da ein Eiswagen, so ein Karren mit zwei runden Löchern. Aber es war niemand da. Ich schöpfte mit der Hand Eis aus dem Wagen und schmierte es in meine Trinkflasche. Und während ich auf Hilfe wartete, habe ich das Eis aufgegessen.«

Wir gingen von seinem Büro in die alte Werkstatt. Es war ein fahl beleuchteter Raum mit Dutzenden von Zangen in verschiedenen Größen sowie zahlreichen Sägen und Hämmern an der Wand. Bahamontes kramte in einer Nische und zog sein Gelbes Trikot von 1959 heraus. Ich betastete es. Wie aufregend! Mit den Fingern strich ich über das berühmte Gelb. Pikswolle. Juckstoff.

Inzwischen holte Bahamontes das Rad, mit dem er die Tour gewonnen hatte. Er hängte den alten Rahmen an ein paar Kabeln auf und fing an, mit dem Rad zu sprechen. Drehte die Pedale und ließ die Kette über die Zahnräder gleiten. Das tickende Geräusch kitzelte mich in den Ohren.

Der Adler sprach zu seinem berühmten Rad: »Du hast mich immer wacker getragen, damit wir die Tour gewinnen konnten. Du und ich. Wir waren ein Paar, wir waren Bettgenossen. Wenn wir in den Bergen an der Spitze fuhren, durften alle unsere Allerwertesten anschauen.«

Bahamontes' linke Hand glitt über den Rahmen zu der spröde gewordenen Gangschaltung. Vorsichtig zog er sie nach hinten. Die Kette sprang nach und nach über die fünf Ritzel. Bahamontes spritzte einen tüchtigen Schuss Öl auf die beweglichen Teile.

Während Fermina im Laden hinter der Kasse stand, machte Federico Bahamontes schamlos Liebe mit seinem alten Rad. Ein softer Radrenn-Porno. Der Adler, in saftigem Spanisch zu dem hilflos baumelnden Rennradrahmen: »Ich habe dich im Hotel immer mit auf mein Zimmer genommen. Du warst immer ganz nah bei mir.«

Der Fahrradladen des Adlers hat nun für immer geschlossen. Das Fahrrad von 1959 musste Bahamontes an jenem Tag wie eine Frau über die Schwelle nach draußen tragen. Wo sind sie wohl hin, Baha und sein Rad? Ich hoffe, sie sind zusammen in die Berge gezogen. Liegen nach einer erschöpfenden Kletterpartie aneinandergekuschelt in der Böschung. Bahas kleiner Kopf auf dem Sattel, der Rahmen in seiner innigen Umarmung.

So sind sie gemeinsam eingeschlafen.

Bauer auf der Straße

Schon kilometerlang fuhr ich auf einer schmalen Straße durch eine Landschaft, die ich nur von Gemälden alter holländischer Meister kannte. Die Blätter der Bäume waren von einem kräftigen Grün, wie ich es in der Stadt schon seit Jahren nicht mehr gesehen hatte. Und als ich über eine Brücke radelte und zum Fluss hinunterschaute, sah ich, wie der Bewuchs des Flussbetts sich in den Fluten wiegte. So klar war das Wasser.

Welcher Idiot hatte dieser Gegend eigentlich den Namen »Achterhoek« gegeben, als wäre es der hinterste Winkel der Welt?

Die Sonne hatte ihren höchsten Punkt noch nicht erreicht, und doch bereute ich es schon, mein Gesicht nicht eingecremt zu haben.

Hoch am Himmel drehte ein Raubvogel eine Runde. Langsam und ohne die Flügel zu bewegen, wie ein Segelflugzeug im Aufwind. Ich hielt an, um das Tier besser sehen zu können. Mit der Hand schirmte ich meine Augen vor der Sonne ab. Der Vogel drehte unbeirrt seine Kreise, auf der Suche nach Beute.

Ich hatte Durst. Meine Trinkflasche war mit dem etwas süßlichen Leitungswasser aus dem Ferienhaus in Ruurlo gefüllt. Ich nahm ein paar Schlucke. Als ich die Flasche gerade wieder in die Halterung drückte, hörte ich das Geräusch von am Boden schleifenden Holzschuhen. Ich blickte zur Seite. Auf einem Hof, der bis an diese Straße reichte, sah ich einen Bauern. Hinter ihm, in dem offenen Stall, hing eine Reihe von Kühen mit den Mäulern über dem Heu.

Der Bauer schlurfte auf mich zu.

»Na, am Trainieren?«, frage er mit starkem regionalen Akzent.

»Ja«, antwortete ich.

Eine der Kühe muhte. Sie versuchte, mit dem Kopf aus ihrem Halsband herauszukommen. Vergeblich. Ihre Artgenossen kümmerten sich nicht um sie. Sie zermalmten das Heu zwischen den Kiefern und tauchten die Mäuler in den Wassertrog.

»Halten Sie auch noch andere Tiere oder nur Kühe?«

»Hinter dem Stall sind noch zwei Ziegen. Und auf der Weide habe ich ein Pferd stehen. Aber sonst nur Kühe. So um die vierzig.«

»Ist das viel?«, fragte ich.

»Nein. Reich wird man davon nicht. Letztes Jahr gab es für einen Liter Milch gerade mal 25 Cent. Davon kann man nicht leben.«

In mir kam ein starkes Bedürfnis auf, das strubbelige graue Haar des Bauern durchzubürsten. Es stand in alle Himmelsrichtungen ab und sah nach den spröden Fasern alter Taue aus. Es schrie förmlich nach einer Stahlbürste.

In gemächlichem Tempo kam ein Hund auf uns zu gelaufen. Mit dem Schwanz verscheuchte er grün glänzende Fliegen von seinem Rücken. Das etwas dickliche Tier roch an meinen Fahrradschuhen, rieb sich ein paar Mal an meinen Waden und legte sich dann direkt neben mir auf den warmen Asphalt. Sein Fell sah so ähnlich aus wie die Frisur des Bauern. Ich bekam noch mehr Lust auf eine Bürste. Vielleicht hatte es aber auch mit meiner Sehnsucht danach zu tun, selbst wieder Haare auf dem Kopf zu haben und mit einem Kamm Streifen über die Kopfhaut zu ziehen.

»Das Leben als Bauer ist in den Niederlanden nicht mehr so leicht heutzutage«, antwortete ich, ohne dass ich genau hätte sagen können, was ich damit meinte.

Der Hund peitschte sich wieder mit dem Schwanz den Rücken. Ein paar Fliegen erhoben sich, um sich sogleich wieder auf derselben Stelle niederzulassen.

»Und dann hatte ich letztes Jahr auch noch eine Scheidung am Hals«, trumpfte der Bauer auf. Sein Blick ging an mir vorbei, er starrte die Straße hinab.

Eine Scheidung. Hinter dem Kuhstall war das Gehöft zu sehen, typisch für die Gegend hier, mit zwei großen Stalltüren in der Mitte, zur Rückseite hin.

Der Bauer sah mich immer noch nicht an. Er holte tief Luft. »War ein Scheißjahr.«

Der Hund kannte die Geschichte seines Herrn schon. Er hatte die Augen geschlossen.

»Wo ist Ihre Frau denn jetzt?«

»Weg.«

»Ein anderer?«

»Genau.«

»Hier aus der Gegend?«

»Nein, aus Naaldwijk. Da wohnt sie jetzt auch. Sechs Jahre lang hatte sie ein Verhältnis mit ihm.«

Er unterdrückte ein Husten.

»Sie hat ihn über dieses Internet gefunden«, sagte er.

Mit hängenden Armen stand er da. An den Ärmeln seiner Arbeitskleidung klebte Schleim von den Kuhmäulern. Ein paar Strohhalme pappten daran fest.

»Junge, Junge …«

»Ja, damit rechnet man nicht. Oder, Kees, was sagst du dazu?«

Der Hund machte sein eines Auge halb auf. Dann schloss er es langsam wieder.

»Und dass meine Tochter nie etwas gesagt hat …«

»Hat sie auch hier gelebt?«

Der Bauer nickte. »Die wusste davon, von dem ganzen Rumgeturtel. Mit Sicherheit. All die Jahre. Sie ist jetzt zwanzig. Studiert Labortechnik in Leiden.«

Mein Fahrrad stand regungslos zwischen meinen Beinen. Ich fuhr mir mit dem rechten Zeigefinger über die Stirn, um den Schweiß abzuwischen. Wir standen in der prallen Sonne.

»Der Hund tut nichts«, sagte der Bauer. »Oder, Kees?«

So standen wir da, er mit seinem Hund, ich mit meinem Rad. Man konnte spüren, dass es in den nächsten Tagen wahrscheinlich noch heißer werden würde. Der Boden der uns umgebenden Äcker hatte von der Trockenheit lange Risse bekommen.

Es herrschte auf dieser schmalen Straße kein Verkehr, und es war fast völlig still. Nur aus der Ferne war das Sausen der Autos auf der Landstraße zu hören.

»Und Sie sind mit dem Rennrad unterwegs?«, fragte der Bauer und deutete mit dem Kopf auf mein Masciaghi.

»Ja, ich trainiere. In einem Monat mache ich Urlaub in Italien. Dann nehme ich das Rad mit.«

Der Bauer hatte meiner Antwort nicht zugehört. Er lachte kurz auf, lautlos, eigentlich zog er nur die Mundwinkel hoch.

»Aber ich hab' jetzt auch eine Freundin. Oh ja. Auch über dieses Internet.«

Ich schätzte ihn auf weit über sechzig. Er hatte einen Buckel, und aus der verrotzten Nase wuchsen ihm kleine graue Haare. Hatte er wirklich eine Freundin? Die hätte dann doch bestimmt mal zur Schere gegriffen.

Ich schaute zu dem Raubvogel auf, der hoch über dem Gehöft seine Kreise drehte. Seine Flügel hatten eine enorme Spannbreite.

»Ein Bussard«, sagte der Bauer. »Meistens sitzt er dort hinten, in den kahlen Baumwipfeln. Ab und zu fliegt er eine Runde. Der denkt sich jetzt wahrscheinlich: Was suchen denn die beiden Männer mit dem Hund da auf der Straße?«

Im Stall klirrten ein paar Kühe mit ihren Ketten am Stahlgitter. »Ich melke sie immer noch täglich mit der Hand.«

»Mein Neffe in Hazerswoude melkt sie per Computer«, sagte ich. »Er kann zu Hause auf dem Bildschirm sehen, wie viel Milch sie pro Tag geben und was sie an Futter brauchen.«

Der Bauer sah mich an. »Diese modernen Milchcomputer, damit will ich nichts zu tun haben. Ich mache alles schön mit der Hand.«

»Ja, so ist das«, sagte ich, um dem Gespräch ein Ende zu bereiten.

Als ich meinen linken Fuß wieder ins Pedal einklickte, wurde der Hund wach. Mit steifen Gliedern erhob er sich und schüttelte seinen knäueligen Bauch aus.

»Na, dann gutes Training«, sagte der Bauer. Er schlug die Hacke seines rechten Holzschuhs auf den Asphalt; ein trockener Erdklumpen fiel ab. Der Hund schnupperte daran.

Kräftig trat ich das rechte Pedal hinunter, um in Gang zu kommen, setzte mich in den Sattel und sah mich noch einmal um.

Der Bauer war auf der Straße stehen geblieben. Altmodisch hatte er die Hand erhoben und winkte mir. Der Hund lief langsam wieder auf den Hof. Ich winkte zurück und steigerte dann mein Tempo.

Bei den kahlen Bäumen schaute ich hoch. Der Bussard saß zusammengekauert auf einem dicken Zweig. Er schien für den Rest des Tages keine Pläne zu haben.

Das Vorderrad drehte sich noch

Mein Durchschnittstempo war heute höher als normalerweise, um die 33 Kilometer in der Stunde. Das würde ich gern versuchen zu halten. Nach der Kurve hätte ich Rückenwind. Der Fahrradweg war nicht besonders breit. Wie eine Linie zog er sich durch das Naherholungsgebiet hindurch.

Eine scharfe Kurve nach links. Und sofort wieder nach rechts. Etwa fünfzig Meter leicht aufwärts, dann eine sanfte Kurve nach rechts. Ich beugte mich etwas weiter vor. Schon in der Kurve merkte ich, dass das Gefälle angefangen hatte. Es ging rapide bergab. Meine Geschwindigkeit nahm zu.

Ein kleiner Junge stand auf dem Fahrradweg, das Fahrrad zwischen den Beinen. Mit großen Augen schaute er mir entgegen und rief einem Mann auf der anderen Seite etwas zu, vermutlich seinem Vater.

Der Vater winkte dem Jungen. Dumm von ihm.

»Achtung!«, rief ich.

Mit dem Fahrrad zwischen den Beinen tapste der Junge in kleinen Schritten zur anderen Seite hinüber. Ich bremste. Links und rechts des Wegs war weicher Lehmboden.

Der Junge mit dem Fahrrad blieb stehen, mitten auf dem Weg. Nahm die gesamte Breite in Beschlag.

Ich bremste nach Kräften, aber meine Geschwindigkeit war zu hoch.

Nicht den Jungen anfahren, bloß nicht den Jungen anfahren. Lieber sein Fahrrad.

Das Vorderrad.

Ich rammte sein Vorderrad. Durch den Zusammenprall kam ich auf einen Schlag zum Stillstand. Meine Schuhe rasteten aus den Pedalen, und ich wurde über den Jungen hinweg durch die Luft geschleudert.

Ich hörte noch, wie hinter mir der Kopf des Jungen auf den Asphalt knallte. Dann fiel ich in die Böschung, rollte ein Stück über den lehmigen Boden und blieb schließlich liegen. Desorientiert drehte ich mich um. Der Junge lag mitten auf dem Weg und heulte. Begraben unter seinem Rad.

Das Vorderrad drehte sich noch.

Der Vater musste alles gesehen haben. Er kam zu uns gelaufen. Der Junge heulte und hielt sich den Hinterkopf.

»Dummkopf«, sagte der Vater.

Ich wollte mich gerade entschuldigen, als ich merkte, dass er seinen Sohn gemeint hatte.

Der etwas dickliche Junge mit knallrotem Gesicht und weißblonden Haaren setzte sich langsam auf. Er weinte.

»Ruhig, ganz ruhig«, sagte ich in etwas zu lautem Tonfall. »Wo tut es dir weh?«

Er schluchzte weiter.

»Nie die Straße überqueren, wenn aus einer Richtung Verkehr kommt!«, ermahnte der Vater seinen Sohn.

Als dieser die Hand vom Hinterkopf nahm, sah ich, dass er dort eine ziemlich große Beule hatte.

»Bluten tut es nicht«, stellte ich laut fest.

Der Junge hielt die Augen geschlossen.

»Und zuhören, wenn ich was sage, ja?«, schimpfte der Mann weiter.

Er zog seinen Sohn am Arm. »Steh endlich auf, du Memme.«

Ich dachte daran, wie der Kopf des Kleinen auf den Asphalt geknallt war.

»Wie heißt du?«, fragte ich.

Er hörte auf zu heulen. »Jesse.«

»Und was ist deine Postleitzahl?«

»3024 BM«, antwortete der Vater. »Du hast nichts. Aufstehen, komm schon.«

Jesse rappelte sich auf und betrachtete seine aufgeschürften Knie.

»Wir fahren mit ihm Rad, weil er zu dick ist. Aber es hilft nicht«, sagte der Vater. Er kniff dem Jungen in den Bauch.

Ich ging zu meinem Rad und kontrollierte, ob die Felgen einen Schlag hatten. Sie liefen noch rund. Am Rand des Fahrradwegs lag meine Trinkflasche. Sie war so gut wie komplett ausgelaufen. Ich drückte sie wieder in die Halterung.

Der Vater nahm den Schaden am Rad seines Sohnes in Augenschein.

»Hier. Eine Acht im Rad. Das kommt auch noch dazu. Toll.«

Tatsächlich schleifte das Vorderrad ziemlich. Ohne erst groß zu fragen, lockerte ich die Bremszüge ein wenig, so dass die Bremsbeläge die Felge nicht mehr berührten. »So geht es besser. Kommt ihr damit nach Hause?«

»Wenn ich ihn schiebe, dann schon«, sagte der Vater.

Der Junge steckte sich einen Finger in den Mund und rieb ein bisschen Spucke über die Schürfwunde an seinem Ellbogen. Er war jetzt anscheinend schon wieder etwas gefasster.

»Sonst rufe ich seine Mutter an. Die wohnt nicht weit weg.«

Ich stieg auf mein Rad und sah den Jungen noch einmal an. Er hatte sich schon ein bisschen beruhigt.

»Keine Panik, ja? Am besten zu Hause gemütlich in die Badewanne«, sagte ich.

Jesse wischte sich die Tränen ab und sah mich kurz an.

Mein Lenker hatte sich verstellt, aber mit ein paar Schlägen mit der flachen Hand bekam ich ihn leicht wieder in die richtige Position.

Ich warf einen Blick auf meinen Fahrradcomputer. Er hatte eine Höchstgeschwindigkeit von 49 Stundenkilometern gemessen. Vermutlich direkt vor dem Unfall. Ich stieg auf.

»Okay, ich fahr' dann mal weiter.«

Der Vater nickte, ohne noch etwas zu sagen.

Als ich losfuhr, merkte ich, dass mein Knie wehtat. Und meine Hüfte. Und mein Ellbogen. Nächste Woche musste ich das Rad wohl mal im Schuppen stehen lassen. Im Schneckentempo fuhr ich nach Hause.

Die Zentimeter von Merckx

Ritzel, Schrauben, Speichen, sogar die Kettenglieder – alles wird einer letzten Inspektion unterworfen. Immer wieder gleiten die Schmierfinger des Mechanikers über das Rad. Es ist ein einziges Streicheln, Massieren, Drücken, Kitzeln.

Das Fahrrad ist eine Frau, die Aufmerksamkeit braucht.

Es ist 1976, der Abend vor dem Eintagesklassiker Paris–Roubaix. Das Team Molteni hält sich in einem Hotel in der Nähe von Chantilly auf. Der Mechaniker ist in einem unbestimmten Raum mit dem Rad des Spitzenfahrers der Mannschaft zugange. Alles ist jetzt darauf abgestimmt, über das Kopfsteinpflaster zu donnern. Seine Arbeit ist getan. Denkt er.

Plötzlich kommt Eddy Merckx herein. In italienischem Kauderwelsch spricht er über Zahlen, über die ideale Sitzposition. Über Zentimeter, nein, Millimeter.

Der Mechaniker nimmt ein Maßband zur Hand und misst ab, wie weit der Sattel aus dem braun-orangen Rahmen hinausragt. Jeder Millimeter steht in einem bestimmten Verhältnis zu Eddys Körper. Was will sein Rücken? Wie weit können die Sehnen und Muskeln sich bei einer Umdrehung der Pedale ausdehnen? Wird ihm nach der zehnten Kopfsteinpflaster-Passage der Nacken wehtun? Nachher muss Eddy in die Hölle des Nordens hineinfahren. Alle gehen davon aus, dass er gewinnen wird. Wie immer. Deshalb muss der Sattel perfekt eingestellt sein.

Der Mechaniker tauscht das Maßband gegen einen Teleskop-Messstab, mit dem er Höhe und Position des Sattels kontrolliert.

Merckx setzt sich auf eine Bank hinter sein Rad. Er fixiert den Sattel. Dunkle Zimmermannsaugen.

Der Mechaniker hält das Ende des Messstabs an den Vorbau. Am anderen Ende drückt er den ausziehbaren Teil fest an die Rückseite des Sattels. Dann werkelt er an dessen Unterseite herum. Schließlich setzt er sich kurz selbst auf Merckx' Rad. So müsste es in Ordnung sein.

Merckx fügt sich in sein Schicksal. Das Rad ist startklar.

Kurz bevor die Mannschaft über eine kurvige Strecke an den Start fährt, zieht Eddy noch einmal die Bremsen. Der Mechaniker kommt zu ihm. Der Lenker. Wie hoch steht der Lenker?

Eddy legt selbst den Messstab an den Vorbau: »Höher.«

Mit einem Inbusschlüssel löst der Mechaniker die Schraube. Er zieht den Lenker hoch. Eddy behält die kleinen Streifen auf dem Messstab genau im Blick.

»*Encore plus?*«, fragt der Mechaniker.

Der Lenker gleitet quälend langsam hoch, Millimeter für Millimeter.

»Halt, halt, halt. Stopp!«, sagt Merckx. So stimmt die Höhe.

Und doch steht Merckx noch ein Zweifel ins Gesicht geschrieben. Steht der Lenker auch wirklich genau im rechten Winkel zum Rahmen? Seine Finger stecken in weißen Wollhandschuhen. Es ist noch kalt an diesem Morgen. Mit Daumen und Zeigefingern beider Hände stellt er den noch losen Lenker richtig ein.

Der Mechaniker wartet mit dem Festziehen, bis der Fahrer ihm ein Zeichen gibt. Es ist still. Merckx' Hände verweilen sekundenlang auf dem Lenker.

Er kontrolliert die Stellung. Jetzt kann er noch daran drehen. Nachher ist er mitten im Rennen, und dann saust alles Mögliche nur noch an ihm vorbei: kleine Steinchen, Staub, ein Gullideckel, eine totgefahrene Katze, das Hinterrad eines schweren Motorrads.

Ja. Der Lenker steht gerade. Der Mechaniker kann ihn jetzt festziehen.

Der Startschuss auf dem Platz in Chantilly. Das Peloton steht bereit. Gedränge bei den Radsportfans. Ihre Helden sind jetzt zum Anfassen nahe. Sie halten Ausschau nach ihnen. Da ist Eddy. Mit diesem Braunton in seinem Trikot. Ein Braun, wie es in keiner Chocolaterie zu finden ist. Kenner richten ihre Spähblicke auf sein Rad. Sie zählen die Zahnkränze am Hinterrad.

Klick, ein Foto.

Tick, ein Tippen auf die Schulter.

Das Peloton fährt los. Motorräder mit Kameraleuten hinten drauf umschwirren die Radrennfahrer, zoomen an sie heran. Von Merckx' Gesicht ist abzulesen, dass er noch immer zweifelt. Ist sein Lenker wirklich richtig justiert? Spürt er etwas an seinem Tritt, an der Position seiner Beine, am Rücken?

Plötzlich bremsen alle. Ein Streik, französische Aktivisten versperren den Weg. Glück im Unglück. Merckx kehrt um. Er hält ein Begleitfahrzeug des Brooklyn-Teams an, der Mannschaft seines Rivalen Roger De Vlaeminck.

Aus dem blauen Fiat kommt eine Hand mit einem Schlüssel. Merckx' Blick wandert unruhig über die Rücken der anderen Fahrer des Hauptfelds. Noch stehen sie still.

Merckx steigt ab und beginnt zu schrauben. Mit der Linken umfasst er die Spitze seines Sattels. Wie eine trockene Wurst liegt sie in seiner Hand. Dann schlägt er kurz gegen die Rückseite, so dass der Sattel einen Millimeter nach vorne rutscht. Unter dem von der Sonne ausgeblichenen Leder zieht er die Schraube wieder an. Dann bekommt der Mechaniker des Brooklyn-Teams seinen Schlüssel zurück.

Merckx fährt los.

Die groben Pflastersteine rütteln die Fahrräder durch. Jede fiese Kante der Steine spürt Eddy am Gesäß. Der Sattel ist der Sensor eines jeden Radrennfahrers. Es ist ganz einfach: Man sitzt beim Rennen gut oder eben nicht.

Eddy sitzt heute nicht gut.

Am Nachmittag fährt Marc Demeyer in Roubaix als Erster über die Ziellinie. Merckx wird Sechster. Als er die Markierung überquert, schaut er zurück. Wenn Merckx gut ist, schaut er immer nur nach vorn.

Dieser blöde Brooklyn-Schlüssel. Der eine Millimeter nach vorn hatte nicht gereicht. Der Sattel war einfach nicht perfekt gewesen.

Nicht perfekt genug.

Eine Runde mit Jan Janssen

In der Stimme des Mannes, dem ich gerade vorgeschlagen hatte, eine Runde zusammen zu drehen, schwang ein wenig Zweifel mit. »Du willst mich doch nicht aus den Schuhen fahren?«, fragte der ehemalige Gewinner der Tour de France.

Das hätte ich nie gewagt. Einen Kerl von 68 Jahren mit einer ellenlangen Liste von Siegen und Top-Platzierungen, so jemanden fuhr man nicht aus den Schuhen.

Den ließ man im Windschatten mitrollen.

Dem schenkte man eine frische Trinkflasche mit Durstlöscher.

Dem gab man seinen letzten Powerriegel.

Andererseits, es wäre dann schon *der* Jan Janssen gewesen, den man da in die Wüste geschickt hätte. Als Kneipenstory nicht schlecht. Was, wenn ich diesen Jan Janssen tatsächlich aus den Schuhen fuhr? Auf eigenem Terrain. Endgültig. Schnell. Erbarmungslos, so dass er betteln musste, ob es nicht bitte, bitte etwas langsamer ginge.

Ich hatte eine gewisse Chance. Es gab da einen beträchtlichen Altersunterschied zwischen uns, und, was nicht unwichtig war: Jan hatte wegen einer hartnäckigen Grippe eine Weile nicht trainieren können.

Während unseres Telefonats hatte ich am anderen Ende der Leitung einen angsteinflößenden, bellenden Husten gehört. Wie ein alter Hund mit Polypen hatte Jan Janssen die Entzündung aus seiner Brust herausgehustet. »Mann, ich bin schon seit Wochen erkältet. Bin seit einem

Monat nicht mehr Fahrrad gefahren. Aber wenn du Freitagnachmittag kannst, dann komm vorbei, dann schauen wir mal.«

Mit einem auseinandergebauten Rennrad hinten im Auto fuhr ich am heißesten Tag des Monats Mai in Richtung Süden. Mein TomTom erkannte die Adresse nicht. Janssen wohnte im belgischen Teil des Grenzorts Putte, der Kapellen genannt wurde. Das musste man erst mal wissen.

Ein kurzer Anruf bei Jan. »Wo bist du jetzt? Ah ja. Bist du die Grensstraat reingefahren? Dann ist es jetzt die dritte Straße links.«

Wenig später sah ich einen Mann im Rennfahrer-Outfit an einer Auffahrt stehen. Er winkte mir zu.

Jan Janssen, im Gegenlicht.

Graues, nach hinten gekämmtes Haar, eine moderne Variante seiner weltberühmten Ray-Ban-Brille von der Tour de France 1968 auf der Nase, strammer Oberkörper und rasierte Beine. »Le Professeur«, so hatten sie den Radrennfahrer mit der Brille in Frankreich immer genannt.

Ich hob erst den Rahmen und dann die Laufräder meines Rennrads aus dem Kofferraum. Jan nahm mir das Vorderrad ab und steckte es in die Gabel. Dann klemmte er sich das Hinterrad zwischen die Knie und ließ die Kette geschickt aufs Ritzel gleiten. »So bekomme ich nie schmierige Hände.«

Der Garten hinter dem Haus stand in üppiger Pracht. Ein großzügiges Stück Rasen, umsäumt von Pflanzen, Büschen und Bäumen. Nach anderthalb Stunden Autofahrt hatte ich nur noch den endlosen ramponierten Asphaltdschungel im Kopf. Jetzt aber stand ich in meiner sommerlichen Kleidung da und schaute mich um. Freier Raum. Luft. Duft. Ruhe. Jan Janssen und seine Frau hatten einen schönen Flecken Erde zum Altwerden.

»Boris!«, rief Jan in meinem Rücken. Und noch einmal: »Boris!« In voller Rennfahrermontur stand er im glasklaren Wasser seines selbst angelegten kleinen Teiches.

»Er kommt einfach nicht. Boris ist unser russischer Graskarpfen.«

Ich sah Boris eine ziellose Runde im Wasser drehen.

»Wie steht es mit deiner Grippe?«

»Ich habe in den letzten Tagen wieder mit ein bisschen sanftem Training angefangen. Dabei hat sich der ganze Dreck zum Glück gelöst«, sagte Jan.

Er hatte also trainiert. Gut so. Er nahm unsere kleine Tour ernst. Genau wie ich.

»Und sonst werf' ich halt ein paar Anabolika ein. Was soll's. Wenn sie dann bei mir an der Tür klingeln, gibt's einen Tritt vor's Schienbein. *Whereabouts*? Nie von gehört. Junge, ich bin nicht für Doping, aber die Fahrer von heute sind Gefangene ihres eigenen Sports. Das hätte es zu meiner Zeit, mit Jungs wie Anquetil, niemals gegeben. Sie werden wie Kriminelle behandelt und dürfen keinen Tropfen von irgendwas nehmen. Und wenn sie krank sind, sollen sie am besten gar nicht fahren. Na, wenn ich früher krank war, bin ich erst recht gefahren. Dann wurde ich nämlich schneller wieder gesund.«

Jan Janssen nahm einen Schluck Kaffee. Wenn meine Mutter gewusst hätte, dass ich jetzt diesem Mann gegenübersaß. Wir hatten zusammen vor dem Fernseher gesessen, als Jan Janssen in Schwarz-Weiß auf die Radrennbahn von Vincennes gefahren war und bei der Schlussetappe, einem Einzelzeitfahren, die Tour de France 1968 für sich entschieden hatte. Ich sah noch vor mir, wie jemand den aufgedrehten Sieger auf die Schultern genommen hatte. Seitdem machte meine Mutter jedes Mal, wenn im Radio oder im Fernsehen sein Name fiel, Jan Janssen nach. Keine Ahnung, ob das Zitat von damals eigentlich stimmte. Aber angeblich, und dabei habe ich jetzt immer die Jubelrufe meiner Mutter im Ohr, hatte er direkt hinter der Ziellinie gerufen: »Ich hab' die Tour de France gewonnen, ich hab' die Tour de France gewonnen, ich hab' die Tour de France gewonnen!«

Wie ein ewiges Mantra ist dieser Satz in mein Hirn eingesickert.

»Also, fahren wir jetzt noch los, oder was?«, fragte Jan.

Ich aß noch einen Keks und wurde dann über den Wintergarten in den ersten Stock des Hauses geführt. Dort konnte ich mich umziehen, im Gästezimmer. Auf dem Flur stand ein Schrank, der von Siegerpokalen überquoll. Seine Frau Cora war der Meinung, dass Jans Preise nicht unbedingt einen repräsentativen Platz im Haus brauchten.

Als ich in meiner Radkleidung nach unten kam, stand Jan schon mit seinem Fahrrad da und wartete. Natürlich, er hatte einen Jan-Janssen-Rahmen. Selbst arbeitete er nicht mehr in seiner Fahrradfabrik, aber seine beiden Söhne schon. Unterwegs würden wir dort vorbeifahren.

»Früher hab' ich trainiert ohne Ende. Nach einem Rennen bin ich manchmal sogar noch mit dem Rad nach Hause gefahren. Und zwar auf Tempo. Vielleicht war das am Ende der Fehler. Dass ich ständig nur gefahren bin. Ich war manchmal einfach übertrainiert. Ja, heute sagen sie dir: Ich geh's ruhig an. Und dann drehen sie dir eine lange Nase. Guck dir jemanden wie Thomas Dekker an. Der steigt beim Rabo-Team einfach mal aus, weil er ein paar Rennen in Spanien und ein paar Klassiker gefahren ist. Ich bin total kaputt, sagt der dir. Tja, wenn ich das höre ...«

»Du bist also nicht gerade ein Fan von Dekker.«

»Doch, schon. Er sieht gut aus, kann nett erzählen und alles. Aber ein Topfahrer ist er nicht. Sagen wir mal so: Ich hab' noch nie gesehen, dass er sich mal das Weiße aus den Augen gefahren hätte, um zu gewinnen. Und er kommt gut an bei den Frauen. Na, soll er. Weißt du, er ist noch jung. Verdient gut, fährt ein schickes Auto. Der braucht sich um nichts zu scheren. Noch drei Jahre, dann kann er die Beine hochlegen. Braucht nie mehr im Leben zu arbeiten.«

»Aber du hast doch auch gut verdient, oder?«, fragte ich Jan.

»Ja, zugegeben. Und trotzdem arbeite ich gern. Die Fahrradfabrik gibt es immer noch. Hauptsächlich kümmern sich jetzt die Jungs darum, der eine im Lager, der andere im Büro. Aber manchmal kann ich es einfach nicht lassen. Dann sagen sie zu mir: Papa, der Bote lädt gleich ein Fahrrad auf, kannst du das gerade einpacken? Und ich sag' dir, beim Verpacken bringt mir niemand mehr was bei. Und wenn sie mich fragen, ob ich mit der *camionette* vierzehn Räder nach Hilversum oder Krommenie bringen kann, dann mache ich das auch.«

Entschlossen schaltete Jan Janssen in einen passenden Gang, fuhr auf die Hauptstraße und ging kurz aus dem Sattel, um sich dann wieder zu setzen. Einen Helm trug er nicht. Wir fuhren über die Grenze und waren in den Niederlanden.

Als wir auf einen schmalen Fahrradweg kamen, fuhr ich ein Stück hinter ihm her. Typische Radprofiwaden. Gedehnt, ausgeprägt, schlank und am Knöchel so schmal, dass Daumen und Mittelfinger sich berühren würden, wenn man sie umfasste.

Seine Trittfrequenz war hoch. »Das hab' ich von Gerrit Schulte. Der hat immer propagiert, dass man eine kleine Übersetzung fahren soll. ›Klein, klein, klein‹, hat er immer gerufen. Diesen runden Tritt hab' ich von ihm. Immer aufpassen, dass man sich nicht die Beine kaputtfährt. Geradeaus weiter!«

Ich schaute auf meinen Tacho. 32 Stundenkilometer. Das war durchzuhalten. Jan Janssen schien nicht müde zu werden. Er redete in einem fort.

»Fahrradfahren ist meine Medizin. Ich muss einfach regelmäßig eine Runde drehen, zwei Stunden mit 'nem Schnitt von 30 km/h. Keine blöde Raserei. Mir fallen dabei immer alle möglichen Sachen ein. Zu meinem Garten beispielsweise. Dann denke ich: Ich lege diese Teiche jetzt mal ganz neu an. Oder dieser Scheißbaum mit den ganzen welken Blättern im Herbst, den fälle ich jetzt. Weg mit dem Mistding.«

»Da musst du aber erst eine Genehmigung beantragen«, sagte ich.

»Ach, das hab' ich doch gleich wieder vergessen. Manchmal denke ich beim Radfahren auch an ziemlich unschöne Dinge. Zum Beispiel daran, dass ich hier fröhlich durch die Gegend fahre, während mein Ex-Kollege Henk Nijdam beide Beine los ist. Er sitzt im Rollstuhl. Ich sollte dankbar sein – das schießt mir dann durch den Kopf. Und dass man auch ein bisschen Glück im Leben braucht. Beim Radfahren komme ich richtig zur Besinnung. Das passiert dir im Bordell nicht, da wirst du nur dein ganzes Geld los, und dann kriegst du auch noch Rückenschmerzen, ha! Hier nach rechts.«

Wir flitzten auf einen schmalen Streifen Asphalt und ließen die stark befahrene Durchgangsstraße nach Putte hinter uns. Jan Janssen machte einen immer kindlicheren Eindruck. Eigentlich erstaunlich, dass er als großer Rennfahrer sich auf so eine läppische Runde überhaupt eingelassen hatte. Aber Kilometer für Kilometer rief er irgendetwas, einfach so. Wie ein kleiner Junge, der gerade ein Fahrrad geschenkt bekommen hatte.

»Hach, ist das schön!«

»Großartig!«

»Toll, was?«

Die sinkende Sonne tauchte die Landschaft in Gelb. Getrockneter Schlamm, Sand, Bäume in Blüte. Von fern hörte ich ein Motorrad näher kommen, das uns erst viel später überholte. In dieser Gegend gab es auffällig wenig Verkehr und Lärm.

»Hier links ab.«

Mir fiel auf, dass Jan Janssen aufrechter saß als früher. Er beugte den Rücken nicht mehr so tief nach unten. Aber die kräftigen Oberschenkel waren noch dieselben. »Gute Oberschenkel hatte ich schon immer. Richtig pralle Teile. Jetzt fahre ich nur noch zur Entspannung. Hände auf dem Oberlenker. Früher bin ich immer mit den Händen in der Lenkerbeuge gefahren. Aber jetzt lege ich Wert auf Komfort. Hier geradeaus. Ich liebe das: zwei Stunden, am liebsten mit einem Club. In einem durch, ohne Anhalten. Allerdings müssen die anderen sich dann auf ein christliches Tempo einlassen. Wenn es zu lange mit 40, 42, 44 Stundenkilometern geht, rufe ich nach vorn: ›He, nehmt Rücksicht auf die Alten!‹«

Am rechten Straßenrand war an einigen Stellen der Asphalt abgebröckelt. Typisch Brabantsche Bodenerosion. Plötzlich gähnte irgendwo im Straßenbelag ein Loch von der Größe eines Gullideckels. Ich fuhr neben Jan und sah, wie er, ohne mit der Wimper zu zucken, kurz sein Vorderrad hochriss und über die kaputte Stelle hinwegsetzte. »Ich hab' das schon immer mit Geschick gelöst. Hopp und drüber weg. Das ist meine Motorik. Tack-tack-tack und hopp! Hab' ich bei den Sechstagerennen gelernt, da muss man auch zurechtkommen, ohne zu bremsen. Verfolgungsrennen im Winter mitmachen, das ist gesund. Davon wird man stark und wendig, auch wenn man klein von Statur ist. Ich kannte jede Menge kleine Rennfahrer, die verdammt frech waren, Alter, die krochen an dich ran wie nix. Echte Kämpfer. Auf dem Rad muss man kämpfen lernen. Und möglichst vorne fahren. Wenn du an 185ster Stelle bist und sie dann vorne plötzlich Tempo machen, ist das Hauptfeld schnell mal einen Kilometer lang. Und dann kannst du drei Klassen besser sein als viele andere Rennfahrer, du kommst nicht mehr so leicht nach vorn.«

Nach ein paar Kurven und Wendungen fuhren wir schließlich nebeneinander auf einer schmalen Asphaltstraße. Links Weideland, rechts Weideland. Die Sonne, die jetzt noch tiefer stand, schien uns ins Gesicht. Hier in der Gegend wohnte der verstorbene Gerrie Knetemann. »Mit ›de Kneet‹ bin ich immer gut ausgekommen. Achtung, hier fahren wir geradeaus. Kneet war auch ein Gefühlsmensch, kein Wichtigtuer, immer einen Scherz auf Lager. Gott, wie mir das leid getan hat. Der Arme! Er war in unserem Trainingsclub. Ansonsten hab ich's ja nicht so mit Kollegen. Freundschaft kann man nicht erzwingen, die ist entweder von vornherein da oder eben nicht. Wir fahren jetzt übrigens schon durch Belgien. Für Belgien hab' ich was übrig. Belgier haben so eine untertänige ... nein, ich meine, die sind jetzt nicht kriecherisch oder so, aber höflich und korrekt. Wenn ich durch die Gegend fahre, wo die Flandern-Rundfahrt stattfindet, weißt du, Brakel, Nederbrakel, Zwalm, diese ganzen kleinen Straßen, wenn ich da an das Kopfsteinpflaster denke, dann läuft es mir kalt den Rücken runter. Hier nach links und dann geradeaus.«

Wir fuhren auf ein Fabrikgelände, das mitten in der grünen Brabantschen Landschaft völlig fehl am Platze war. Viereckige Lagerschuppen, graue Hallen. Jan Janssen übernahm die Führung und dirigierte mich schnurstracks zu seiner Fabrik. Es ging auf sechs Uhr abends zu, aber der Eingang stand noch offen. Im Büro saß sein Sohn, der ebenfalls Jan heißt. Wir gingen hinein. Es war knallheiß, ohne Klimaanlage.

»Geht's noch, Junge?«, fragte mich Janssen. »Ich wollte dich ein bisschen auf die Probe stellen. Wenn du mir abgehauen wärst, hätte ich dir irgendwas hinterhergerufen. Dass die Größe deines Rahmens nicht passt oder so.«

Jan Janssen war immer noch ein Technikfreak. Mit seinen klackernden Radschuhen führte er mich durch die Fabrik, vorbei am Büro, an den Rahmenlackierern, den Verpackern. Überall Rahmen mit seinem Namen auf dem Oberrohr. Zusammen mit seinen Söhnen verkaufte er um die 4.500 Rennräder im Jahr. Er hob einen unlackierten Rahmen hoch und reichte ihn mir einhändig weiter, um die Leichtigkeit des Materials zu demonstrieren.

Zurück in den Büroräumen an der Vorderseite des Gebäudes deutete er auf ein altes, von Wind und Wetter angegriffenes Rennrad, das sie dort an die Wand geklatscht hatten. »Das ist das Rad, mit dem ich das Zeitfahren bei der Tour de France 1968 gewonnen habe. Reynolds-Rahmen, 57 Zentimeter. Schau mal, die Reifen auf der flachen Felge. Ein Fünffach-Zahnkranz. Gebogene Gabel. Das ist hier noch die Originallackierung. Sieht rosa aus, aber in Wirklichkeit ist es ausgeblichenes Rot.

Pedalhaken, eine totale Katastrophe. Ach je, und der alte Sattel. Ständig hab' ich an der Einstellung herumgetüftelt. Wenn ich eine dickere Lage Stoff in der Hose hatte, stellte ich den sofort ein kleines Stück runter. Einen Millimeter oder so. Eigentlich muss ein Sattel natürlich hoch montiert sein. Wenn die Sattelstütze nur gerade so aus dem Rahmen herausragt, sieht das ja furchtbar aus.«

Die Hälfte der Runde hatten wir hinter uns, meinte Janssen. Wir würden jetzt in die Kalmthoutse Heide fahren. Es war warm an diesem frühen Abend, sogar noch wärmer als ein paar Stunden zuvor. Meine Trinkflasche war schon halb leer. Jan hatte sich noch keinen einzigen Schluck gegönnt. Er hatte eine milchig-weiße Flasche, in der man die Flüssigkeit bis zum Rand schwappen sah.

Wir fuhren in die Heidelandschaft hinein. »2.225 Hektar Sand«, sagte Jan. »Großartig.«

Ich nahm wieder einen Schluck. Jan nicht.

»Sag mal, täusche ich mich, oder hast du noch überhaupt nichts getrunken?«

»Stimmt«, antwortete er, »hab' ich nicht.« Er war kein bisschen außer Atem, und er schien auch nicht im Geringsten müde zu sein. »Noch keinen Tropfen. Früher hatten wir immer nur eine einzige Flasche. Wenn die leer war, musste man absteigen und in den Graben oder zu einem Brunnen, um Wasser zu schöpfen. Ich bin damals schon immer sparsam mit der Flüssigkeit umgegangen, und das mache ich heute auch noch so. Weißt du, was meine Geheimwaffe war? Aufpassen, die Kurve kann sandig sein, dann fliegst du auf die Schnauze … Also, wenn es bei der Tour sehr warm war, habe ich mir immer einen Pflaumenkern in den Mund gesteckt. Das regt die Speichelproduktion an, dann kriegt man nicht so schnell ein trockenes Maul. Aber heutzutage kommt da ja immer gleich ein Motorrad mit einer ganzen Ladung Flaschen vorbei. Da kann man trinken, so viel man will. Die Leute halten mich inzwischen bestimmt für einen alten Sack. Und das bin ich ja auch, das wird man von selbst. Von der Nostalgie ist bei den Rennen nicht mehr viel übrig. Die Fahrer werden bei den Wettkämpfen prima versorgt. Und dann haben sie auch noch alle Helme auf und tragen große Sonnenbrillen, so dass man sie nicht erkennen kann.«

Es geschah unmerklich, aber wir fuhren immer schneller. Noch immer lagen Jan Janssens Hände locker an den Bremshebeln. Und während er kräftig in die Pedale trat, redete er in einem fort. »Was es hier alles zu sehen gibt. Rehe, Fasane, Hasen, Kaninchen, Eichelhäher, Eichhörnchen. Sogar Krähen, die auf den Rücken von Kühen sitzen und ihnen die Läuse aus dem Fell picken. Schau mal, dort auf der Bank sitze ich oft mit Cora, wenn wir zusammen eine Tour machen.«

In der Ferne ragte ein stählerner Aussichtsturm aus der Heide auf. Jan erzählte, dass Ludo Delcroix, ein ehemaliger Teamkamerad von Eddy Merckx, oft dort oben stand, weil er inzwischen als Förster arbeitete. Er war bei der Gemeinde Kalmthout angestellt und behielt von dort aus Heidebrände im Auge.

»Manchmal, wenn ich hier vorbeifahre, hängt er die Fahne raus. Oder ich rufe ihn vom Handy aus an. Wusstest du, dass Breukink auch hier in der Gegend wohnt?«

Janssen bog scharf rechts ab, auf eine größere Asphaltstraße. Hier war wieder mehr Verkehr. Links und rechts standen Villen mit Frauennamen am Straßenrand. Mit viel Lärm rasten Autos an uns vorbei. Janssen fuhr jetzt etwas schneller.

31, 32 …

»Hier in der Gegend wohnen 18.000 Niederländer …«

33, 34 …

»Guck dir die komischen Kurven in dem Fahrradweg an. Wenn man da nicht aufpasst, landet man schnell in dem Graben daneben.«

35, 36 …

Unser Gespräch verstummte. Ich gab mir alle Mühe, zu Jan Janssen aufzuschließen und genau neben ihm zu fahren, aber jedes Mal schob er sein Vorderrad gleich wieder zehn Zentimeter vor meines.

37 ...

Janssen nahm den allerersten Schluck aus seiner Trinkflasche.

Mein Vorderrad blieb weiter hinter seinem. Ich hörte meinen eigenen Atem. Janssen gab das Tempo vor. Ein immer schnelleres.

38 ...

Wer machte hier eigentlich wen fertig?

Mein Atem wurde immer kürzer. Ich fixierte abwechselnd die Straße und meinen Tacho: Wir fuhren immer noch 38 km/h, schon seit einem Kilometer. Und was ich auch tat, Janssens Vorderrad blieb meinem immer zehn Zentimeter voraus.

Reden taten wir nicht mehr. Ich fing an nachzudenken. Über die unvermuteten Kräfte eines Achtundsechzigjährigen, der wie ein sonnengebräunter junger Mann auf seinem Rad saß. Über die Bäume, die die Straße säumten und ihre Wurzeln unter den Fahrradweg streckten, wodurch mein Vorderrad auf dem Asphalt immer wieder zu bocken schien.

Ging es hier bergauf, oder bildete ich mir das nur ein?

39 ...

Seite an Seite erreichten wir ein Tempo von 39,5 Stundenkilometern. Jan hatte immer noch eine Fußlänge Vorsprung und verzog keine Miene. Der Lump. Er fuhr unglaublich stark. Ich zweifelte nicht daran, dass er dieses Tempo stundenlang durchhalten konnte. Er musste sehr viel trainiert haben. Und diese Grippe – wer weiß, wie ernst die wirklich gewesen war.

Immer noch 39,5. Bis auf ein Zehntel km/h genau.

Was hatte er vorhin im Garten über Doping gesagt? »Damit fährt man auch nicht schneller. Früher gab es Amphetamine. Ich rechtfertige das nicht, aber wenn du so was nimmst, pass mit der Dosierung auf. Ich war bei Doktor Rolink, der hat mir auch ab und zu eine Pille mitgegeben und dazu gesagt: Wenn du in der Spitzengruppe fährst und eine Chance hast zu gewinnen, dann schluck das! Ich wusste damals nicht mal, was es war. Mit Doping fährst du auch nicht besser. Ansonsten würde ich mir heute noch ein Kilo besorgen, es auffressen und ab zum Wettkampf. Aber daran hängt es nicht. Du musst mit Leib und Seele dabei sein. Man kann aus einem Esel kein Rennpferd machen.«

Er war das Rennpferd, ich der Esel.

Ich sah das Bild eines toten Tiers vor mir, mit trockener Zunge, durchhängendem Rücken und leerem Blick aus tiefen Augenhöhlen. So ähnlich, wie ich selbst jetzt auf meinem Rad hing. Auf der Sattelspitze, fixiert auf den Tacho am Lenker.

Kurz, nur ganz kurz, deutete ich verbal und nonverbal an, dass ich an meine Grenze geriet.

»Wie weit ist es noch, Jan? Ich äh …«

Sofort gab er ein bisschen nach.

»Hier rechts weiter.«

Ich hörte das Geräusch unserer Reifen auf der Straße, vermischt mit meinem Keuchen.

»So, jetzt sind wir wieder in Putte.«

Im Haus roch es nach Spargel, frisch gestochen und von Cora mit Ei und Schinken zubereitet.

Jan Janssen lief in Slippern durchs Haus, den drahtigen Körper immer noch in Radbekleidung. Ein maliziöses Lächeln auf den Lippen.

»Ich war gerade erst bei siebzig Prozent meiner Leistungsfähigkeit. Ich dachte, ich zeig' dir mal, dass ich noch ganz ordentlich fahren kann. Ich hab' eigentlich keinen großen Wettbewerbsdrang mehr. Aber ein kurzer Ellbogenstoß, das ist schon drin.«

Das Essen war fertig.

»Sollen wir noch schnell duschen?«

Ein paar Minuten später ging ich mit einem Handtuch ins Bad. Jan Janssen kam gerade aus der Dusche.

»*Au suivant!*«, rief er, als würde er nach einem Sieg bei einer Alpenetappe der Tour de France die Wasserstrahlen für den Verlierer freigeben.

Er fing an, sich abzutrocknen. Während ich unter der Dusche stand, hatte ich einen fürstlichen Ausblick auf den Hintern des Tour-de-France-Siegers von 1968. Zwei magere Schinken, die an einem so gut wie speckfreien Rücken hingen.

Dieses Radsport-Urgestein hatte mich aus den Schuhen gefahren. Ich wusste es, er wusste es auch. Erst jetzt unter der Dusche, nackt, wie Gott uns erschaffen hatte, waren wir wieder gewöhnliche Sterbliche.

Wir zogen uns an und gingen zum Esstisch zurück.

Jan sprach ein ultrakurzes Gebet: »Ja und Amen.« Ich blieb lange sitzen, tat mir sogar noch eine zweite Portion auf. Jan Janssen sagte dasselbe, was er seiner Frau Cora jeden Tag zuflüsterte: »Reich sind wir.« Und steckte sich eine Spargelspitze in den Mund.

Ein paar Tage später hatte ich eine Nachricht in meiner Voicemail: »Hier spricht der ehemalige Tour-de-France-Sieger. Der, der dir neulich beim Radfahren so wehgetan hat. In ein paar Tagen ist ein schönes Rennen. Kommst du wieder mit?«

Die Ratte. Der Schurke. Niedergemacht gehört er.

Irgendwann zeig ich's ihm.

Glasbecherchen

Als Kind habe ich oft über den Tod fantasiert. Ich war überzeugt, dass er als eisiger Wind kommen und dir die Luft zum Atmen nehmen würde. In der Nähe des Todes – auch wenn er nicht für dich kam – konntest du nichts mehr essen, nichts mehr sagen, dich nicht mehr bewegen. Jemand musste dich von außen wieder anstoßen, sonst ging nichts mehr.

Inzwischen habe ich gemerkt, dass Menschen, die einen Nächsten verloren haben, durchaus noch alles Mögliche machen können. Sie können telefonieren, sich trösten, Kaffee kochen, lachen, weinen, Auto fahren, Post öffnen. Aber wie viel bekommt man noch auf die Reihe, wenn das eigene erste Kind am ersten Tag seines Lebens stirbt?

Der belgische Radprofi Kevin Van Impe hat das durchgemacht. Sein kleiner Sohn kam zu früh zur Welt und verlor nach sechs Stunden das Leben. Ein paar Tage später saß er in seinem Haus in Erpe-Mere mit dem Bestatter am Tisch.

Van Impe und seine Frau hatten sich für eine Einäscherung entschieden. Als Radprofi hat man normalerweise sein Rad, die Ernährung, die Ohrstöpsel, den Streckenverlauf im Kopf. Jetzt sollte Kevin Van Impe sich über die Auskleidung des Sargs, über Blumen und über die Schrifttype für die Trauerkarte Gedanken machen.

Genau in diesem Moment klingelte es an der Tür. Der Dopingkontrolleur. Sein erster Satz: »Komme ich ungelegen?«

Wer hätte sich diese Szene ausdenken können? John Cleese? Jiskefet? French & Saunders? Total gestört. Nicht zu toppen.

Humor darf auch ein bisschen wehtun, heißt es. Aber wo ist die Grenze des Humors erreicht, und die Peinlichkeit fängt an?

Der Dopingkontrolleur kam herein, mit ein paar Formularen und einem Glasbecherchen. Ob Kevin kurz eine Urinprobe abgeben könne. Ich stelle mir vor, dass die Muster mit Fichtenholz, Eiche und weiß lackiertem Wenge-Furnier noch zwischen dem Bestatter und Frau Van Impe auf dem Tisch lagen.

Die flämischen Zeitungen berichteten damals, Kevin Van Impe habe dem Dopingkontrolleur die Situation erklärt, aber der Mann habe die Kontrollprozedur trotzdem durchführen wollen. Im Beisein des Kontrolleurs habe Van Impe in das Becherchen pinkeln müssen. Es habe eine volle Stunde gedauert, bis der Rennfahrer ein paar Tropfen aus seiner Blase herausgepresst hätte. Eine Stunde. Der Dopingkontrolleur – der einfache Arzt ist auch nur ein Vasall der allmächtigen Rennsportbosse – stand daraufhin in Belgien stark unter Beschuss. Er behauptete, Van Impe habe selbst pinkeln wollen.

Nun, ich war nicht dabei. Aber ich kann es mir lebhaft vorstellen: Ein Mann mit einem Glasbecherchen, ein pausenlos Wasser trinkender Radprofi, der sich ständig am Schritt herumfummelt, eine heulende Frau und ein Bestatter, der eine Entscheidung über Format, Farbe und Holzsorte des Sarges erwartet.

Radprofis müssen heutzutage immer ihren aktuellen Aufenthaltsort angeben – die durch Michael Rasmussen berühmt gewordenen *whereabouts* – und jederzeit mit einer unangekündigten Dopingkontrolle rechnen. Wie vogelfrei kann ein Sportler sein?

Bei der letzten Etappe der Fernfahrt Paris–Nizza blieb das Peloton ein paar Minuten lang stehen, aus Protest gegen die Geschehnisse im Hause Van Impe. Die Fahrer sind nicht an sich gegen Dopingkontrollen. Aber sie geben etwas auf gute Manieren.

Als Rennfahrer muss man immer anmelden, wo man sich gerade aufhält. Auch wenn man gerade Abschied von seinem toten Kind nimmt. Van Impe hatte ernsthaft überlegt, als *whereabouts* anzugeben: »Krematorium Lochristi«.

Es ist allerdings eine Szene denkbar, die jene im Wohnzimmer von Erpe-Mere noch übertreffen würde: Der Bestatter drückt auf einen Knopf. Der Sarg wird heruntergelassen. Unermessliche Trauer. Der Hauch des Todes liegt in der Luft. Hinten, beim Eingang der Aula, quietscht eine Tür. Noch hat sich niemand umgedreht. Aber da steht er: der Mann mit dem Glasbecherchen. Kommt er ungelegen?

Ich halte das für möglich.

Merde

Die Fahrer waren zur ersten Etappe der Tour de France 2008 aufgebrochen. Jetzt hieß es, drei Stunden lang auf das Hauptfeld, die Kilometerangaben und die vorbeigleitende Landschaft zu starren.

In der Spitzengruppe waren keine Sportler mit großen Namen. Man konnte sich denken: Ach ja, die zweite Garde, und noch schnell eine Runde um den Block gehen. Aber ich bin so oft von unerwarteten Angriffen einzelner Fahrer überrascht worden, dass ich doch lieber auf meinem Posten blieb. Auch wenn ich mich ein bisschen langweilte. Egal. Zeit zum Tagträumen, um Gedanken zu ordnen, alles wieder etwas einzupendeln.

Für den Tour-Zuschauer am Fernseher ist eine langweilige Etappe eine assoziative Gratisreise durch Frankreich. Das sich ständig umformende Peloton wirkt wie ein Hypnose-Clip. Die Rücken der Fahrer, aus der Vogelperspektive gefilmt, durchschneiden die Äcker.

Ich dachte an meine erste Fahrradtour durch die Bretagne zurück. Mein Freund Simon und ich waren damals sechzehn. Wir kämpften uns auf der glühenden Straße bis zur Erschöpfung ab, mit dicken Reifen, während das Stahlgestell des Rucksacks mich bei jeder Umdrehung der Pedale in die Hüfte pikste. Ausgehungert und todmüde kamen wir schließlich bei einem Campingplatz in der Nähe von Saint-Malo an. Mit einem Bunsenbrenner brieten wir ein paar Scheiben Frühstücksfleisch in der Pfanne an. Normalerweise würde man den Fraß nicht mal einem kranken Hund zumuten, aber uns schmeckte es herrlich.

Das Peloton hatte noch hundert Kilometer vor sich, auf dem Weg nach Plumelec. Es passierte nicht viel. Da konnte ich doch wohl kurz mal weg vom Fernseher? Ich ging zum Kühlschrank, auf der Suche nach etwas Leckerem. Neben einem angeschnittenen Stück Butter lag ein Müsliriegel, der darauf wartete, in meiner Trikottasche zu landen. Ich rollte gerade eine große Scheibe Zervelatwurst zu einem Zigarrenröllchen zusammen, als ich im Wohnzimmer den Fernsehreporter schreien hörte. Ha, ich hätte doch nicht weglaufen sollen. Jemand war gestürzt. Aber wer? Ich musste darauf warten, dass noch einmal der Name genannt wurde oder wenigstens die Rückennummer ins Bild kam. Hervé Duclos-Lassalle. Er hatte eine Brottüte ins Rad bekommen und war auf den Asphalt geknallt.

Duclos-Lassalle kam vor Schmerz fast um. Gekrümmt lief er zur Böschung. Mit der rechten Hand stützte er seinen linken Unterarm. Gebrochen. Ich war sicher. So hielt man sich den Arm, wenn der Knochen gebrochen war.

»*Merde!*«, rief er, wegen des stechenden Schmerzes und zweifellos auch, weil ihm klar wurde, dass er nicht mehr weiterfahren konnte. Der weiße Wagen hielt bei ihm an. Ein Arzt schob ihm eine Plastikmanschette über den Arm. Mit seiner unverletzten Hand nahm der Rennfahrer sich die Sonnenbrille ab und kontrollierte, ob keine Sprünge im Glas waren. An wen er jetzt wohl als Erstes dachte? An seinen Sponsor oder an seine Freundin?

Ein Krankenpfleger strich dem Rennfahrer über den Hals, und ich musste an Frau Joosten denken, meine Lehrerin, an deren sicheren Schoß ich mich einmal gedrückt hatte. Sie hatte mich getröstet, nachdem mir im Sportunterricht eine Stahlstange auf den Unterarm gefallen war. Elle kaputt. Ich hatte geheult. Der erste Knochenbruch in meinem Leben. Die Erkenntnis, nicht aus Stahl zu sein.

Woran man so alles denkt, wenn ein Radrennfahrer sich bei der Tour de France den Arm bricht.

An Frühstücksfleisch. An Ellbogen. An Worte aus einem anderen Jahrhundert.

Die Zeit vergeht im Flug. *Merde*.

Nackt mit Rad

Alles war grau. Das Gras, die Luft, der Lehm. Ein Grau, wie es das nur in Nordfrankreich gibt. Ein Selbstmordgrau. Ein Grau, das alle Farbtöne überdeckt, sie in einen Grauschleier hüllt. Sogar mein alter Mercedes, den ich selbst in frischem Olivgrün in Erinnerung hatte, stand jetzt trübe am Straßenrand, mit Schlammspritzern an den Seiten. Haveluy hieß die Kopfsteinpflaster-Passage hier. Ein schmaler Weg mit unterschiedlich hohen, uralten Steinen, zusammengehalten von Kohlenstaub, Schlamm und Unkraut.

Es war November, und es gab keinerlei guten Grund, im Herbst in Haveluy zu sein. Vielleicht gab es zu anderen Jahreszeiten auch keinen. Außer am zweiten Sonntag im April, wenn das klassische Eintagesrennen Paris–Roubaix stattfand. Dann quoll die Böschung über von Fans, die mit eigenen Augen sehen wollten, wie das Hauptfeld über die Pavés fuhr.

Halb neun morgens. Ich war auf Wunsch des Fotografen so früh hier. Vor drei Stunden waren wir mit meinem Auto in Vilvoorde, wo er wohnte, losgefahren. Der Fotograf kannte die Strecke auswendig. Er war sie auch schon mal mit dem Rad abgefahren, zusammen mit einem Freund, eine Woche vor Paris–Roubaix.

Haveluy. Eine einsamere Landschaft für einen Rennradfahrer hatte sich der Fotograf nicht vorstellen können. Dort sollte ich stehen. Am Morgen. Ein Mann und sein Rad. Sonst nichts. Niemandsland. Er sollte recht behalten, wie ich jetzt sah. In Haveluy gab es nichts, gar nichts.

Ein Wunder, dass dieser Flecken Erde überhaupt einen offiziellen Ortsnamen bekommen hatte.

Vor einer Viertelstunde waren wir noch mit dem Auto im Schneckentempo durch das Umland gefahren. In einem Dorf namens Arenberg hatten wir sogar Leute auf der Straße gesehen. Eine Frau mit hochgeschlossenem Regenmantel war über die Straße gelaufen. Sie hatte einen Einkaufswagen hinter sich hergezogen. Eines der Räder hatte sich nicht mehr gedreht. Sie war an einem Mann vorbeigegangen, der auf den Bus gewartet hatte. Seine raue Haut war mir aufgefallen. Wie eine zu hastig geschälte Kartoffel.

Die Fensterläden der Backsteinhäuser des ehemaligen Bergarbeiterdorfs Arenberg waren alle noch geschlossen gewesen. Die Männer, die jahrelang im Schacht gearbeitet und jeden Abend am Waschtisch Kohlenstaub ausgespuckt hatten, saßen jetzt arbeitslos zu Hause. Hinter dem Dorf ragten die hohen Türme auf, die jahrzehntelang die Kohle aus der Tiefe hinaufbefördert hatten. Sie waren frisch angestrichen worden. In Grau, natürlich. Aufgepepptes Industrieerbe. Selbst die Farbe von Rost hätte in dieser Gegend noch fröhlich gewirkt.

Haveluy lag vier Kilometer weiter. Ein Totenacker. Hervorragend geeignet zum Verstreuen von Krematoriumsasche. Wir sahen uns um, der Fotograf und ich. In einiger Entfernung stand ein Bagger, die Schaufel zum Himmel erhoben. Bewegungslos. Ich hätte auch nicht gewusst, was man hier hätte anfangen können.

Ich dachte über Gemüse nach. Über Rosenkohl. Vor ein paar Jahren war ich frühmorgens aufgebrochen, um eine lange Tour über die südholländischen Inseln zu fahren. Es war frostig, und ich hatte zu wenig gegessen. Das kam mich teuer zu stehen. Obwohl die Gegend flach war, fuhr ich mit Bergübersetzung. Irgendwann tanzten mir kleine dunkle Flecken vor den Augen. Schwarzen Schnee nannten sie das im Peloton.

Ich stieg ab. Auf einem Feld entdeckte ich Rosenkohl. Ich riss mir ein paar Köpfe von einem Strunk ab, spülte sie in einem Graben sauber und aß sie roh. Eine solche Kombination von Hunger und Kälte ist wirklich keinem Radsportler zu wünschen.

Ich holte den Rahmen meines Fahrrads aus dem Kofferraum und steckte die Laufräder in Gabel und Ausfallende. Der Fotograf drehte eine Filmrolle in die Spule seiner Pentax. Er war einer von der traditionellen Sorte: Schwarz-Weiß. Natürlich. Mit seinem Winterpullover wischte er das Objektiv sauber. Dann schaute er hindurch, die lange Kopfsteinpflaster-Passage hinab, die sich nach ein paar hundert Metern im Nebel verlor.

»Sehr schön«, sagte er.

Ich dachte an das Telefongespräch zurück, das wir ein paar Tage zuvor geführt hatten.

»Die Sonne ist mein größter Gegner«, hatte der Fotograf gesagt.

Anscheinend hatte er durch ein vertrauliches Gespräch mit dem großen Himmelsmann erreicht, dass das Licht gedämpft worden war. Die Sonne musste sich woanders ein Loch in der grauen Wolkendecke suchen. In Haveluy hielten die Wolken fest zusammen.

Ich holte eine Tasche mit Fahrradkleidung aus dem Kofferraum. Dann zog ich meinen Anzug aus. Erst das Jackett, dann die Hose, Hemd, Unterhose, Schuhe, Socken. Ich spürte, wie die Kälte sich auf meine Haut legte. Drei Grad über Null, dem Wetteransager aus dem Autoradio zufolge. Schnell zog ich mir die Radhose an. Dann ein dunkelblaues Wollhemd, Strümpfe, Schuhe.

Ich schlitterte an dem Mercedes vorbei auf die Straße. Die Räder von Karren, Autos und Traktoren hatten die Pflastersteine am linken und rechten Rand tiefer eingedrückt. Der Rücken des Weges lag gut zwanzig Zentimeter höher.

»Stell dich mal genau in die Mitte«, sagte der Fotograf.

Er stand auf seinem Stahlkoffer. Ich hörte den ersten, langen Auslöser des Apparats. Von Hand zog er auf, um das nächste Bild machen zu können. Das hatte ich lange nicht mehr gesehen.

»Etwas nach links. Wieder ein Stück nach rechts. So ist gut.«

Ich stand mucksmäuschenstill. Die Morgenkälte drang durch die Fahrradkleidung hindurch in Brust und Oberschenkel.

Haveluy. Während ich in die Kameralinse schaute, dachte ich daran, dass ich früher schon mal hier gewesen war. Im Gefolge der Karawane von Paris–Roubaix. Vor ein paar Jahren hatte ich im Auto eines Kollegen gesessen, und wir waren zusammen über das Kopfsteinpflaster gerumpelt. Mit einem langen, großen Aufkleber der Rennveranstalter auf der Windschutzscheibe. Ein grandioses Gefühl. Wir gehörten ganz offiziell dazu.

Es gab eine kleine Spitzengruppe. Das Hauptfeld lag ein paar Minuten dahinter. Wir fuhren genau dazwischen. Das Kopfsteinpflaster war nass. Die Fahrer würden wie Lehmpuppen aussehen, wenn sie am Ziel ankämen. Wir hatten, während wir durch das Spalier der Schaulustigen fuhren, halbwegs gute Sicht. Zwischen den Fans sah ich einen Mann mit ein paar Laufrädern in der Hand stehen: Patrick Lefevere, ein belgischer Teamleiter, mit Reservematerial. Er spähte über unser Auto hinweg in die Landschaft. Jeden Augenblick konnten die durchgefrorenen Fahrer seiner Mannschaft an ihm vorbeiziehen.

Trotz Stoßdämpfern schrammte die Unterseite unseres Wagens hin und wieder die Pflastersteine. Die Cola schwappte aus der Dose auf meinen Anzug. Steffen Wesemann, ein älterer deutscher Klassikerspezialist, ließ sich aus der Spitzengruppe zurückfallen. Jedenfalls behauptete dies der Rennfunk in krächzendem Französisch. Wir fuhren ungefähr zweihundert Meter hinter Wesemann. Über uns schwebte ein Hubschrauber der französischen Polizei. Man musste ziemlich laut sprechen, um sich verständlich zu machen.

»Sind wir nicht zu dicht dran?«, rief ich.

»Nach dem Pavé-Stück kommt ein breiter Asphaltweg, dann können alle an uns vorbei«, rief mein Kollege, der hinter dem Steuer saß.

Vor uns fuhren ein paar Motorräder über die Steine. Ihre Hinterräder rutschten immer wieder weg. Wir versuchten, unser Tempo zu halten, damit wir nicht auch ins Schlingern gerieten.

Ein Stück vor uns sah ich einen der Fahrer.

»Da ist schon Wesemann. Wann kommt denn der breite Weg?«

»Das hier ist eine ganz schön lange Pavé-Passage ...«, sagte mein Kollege.

»Er richtet den Rücken auf, siehst du das? Und er fährt so langsam, gleich fahren wir dem hinten rein.«

Ich schaute zurück. Es versetzte mir einen Stich in den Magen. Das Hauptfeld. Eine nicht ganz kleine Gruppe von Fahrern kam wie eine Herde wild gewordener Stiere auf uns zu. Die Zuschauer am Rand standen zum Teil auf der Straße. Es war kaum noch Platz um durchzufahren.

Das Peloton näherte sich auf hundert Meter. Das Funkgerät spuckte in scharfem Tonfall einen Satz auf Französisch aus: »Wagen 213. Sie müssen da weg. Weg!«

Auf unserer Heckscheibe las ich in Spiegelschrift die drei Ziffern des Aufklebers.

»Sie meinen uns. Wir müssen hier weg.«

Oben im Hubschrauber mussten sie uns auf dem Schirm haben.

Links und rechts sprangen die Fans im letzten Augenblick in die Böschung, um nicht von unserem Wagen erfasst zu werden. Vor uns Wesemann, der sich jetzt wieder vorbeugte, hinter uns das Peloton. Wir konnten nirgendwohin ausweichen.

»Wagen 213. Weg, sofort!«

Der Blick meines Kollegen flitzte ständig zwischen dem Rückspiegel und der Straße hin und her. Hinter uns hupten die Wagen der Rennleitung. Hundert Meter über uns dröhnte der Hubschrauber.

Wesemann nahm etwas zu essen aus der Rückentasche seines verschwitzten Trikots. Wir waren noch zu weit weg, um zu erkennen, was es war. In unserem Rücken erhob sich ein wütendes Hupkonzert.

»Wagen 213. Exclu!«

Exclu. Wir waren von dem Rennen ausgeschlossen worden. Ein Motorradfahrer schloss zu uns auf. Wilde Gebärden an meinem Fenster. Unverständliche Rufe kamen unter seinem schwarzen Helm hervor. Wir sollten ihm folgen. Was blieb uns übrig? Hemmungslos fuhr er mit seinem Motorrad in die Menge hinein, die einen Spalt für unseren Wagen frei machte. Mein Kollege fuhr so weit wie möglich in die Böschung.

Ein paar Polizeimotorräder und ein schicker Wagen der Veranstalter rasten links an uns vorbei. Unmittelbar darauf folgte das Peloton. Einer der Fahrer versetzte unserem Autodach einen wütenden Schlag.

Der Motorradfahrer hatte vor uns angehalten. Ohne von seiner Maschine abzusteigen, zog er sich den Handschuh aus und kratzte mit den Fingernägeln an dem Aufkleber auf unserer Windschutzscheibe. Mit einem Ruck riss er ihn ab.

»Exclu!«, rief er überflüssigerweise. Er verdeutlichte uns, dass wir nach der Kopfsteinpflasterpassage die Rennstrecke sofort verlassen sollten.

Nachdem die Teamleiter mit ihren Wagen an uns vorbeigefahren waren, übernahm der Motorradfahrer die Führung. Ein Gendarm, der am Straßenrand stand, zeigte uns, wo wir abbiegen sollten. Während alle Köpfe sich drehten, um den letzten Fahrern nachzuschauen, fuhren wir von der Rennstrecke herunter.

Uns blieb nur eines übrig: den Umweg über die Autobahn zu nehmen und zum Zielbereich in Roubaix zu fahren.

»Es ginge auch nackt«, sagte der Fotograf. »Mit einem einzelnen Rad in der Hand.«

»Ja? Möchtest du das?«, antwortete ich und dachte über den Vorschlag nach.

»Ich hab' dich da stehen sehen, als du dich hinter dem Wagen umgezogen hast. Ich kann mir das schon vorstellen. Von hinten, meine ich.«

Von hinten. Mein Hintern. Mein Po. Mein Arsch. Zwei weiße Hinterbacken in Haveluy.

»Na gut«, sagte ich.

Wir bereiteten uns vor. Der Fotograf suchte sorgfältig nach dem richtigen Standpunkt. An meinen alten Mercedes gelehnt, wartete ich auf das Zeichen, mich auszuziehen.

Radsportler haben einen stark entwickelten Unterkörper. Die Beine finden über die vielen Kilometer auf der Straße hinweg kaum Ruhe, das Gesäß und der untere Teil des Rückens liefern ein ganzes Rennen über Kraft und Stabilität. Aber die Schultern und der Oberkörper werden eigentlich nur so mitgeschleppt. Schwimmer haben enorme Oberkörper. Von hinten sieht ein Schwimmer aus wie ein großes V auf Stelzen. Einen Radrennfahrer mit kräftigen Armmuskeln unter den kurzen Ärmeln seines Trikots wird man nur im Ausnahmefall finden. Er kann dann vielleicht seinen Lenker etwas kräftiger herumreißen, aber damit gewinnt man kein Rennen. Beim Radsport dreht sich alles um starke Oberschenkel und eine gute Gesäßmuskulatur.

»Ich bin so weit«, sagte der Fotograf. »Wenn es dir beim Wechseln der Filmrolle zu kalt wird, kannst du ja kurz meinen Wintermantel überziehen.«

»Lass mal. Zu viel Getue. Wird schon gehen.«

Wenn er gewusst hätte, wie sehr ich Kälte hasste.

Ich entledigte mich meiner Fahrradkleidung. Zuletzt zog ich die Schuhe und Socken aus. Mit kleinen Trippelschritten lief ich nackt über das Kopfsteinpflaster zu der Stelle, die der Fotograf mir anwies, ungefähr zehn Meter von der Linse entfernt. Der Schlamm setzte sich zwischen meinen Zehen fest. Schwarze Erdnussbutter.

Der Fotograf fing an, mir Regieanweisungen zu geben. Das Rad in die linke, nein, doch in die rechte Hand. Oder doch besser mit beiden

Händen festhalten. Oder nein, über den Kopf halten. Das Rad einhändig in der Luft schwenken. Drauf setzen. Vor mich stellen. Hinter mich stellen.

Eine Viertelstunde war vergangen. Ich versuchte mir einzuprägen, was der Fotograf jeweils gesehen hatte. Wahrscheinlich fielen ihm die sehnigen Waden auf, die ich von meinem Vater geerbt hatte. In den Tiefkühlräumen seiner Firma am Coolhaven in Rotterdam hatte er früher jeden Morgen bei minus 20 Grad Celsius Kartons gestapelt. Mit Fleisch, Kroketten, Eis, Pommes Frites. Merkwürdig, dass ich als Sohn eines Tiefkühlgroßhändlers keine Kälte abkonnte.

Mit nackten Füßen auf dem Boden stehend, musterte ich die alten Steine. Die widerspenstigen Miststücke lagen faul herum und hatten anscheinend nicht vor, jemals noch etwas anderes zu tun. Durch die Hornhaut unter meinen Füßen hindurch spürte ich die Unebenheiten.

Wie schwer es wohl sein musste, auf dem Rad mit einer Geschwindigkeit von 50 km/h über dieses Pflaster zu fahren? »Mit hoher Übersetzung über den Kamm des gebogenen Weges gleiten«, lautete der Ratschlag der besten Fahrer. Der bretonische Radprofi Bernard Hinault hatte sich anfangs sogar geweigert, an Paris–Roubaix teilzunehmen. Er hielt dieses Rennen für eine irrwitzige Höllenfahrt. Er hatte Angst, zu stürzen und zu verlieren. Stürzen, verlieren – die größten Ängste eines jeden Radrennfahrers. Abgesehen vom Erwischtwerden beim Doping. Aber ehrgeizig, wie er war, hatte Hinault die Höllenfahrt, vor der er einen solchen Abscheu hatte, 1981 schließlich trotzdem gewonnen.

Das Nacktfotoshooting dauerte inzwischen schon eine gute Viertelstunde. Die Kälte kroch mir durch die Haut hindurch in die Knochen, so fühlte es sich jedenfalls an. Mein Hintern fing zu zittern an. Als würde der Fotograf ihn mit kleinen Stromstößen zum Zucken bringen. Ich verlagerte das Gewicht auf den anderen Fuß. Das Zittern hörte kurz auf.

Auch meine Scham unternahm gewisse Anstalten, sich vor dem eisigen Wind zu schützen. An der Länge eines Penis soll man ja viel ablesen können. Ein Penis ist eine Art Thermostat für Gefühl und Temperatur. Wenn ich so an mir herunterschaute, stellte ich fest, dass die Umstände alles andere als komfortabel waren.

»So bleiben. Gewicht auf die linke Hüfte. Das Rad mehr neben das Bein.«

In Florenz steht Michelangelos David seit mehr als 500 Jahren mit dem Gewicht auf dem rechten Bein. Das linke ist leicht angewinkelt, die rechte Hand hängt ein bisschen gezwungen neben dem Oberschenkel, die großen Finger sind gekrümmt. Wie lange hatte das Modell wohl diese Pose einnehmen müssen, bis der Bildhauer die Gestalt aus dem Marmor herausgemeißelt hatte?

Meine linke Pohälfte zitterte jetzt unablässig. Als würde sie mich in meinem Rücken auslachen, in trauter Einigkeit mit dem Fotografen.

»Kannst du den Kopf ein bisschen mehr hängen lassen, dass es ein bisschen trauriger aussieht? Ja, so.«

Ein nackter Mann im selbstmordgrauen Niemandsland.

Bei Unterkühlung verlor man sein Denkvermögen, hatte ich mal gelesen. Man bekam Wahnvorstellungen. So weit war es bei mir noch nicht. Kopfsteinpflaster-Passagen sind sowieso nichts für endlose Meditationen.

In der Ferne bewegte sich der Bagger. Die Schaufel sank hinab. Hinter mir hörte ich das unrhythmische Klicken des Fotoapparats. Mittlerweile musste der Fotograf meine Rückseite unzählige Male festgehalten haben; ich stand hier schon eine halbe Stunde. Von dieser halben Stunde hatte er nur einige wenige Sekunden auf seiner Filmrolle festgehalten. Der Rest war verflogen.

Dem Geräusch nach zu urteilen, näherte sich uns ein Traktor. Einem französischen Bauern zu erklären, was wir hier machten, war ein Ding der Unmöglichkeit. Ein alter Mercedes, Türen und Kofferraum geöffnet, ein Fotograf und ein nackter Mann mit einem Rad in der Hand. Ich an seiner Stelle würde sofort die örtliche Polizeidienststelle anrufen.

»Ich kann bald nicht mehr«, sagte ich, während ich mit der Rechten meinen Hodensack vor der Kälte zu schützen versuchte. Auf der Suche nach einer wärmeren Bleibe krochen mir die Eier schon fast in den Unterleib.

»Bleib noch ganz kurz so stehen. Das ist schön.«

Ich hielt es nicht mehr aus. Das reichte jetzt.

»Ist ein gutes mit drauf?«, fragte ich den Fotografen.

Davon ging er aus.

»Dann hören wir jetzt auf«, sagte ich.

Ich ging auf ihn zu, als wäre es die normalste Sache der Welt, dass ich morgens um halb zehn in der Kälte auf einer mit Schlamm übersäten Kopfsteinpflaster-Passage meine Klamotten zusammensammeln musste. Schnell zog ich mir alles an, was es zum Anziehen gab. Egal. Hauptsache es spendete Wärme.

Wir ließen den Motor im Stand laufen, wegen der Heizung. Ich trug eine merkwürdige Kleiderkombination: Radsporthandschuhe an den durchgefrorenen Fingern und frisch geputzte spitze Stiefel an den Füßen.

Das Fahrrad und die Ausrüstung des Fotografen lagen im Kofferraum.

»Fertig?«, fragte ich.

»Ja. Perfekt«, sagte der Fotograf.

Ich stellte den Schaltknüppel auf D wie »drive«. Wir schaukelten die Kopfsteinpflaster-Passage hinab, zurück in die bewohnte Welt.

Nach unserem Ausschluss von dem Rennen – auf dem Weg nach Roubaix riefen wir uns gegenseitig noch viele Male »exclu!« zu – waren mein Radsportkollege und ich beim Velodrom in Roubaix auf den

Parkplatz gefahren. Mit unseren Pressekarten kamen wir hinein. Die Tribünen rund um die Radrennbahn waren voller Fans, die auf die ersten Fahrer warteten. Die Côte d'Azur, wie der blaue Streifen am unteren Rand der Betonbahn genannt wurde, war mit frischer Farbe erneuert worden. Ein Mal im Jahr putzte die Bahn sich heraus, wie eine hochbetagte Dame, die vor dem Wiedersehen mit einer alten Flamme in ihrer Handtasche nach dem blauen Lidschatten sucht.

Nach dem Rennen liefen wir mit den Fahrern mit, die im Schritttempo zum Waschraum fuhren. Sie übergaben die Räder an ihre Mechaniker und gingen hinein. Der 10 x 15 Meter große Raum war ziemlich heruntergekommen. Jeder Fahrer hatte seine eigene kleine Duschecke mit Terrazzofliesen. Allesamt zogen sie ungeniert ihre durchgeschwitzten Klamotten aus und stiegen unter die Dusche.

Ich sah Schürfwunden an Hüften, Knien und Armen, die von Händen mit Flüssigseife abgerieben wurden. Das musste höllisch brennen. Um die Abflüsse der Duschen bildeten sich Strudel aus Wasser, Schlamm, Blut und Spucke. Nach einem solchen Wettkampf hatte natürlich kein Fahrer mehr irgendwelche Hemmungen, die eigene Pisse einfach laufen zu lassen. Es sah sogar fast aus, als wäre dieser Ort mit den grauen Steinwänden genau dafür bestimmt. Eine Reihe von Schweinen, die auf ihren Schlachter warteten, wäre hier auch nicht fehl am Platze gewesen.

Es trafen immer noch Nachzügler ein. Verdreckt von dem grauen Schlamm, den es hier überall gab. Verlierer mit einer Geschichte, nach der niemand fragte. In der warmen Sporthalle weiter oben saß schon der frisch abgespülte Sieger in seinem Trainingsanzug und redete mit der Presse.

Das Kopfsteinpflaster von Haveluy hatten wir hinter uns gelassen. Der Fotograf und ich fuhren zurück nach Belgien. Der Knopf für die Heizung stand auf dem dicksten roten Sternchen. Endlich wurde mir etwas wärmer. Wir überquerten die Grenze. Raus aus Nordfrankreich.

»Kann ich das Radio ein bisschen leiser stellen?«, fragte der Fotograf. »Dann rufe ich gerade zu Hause an.«

Ich achtete nicht auf sein Gespräch, sondern dachte zurück an die Kopfsteinpflaster-Passage von Haveluy. Komisch, dass man sich Kälte nicht merken kann. Man kann sich nur daran erinnern, dass es kalt war. Meine Kälte war auf einer Rolle Schwarz-Weiß-Film festgehalten.

Der Fotograf beendete sein Telefongespräch. »Zu Hause können wir Knoblauchkartoffeln essen.«

»Gerne, ich sterbe vor Hunger«, sagte ich.

Im Rückspiegel sah ich die grauen Wolken. Die Uhr im Auto zeigte elf. Es war jetzt etwas heller geworden, wenn auch nicht viel. Am Rand der Schnellstraße flitzte ein Kirchhof vorbei.

»Schau mal, die Blumen auf den Gräbern«, sagte ich.

Dem grauen Tag zum Trotz wirkten sie grell. Wahrscheinlich waren sie nicht echt.

»Es ist heute der Tag der Toten«, sagte der Fotograf.

»Was?«

»Der Tag der Toten. Heute bringen die Leute die Gräber ihrer Nächsten in Ordnung und legen frische Blumen hin.« Ich konnte mich nicht daran erinnern, jemals einen Blumenstrauß auf ein Grab gelegt zu haben.

Wir hatten unser Ziel erreicht, das Essen wartete im Kühlschrank auf uns. Mit steifen Gliedern stiegen wir aus dem Wagen. In der Küche war es warm. Der Fotograf stellte die Kartoffeln in den Ofen. Schon bald roch es nach Knoblauch. Ich betrachtete mich in einem langen Spiegel. Ein Mann in Stiefeln mit einer langen Radhose und mehreren Pullovern übereinander.

Die gläserne Auflaufform kam auf den Tisch. Die der Länge nach in Hälften geschnittenen Kartoffeln lagen zischend nebeneinander. Dazwischen bildete die heiße Sauce kleine Bläschen.

In der altmodischen Dunkelkammer würde mein nacktes Ich gleich in den Entwickler gelegt, am Tag der Toten. Langsam, Sekunde für Sekunde, käme ich auf dem Zauberpapier zum Vorschein. Ein lebender Mann mit einem Rad auf Kopfsteinpflaster. Schnell. Fixieren. Ins Stoppbad. Ein Rennradfahrer auf der Suche nach dem Ende des Kopfsteinpflasters.

Ohne Kleidung, ohne Publikum, ohne Essen und Trinken, ohne Wärme, ohne Siege und Platzierungen.

Bedeutungslos.

Von Wilfried de Jong erschienen in niederländischer Sprache bisher die folgenden Erzählbände:

Aal. Podium, Amsterdam, 2000.
De linkerbil van Bettini. Podium, Amsterdam, 2005.
De opheffing van Bob. Podium, Amsterdam, 2005.
De man en zijn fiets. Podium, Amsterdam, 2009.
Wind zoekt peloton (mit Marcel Rözer und Marieken Wintjes). Zeeuws Museum, Middelburg, 2009.
Droge keel. Matchboox, Amsterdam, 2010.
Kop in de wind. Podium, Amsterdam, 2012.

Die Erzählungen in Teil I dieses Buches sowie die Kapitel »Nebel auf dem Ventoux«, »Bauer auf der Straße«, »Das Vorderrad drehte sich noch« und »Nackt mit Rad« wurden von Wilfried de Jong speziell für die jeweiligen Buchausgaben von *Kop in de wind* und *De man en zijn fiets* verfasst.

Die Erzählung »Munkzwalm« wurde 2005 ursprünglich für die Vernissage der Ausstellung *Wielervolk* des Fotografen Marc Steculorum in der Kunsthalle Gent geschrieben.

»Eine Runde mit Jan Janssen« erschien in einer früheren Version bereits in der literarischen Radsportzeitschrift *De Muur*.

Die Erzählung »Die Zentimeter von Merckx« wurde von dem Autor Jan Maes in sein Buch *Merckxissimo* aufgenommen.

Die Erzählungen »Radrenn-Porno«, »Glasbecherchen« und »Merde« erschienen zunächst als Kolumnen im NRC *Handelsblad*.

Der Übersetzer Ilja Braun, geboren 1970, Studium der Germanistik sowie der Theater-, Film- und Fernsehwissenschaften in Berlin und Glasgow, hat bereits zahlreiche Romane und Sachbücher aus dem Niederländischen und Englischen in seine Muttersprache übertragen – unter anderem Werke von Eva Maria Staal, Joost Smiers und Toine Heijmans. Er lebt in Köln.